現代エンパワーメント経営研究

―日本企業と台湾企業を対象にした実証分析―

青木幹喜・當間政義・北野　康 [著]

創 成 社

はしがき

　本書では，企業経営において，今日でもエンパワーメントの活用が有効であることを示した。今日の企業経営において，エンパワーメントが求められるのは，従業員が自律的に考え行動し，創造性や能力を発揮することが求められるからである。企業を取り巻く経営環境の変化は激しく，企業は自らの存続をかけて，長期的・持続的競争優位を維持，獲得することが必要になる。そのためには，マネジャーだけでなく，現場に近い従業員の創造性発揮や能力発揮が必要であり，その源泉となるのがエンパワーメントである。

　日本国内において，エンパワーメントの有効性が，はじめて指摘されたのは執筆者の1人である青木が2006年に出版した『エンパワーメント経営』においてであった。同書では，心理的にエンパワーされた従業員が創造性や能力を発揮すること，さらに，従業員を心理的にエンパワーするためには，マネジャーが発揮するリーダーシップが重要であることが明らかにされた。本書のタイトルを『現代エンパワーメント経営研究』としたのは，『エンパワーメント経営』で示された一連のプロセスに，現代的なエンパワーメント研究の視点を取り入れ，今日でもエンパワーメントが必要であることを示したからである。

　本書では，従業員の心理的エンパワーメントを媒介変数と位置づけ，支援型リーダーシップの1つであるエンパワリング・リーダーシップと創造性発揮，能力発揮との関係における心理的エンパワーメントの媒介効果を明らかにした。さらに，エンパワリング・リーダーシップと心理的エンパワーメントとの関係，心理的エンパワーメントと創造性発揮，能力発揮との関係といった2つの関係における個人差（受動忠実性，能動忠実性，プロアクティブ性，開放性）の影響も明らかにした。こうしたエンパワーメントに関わる媒介分析や調整分析は，かつて出版された『エンパワーメント経営』では行われなかった。このような現代的なエンパワーメント研究の視点を導入し，新しい視点でエンパワー

メントを分析した点で，本書のタイトルに『現代エンパワーメント経営研究』
という名称を使用した。

　さて，本書は，青木，當間，北野の共著作であるが，ここで執筆者3人の関
係について述べておこう。執筆者3人は，今ではエンパワーメントやエンゲー
ジメント，さらには支援型リーダーシップについて研究する研究仲間である
が，かつては師弟という関係であった。當間は学部時代，青木ゼミの一員で
あったし，北野は大学院時代，青木が指導教員であった。今から20年以上前，
青木が無我夢中で取り組んでいたエンパワーメント研究に，自然に関心を持
ち，エンパワーメント研究に取り組むようになったのが當間であり，エンパ
ワーメント研究に取り組みたいということで，他大学から青木の下に飛び込ん
できたのが北野であった。

　このように，世間では師弟関係，兄弟弟子とも言うべき関係性のある3人で
あるが，今では対等に，エンパワーメントやエンゲージメント，そして支援型
リーダーシップについて取り組んでいる研究仲間となっている。年齢的な問題
もあり，この3人で共同して本を出版できるのは，おそらく今回が最初で最後
かもしれない。我々3人の研究の足跡を少しでも残したいという気持ちもあ
り，本書を出版することにした。

　本書を通じて，エンパワーメントに関心を持つ読者が増えれば，筆者たちに
とってこの上ない喜びである。

　2024年1月

著者一同

目　次

担当一覧

第 1 章　北野　康

第 2 章　北野　康

第 3 章　北野　康

第 4 章　青木幹喜

第 5 章　北野　康

第 6 章　青木幹喜・北野　康

第 7 章　青木幹喜・北野　康

第 8 章　當間政義・北野　康

第 9 章　當間政義・北野　康

第10章　青木幹喜・北野　康

序　章

はじめに

0－1　本書の目的

　本書では，従業員のエンパワーメントが，今日の企業経営において，どの程度効果があるのかを実証的に分析することを目的としている。具体的には，エンパワーメントが効果をもたらすまでのプロセスに注目し，そのプロセスの中心である心理的エンパワーメントの媒介効果を分析することが本書の主な目的である。さらに，企業に勤務する従業員をさまざまなタイプに分類し，どのような従業員に対して，エンパワーメントが有効であるのか，そのモデレート効果を明らかにすることも本書の目的である。

　エンパワーメントと言うと，多くの人が真っ先に思い浮かべることは権限委譲という手法であろう。権限委譲とは，その言葉が示す通り，マネジャーが持つ権限を従業員に委譲することであり，権限を与えられた従業員は，客観的な意味での力を持つことになる。しかし，エンパワーメントが意味する力は，権限委譲のような客観的な力だけを指しているわけではない。そこには，人間のある特定の心理状態も含まれており，与えられた権限をいかに認知するのかということもエンパワーメントの意味である。こうした捉え方は，人間の心理状態を強調する意味で心理的エンパワーメントと呼ばれている。従業員をエンパワーするためには，単に権限を委譲するだけでなく，彼らの心理的エンパワーメントを高める必要があるということである。

　エンパワーメントの有効性は，これまでに多くの研究で分析されてきた。例

えば，従業員の創造性発揮や能力発揮，生産性の向上，組織に対するコミットメント，職務満足，積極的行動などが，従業員がエンパワーされることによる成果として取り上げられ，エンパワーメントとの関連性が分析されてきた。本書では，これらの成果の中でも従業員の創造性発揮と能力発揮に焦点を当てて論じることにした。近年の企業を取り巻く経営環境は厳しいものとなっており，この経営環境の変化に対応するためには，マネジャーだけでなく，一般的な従業員も創造性や能力を発揮することが求められるようになっている。そのため，従業員の創造性発揮や能力発揮との関連の中で，エンパワーメントの有効性を検討することは，今日の企業経営において特に重要といえる。

エンパワーメントによる成果として従業員の創造性発揮，能力発揮を取り上げた研究を見ると，その多くは，エンパワーメントと言っても，従業員の心理的エンパワーメントが主に扱われてきた。そして，どのような要因が従業員の心理的エンパワーメントを高め，従業員の創造性や能力発揮を高めるのかが分析されてきた。

従業員を心理的にエンパワーするための要因には，リーダーシップ，組織内制度，組織風土などがあるが，本書では，これらの要因のうち，リーダーシップに注目し，特にエンパワリング・リーダーシップが，心理的エンパワーメントというプロセスを経て，どこまで従業員の創造性発揮や能力発揮を高めるのかを実証的に明らかにしようとした。そして，エンパワリング・リーダーシップと従業員の創造性発揮，エンパワリング・リーダーシップと従業員の能力発揮との関係における心理的エンパワーメントの媒介効果を分析しようとしたのである。また，エンパワリング・リーダーシップという要因が，心理的エンパワーメントというプロセスを経て，従業員の創造性発揮や能力発揮に与える影響の度合を，従業員の個人差の視点から分析し，そのモデレート効果を明らかにしたのが本書である。

0－2　本書の構成

本書では，企業経営におけるエンパワーメントの有効性を明らかにするために，①エンパワーメントに関する先行研究のサーベイ，②先行研究サーベイの

結果に基づいたエンパワーメントモデルの構築，③実証研究といった3つの課題に取り組んだ。以下で述べる本書の章別構成（全10章）は，これら3つの課題に取り組んだ成果に対応したものになっている。

　第1章では，エンパワーメントに関する先行研究のサーベイを進めていくための予備的考察を行っている。経営学分野において，エンパワーメントはさまざまな文脈で論じられているが，本書では，従業員個人が創造性や能力を発揮するための推進力として位置づけている。第1章では，このようにエンパワーメントを位置づける理由を，今日の企業経営の課題との関連の中で明らかにしている。

　第2章と第3章，第4章では，エンパワーメントに関する先行研究のサーベイを行っている。本書では，これまでに行われたエンパワーメント研究を，その内容から伝統的エンパワーメント研究と現代的エンパワーメント研究に分類することにした。第2章は，このうち，伝統的エンパワーメント研究に焦点を当てており，経営学の分野におけるエンパワーメント概念とそれに基づいたエンパワーメント研究について検討している。エンパワーメントとは，個人が力を持った状態になることを意味する概念であるが，力をどのように定義するかによって，その捉え方は異なっている。第2章では，①力を客観的に捉えた社会学的エンパワーメント研究，②力は個人にすでに内在するものと捉えた心理学的エンパワーメント研究，③この2つの考え方を統合して力を捉えたエンパワーメント研究といった3つのエンパワーメント研究について検討している。

　第3章と第4章は，現代的エンパワーメント研究に焦点を当てている。現代的エンパワーメント研究は，第2章で検討する，2つのエンパワーメント概念を統合した研究（統合理論）を，個人レベルとチームレベルで発展させたことに特徴がある。第3章では，分析対象が個人である現代的エンパワーメント研究の内容を検討し，第4章では，分析対象がチームであるエンパワーメント研究と個人，チームを同時に分析対象にしたマルチレベルのエンパワーメント研究について検討している。

　第5章では，先行研究サーベイの結果に基づいて，独自のエンパワーメントモデルを構築した。本書のエンパワーメントモデルは，心理的エンパワーメント（心理的要因），社会構造エンパワーメント（促進要因），従業員の創造性発

揮，能力発揮（成果要因）といった3つの要因から構成されている。このうち心理的エンパワーメント（心理的要因）に関しては，先行研究において妥当性や信頼性の検討がなされている既存尺度を用いている。また，社会構造エンパワーメント（促進要因）に関しては，心理的要因に影響を与える要因を先行研究サーベイの結果に基づいて抽出している。さらに，成果要因に関しては，従業員の創造性発揮と能力発揮を取り上げ，その具体的内容を検討している。また，本書の主な目的の1つは，従業員の個人差に基づいて，エンパワーメントモデルを検証することである。第5章では，従業員の個人差を，どのように規定するのかについても併せて検討している。

　第6章から第9章では，本書のフレームワークに基づいて導出された仮説の検証を行っている。本書では，仮説を検証するために，日本企業と台湾企業に勤務する従業員を対象にしたアンケート調査を行い，収集されたデータを，統計的手法によって分析する。

　第6章では，日本企業において，いかなる方法でデータを収集，分析したのかを述べている。そして，第7章では収集されたデータの分析結果を述べている。本書では，仮説を検証するために，複数の分析手法を採用することにした。具体的には，①媒介分析，②階層的重回帰分析，③二要因の分散分析といった3つの手法によって，データを分析することにした。第7章では，これら3つのデータ分析の結果を述べている。

　第8章では，台湾企業において，いかなる方法でデータを収集，分析したのかを述べている。そして，第9章では収集されたデータの分析結果を述べている。台湾企業に勤務する従業員から収集したデータも，①媒介分析，②階層的重回帰分析，③二要因の分散分析といった3つの手法によって，データを分析している。第9章では，これら3つのデータ分析の結果を述べている。

　最後の第10章は，本書のまとめである。①エンパワーメントに関する先行研究のサーベイ，②先行研究サーベイの結果に基づいたフレームワークの構築，③実証研究といった本書で取り組んだ3つの課題に対して，どのような成果が得られたのかを述べてみたい。そして，本書全体の課題や限界を述べ，今後の研究方向としての課題を提示している。

第1章

エンパワーメント研究の視点

　本章では，企業経営の中でエンパワーメントがどのような文脈で位置づけられ論じられているのかを述べてみたい。企業経営におけるエンパワーメントの活用の歴史は古く，これまでに行われてきたエンパワーメントは，その時々の経営課題に対応する形で活用されてきた。そのため，本書においても，今日の企業経営の課題を検討し，その経営課題に対して，エンパワーメントが，どのような視点で論じられているかを明らかにする必要がある。

　さらに，本章では，本書の学術的な位置づけを明確にするために，これまでに行われてきたエンパワーメント研究の内容を時系列に整理してみたい。エンパワーメント研究は，それぞれの研究が単に独立しているのではなく，1つの線として繋がっている。当然，本書の内容も従来のエンパワーメント研究の延長線上に位置づけられるため，こうした作業を行うことが不可欠になる。

1－1　エンパワーメント概念のアウトライン

　そもそも，エンパワーメントの考え方は，経営学分野で生成されたものではない。當間・岡本（2005）は，エンパワーメントが社会的に広く使われ始めたのは第2次世界大戦後の米国においてであり，ソーシャルワークや社会開発，フェミニズムといった分野で用いられるようになったのが，その社会的な起源であると指摘している[1]。エンパワーメントの考え方が用いられた時，その言葉に込められた意図は，生きる力や物事を成し遂げる力を剥奪されてしまった人が本来の力を最大限に発揮できるように支援することであった。例えば，エ

ンパワーメントの持つ本質的な意味について，Adams（1996）は，「個人，集団及びコミュニティが，その環境を制御できるようになること，みずから設定した目標を達成できるようになること，およびこれらによって自分自身および他者が生活の質を最大限に向上させることができるようになること」と指摘している[2]。

　経営学分野におけるエンパワーメントの捉え方も同様であり，「従業員が力（パワー）を持った状態になる」ことがエンパワーメントの意味である。エンパワーメントの考え方が企業経営や経営学分野に持ち込まれた当時，企業を取り巻く環境は，グローバルな企業間競争，情報処理速度の向上，新興市場の勃興，市場の成熟化，消費者ニーズの高度化といったような不連続な変化[3]，不確実性が高い状況であった[4]。このような企業を取り巻く環境の変化は，企業経営にスピードを要求し，迅速な対応を求めるようになっていた。さらに，こうした経営状況の変化は，マネジャーの処理能力を超えるものであり，企業の現場では，新しい経営のあり方が求められていた。そのため，マネジャーだけでなく，現場で働く一般的な従業員にも力を与えるという発想が生まれたのである。

　一般的に，企業経営における力とは，権限のことを指している。つまり，マネジャーが持つ権限を従業員に委譲する権限委譲や従業員を意思決定に参加させることが，経営学分野におけるエンパワーメントの意味となる。企業を取り巻く環境の変化が激しくなり，トップマネジメントを中心とした管理だけでは，環境の変化に対応することが困難になった。そこで，現場のことに詳しい従業員に対して権限委譲を実行し，あるいは，意思決定に参加させることで，彼らにも環境の変化に対応してもらおうという考え方が経営におけるエンパワーメントの最初の発想であった。

　しかし，実際に権限を委譲し，あるいは，意思決定に参加させたとしても，当初想定した効果が得られないことが次第にわかってきた。このような従業員は，権限委譲を実行する，あるいは，意思決定に参加させたとしても，自らが力を持った存在であると認知しなかったのである[5]。そのため，エンパワーメントの持つ意味が見直されるようになり，従業員が力を認知するという視点か

らもエンパワーメントが捉えられるようになった。具体的には，従業員自らが力を持った存在であると認知することで，はじめてエンパワーされた状態になると捉えられるようになったのである。

　経営学分野におけるエンパワーメントの意味とは，このように従業員が力を持った存在になるということであり，権限委譲や意思決定への参加をエンパワーメントと捉えること自体は間違いではないであろう。しかし，権限委譲や意思決定への参加を実行したとしても，誰しもが力を持った存在になれるわけではない。従業員が自らを，力を持った存在であると主観的に認知しなければ，力を持った存在になれない。

　このように，経営学分野において，エンパワーメントは2つの意味から捉えられる。1つは，従業員に客観的な力を与えるということであり，権限委譲や意思決定への参加などが，その具体的内容となる。もう1つは，従業員が力を主観的に認知するということであり，彼らの心理面に焦点を当てた捉え方である。これ以降，本書においても，この2つの意味からエンパワーメントを捉えていくことにする。

1－2　エンパワーメントの今日的な意義

　ここでは，エンパワーメントが論じられる背景として，どのような経営課題があるのかを，①企業の持続的競争優位獲得，②従業員の主体性不足，③マネジャーの役割変化という3つの視点から述べてみたい。

1－2－1　企業の持続的競争優位獲得という課題

　経営学分野でエンパワーメント研究が盛んに行われるようになったのは，グローバルな規模で企業間競争が激しくなった1980年代後半と言われている。青木（2006）は，企業経営において，エンパワーメントの考え方が導入された最大の要因は，一般的な従業員が自律的に行動し，創造性や能力を発揮することが求められるような経営状況が生まれてきたからであると指摘している[6]。

　近年見られるように企業を取り巻く経営環境の変化が激しい場合，企業は自

らの存続をかけて，常に組織の適応能力を高め，柔軟な戦略的行動をとることが必要になる[7]。そして，絶えず新しい戦略を創造しうる能力こそが，企業の長期的・持続的競争優位の源泉と考えられている[8]。この新しい戦略を創造しうる能力とは，組織全体に関わる能力のことを指しており，十川（1997）は，「トップマネジメントが強いリーダーシップを発揮し，組織風土を改善し，従業員の創造性発揮を促し，さらには横断的な組織の協力を可能にする能力」[9]と指摘している。こうした組織能力の定義の中で特に重要なことは，企業が新しい戦略を絶えず創造するために，マネジャーだけでなく，一般的な従業員も創造性や能力を発揮しなければならないということである。

　企業には通常，さまざまなルールや価値前提が存在している。企業を取り巻く経営環境の変化が緩やかである場合，従業員個人は，こうした既存のルールや価値前提に従って行動していく。しかし，近年見られるように，不連続な変化を含み，不確実性の高い環境変化のもとでは，既存のルールや価値前提を疑い，新たなルールや価値前提を作り上げていくことになる。従業員個人の創造性発揮や能力発揮とは，この新しいルールや価値前提の創出を意味している。そして，従業員個人の創造性発揮や能力発揮の結果がリンケージされることで，企業は長期的かつ持続可能な競争力を獲得・維持していくことが可能になる。

　企業が大規模化し複雑になれば，過度の分業，仕事の細分化・標準化が進展し，自分の行っている仕事に意味を見出せなくなり，自分のやっていることが周囲に影響を与えていないといった無力感を持つようになるだろう[10]。そして，一人一人の従業員が無力感を持っているのであれば，自らの能力をフルに発揮することもなく，創造性を発揮することもない。従業員がこのような状態に陥らないようにするためには，彼らを内発的に動機づける，つまりは，心理的にエンパワーすることが必要になる[11]。こうした心理状態にすることで，創造性や能力の発揮は促されていく（図1−1）。

1−2−2　従業員の主体性不足という課題

　近年の企業の現場では，下記に示すように主体性不足に基づく若手従業員の行動が問題視されるようになっている。

図1－1　エンパワーメントと創造性発揮，能力発揮との関係

　この若手従業員の主体性不足については，例えば松尾（2013）が，実証研究に基づいて，その詳細を述べている[12]。松尾（2013）の研究は，入社5年目までの従業員を対象にしたものであり[13]，マネジャーを対象にしたアンケート調査の結果，従業員の問題行動は，①主体性不足，②自己中心性の2つのタイプに分かれることを明らかにした。このうち，主体性不足とは，「言われたことはこなすが，それ以上のことをしない」，「明確な目標を持っておらず，成長意欲が感じられない」，「失敗を恐れ，挑戦しようとしない」などといったことであり，目標を持って主体的に行動する，挑戦する姿勢が見られないことを意味していた。一方で，自己中心性とは，「自分の考えに固執し，上司や同僚の意見を聞かない」，「報告・連絡・相談をせず，独断で仕事を進め問題を起こす」など周囲のアドバイスや忠告を聞かず，自己中心的な行動をとる傾向のことを指していた。

　主体性不足と自己中心性に基づく若手従業員の問題行動は，相反する性質を持っており，一つの次元の両極に位置していると考えられよう。自分の考えを持たないと主体性不足になり，自分の考えにこだわりすぎると自己中心性に陥るからである[14]。

　このうち，エンパワーメントは，従業員の主体性と関連しており，従業員が自律的に行動するための推進力としても位置づけることができる。エンパワーメント，特に心理的エンパワーメントは，自らが力を持った存在であると認知することであり，こうした主観的な力の認知が自律的行動の推進力となる。具体的には主観的な力の認知とは，個人が，①有意味感，②自己決定感，③コンピタンス，④影響感といった4つのパワーを持っているかどうかの認知のことであり，いずれも，心理的エンパワーメントを構成する次元として捉えられて

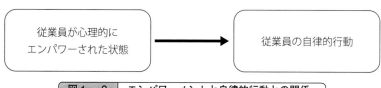

図1-2　エンパワーメントと自律的行動との関係

いる[15]。このように，従業員をエンパワーすることは，結果的に創造性発揮や能力発揮と同様に，従業員の自律的行動を促していくと考えられる（図1-2）。

1-2-3　マネジャーの役割変化という課題

　企業を取り巻く経営環境の変化に伴い，従業員の行動が変化するのであれば，当然，管理する側であるマネジャーの役割も変化してくる。企業を取り巻く環境の変化が緩やかであれば，企業は戦略の策定と実行を二分化するアプローチをとることになる。この場合，一般的な従業員の役割は，策定された計画を忠実に実行することであり，管理者としてのマネジャーの役割は，策定した計画が忠実に実行されているかどうかを監視することである。

　こうした計画と実行を二分化するアプローチの問題点は，多くの研究者が指摘している。例えば，周（2014）は，戦略の策定と実行を明確に分離するアプローチは，組織の問題を軽視しているとして，戦略実行の際に起きる環境変化に対していかに対処すべきかといった問題が，議論の対象外になってしまうことを指摘していた[16]。

　企業を取り巻く経営環境の変化が安定的であり，組織の強み，弱みを明確に規定することができれば，環境に適合した戦略の構築は可能であろう。しかしながら，近年の企業を取り巻く経営環境は不連続な変化を含み，不確実性も非常に高いものとなっている。そのため，構築された戦略が必ずしも環境と適合したものになるわけではない。このような状況では，計画の忠実な実行・監視が想定された組織では不十分となろう。

　企業を取り巻く経営環境の変化が激しい場合，マネジャーには，従業員を心

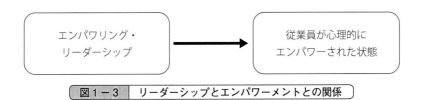

図1-3　リーダーシップとエンパワーメントとの関係

理的にエンパワーし，彼らの自律的行動を促し，創造性や能力を発揮するための支援的行動が強く求められる。今日の企業経営においては，従業員を心理的にエンパワーするリーダーシップの在り方が求められている。ここでは，リーダーは支援者として位置づけられ，リーダーシップの在り方は，従業員を出発点として議論されている。そして，従業員を心理的にエンパワーすることを目的としたリーダーシップスタイルは，エンパワリング・リーダーシップと呼ばれ，これまで，その具体的内容が検討されてきた。

　このように，今日，エンパワーメントの考え方を取り入れるのは，従業員の自律的行動を促し，創造性や能力を発揮させるだけではない。今日の企業経営に求められるリーダーシップの在り方を明確にし，従業員を心理的にエンパワーするためのマネジャーが取るべき具体的な行動を示すことにも貢献している（図1-3）。

1-3　エンパワーメント研究における本書の位置づけ

　さて，こうしたエンパワーメントの考え方が経営学分野に持ち込まれたのは，1970年代に入ってからである。そして，現在に至るまでエンパワーメント研究は，時代ごとの経営課題を反映する形で，その内容を発展させてきた。時系列的にエンパワーメント研究の内容を見ると，1970年代後半から1990年代前半，1990年代後半から2000年代前半，2000年代後半から現在までの3つに分類することができる（表1-1）。

　1970年代後半から1990年代前半にかけて，エンパワーメント研究が焦点を当てていたのは，経営学分野におけるエンパワーメント概念の検討とこれに基

表1-1	エンパワーメント研究の変遷

時代区分	研究テーマ
1970年代後半から1990年代前半	エンパワーメント概念の形成と理論構築
1990年代後半から2000年代前半	エンパワーメント理論の統合
2000年代後半から現在	統合理論の発展

づいた理論構築であった。エンパワーメントとは，力（パワー）に関係した概念であり，力の捉え方によって，その内容も変化する。そして，当時の研究では，エンパワーメントを，①社会学的エンパワーメント，②心理学的エンパワーメントという2つの概念に分類していた[17]。

　2つのエンパワーメント概念が形成されると，それに基づいた理論が構築されるようになり，1990年代後半から2000年代前半にかけては，2つのエンパワーメント理論を統合する研究が行われるようになった。2つのエンパワーメント理論を統合する研究は，実際の企業の現場での実践を意識したものであり，従業員をエンパワーする具体的な方法を検討し，エンパワーメントの実践から成果に至るまでの一連のプロセスを検証している。

　社会学的エンパワーメント理論と心理学的エンパワーメント理論という2つの理論を統合したエンパワーメント理論（統合理論）の内容は，当初，リーダーシップや組織内制度，組織風土などの各要因が，従業員の心理的エンパワーメントを高めることで，何らかの成果を導くという極めてシンプルなものであった。2000年代後半から現在に至るまでのエンパワーメント研究が焦点を当てていたことは，エンパワーメントから成果に至るまでの一連のプロセスをより精緻化することであり，統合したエンパワーメント理論を発展させるものであった。

　本書では，1970年代後半から1990年代前半のエンパワーメント概念の形成から1990年代後半から2000年代前半のエンパワーメント理論を統合するまでの研究を伝統的エンパワーメント研究と呼び，2000年代後半から現在までの

統合したエンパワーメント理論を発展させた研究を現代的エンパワーメント研究と呼ぶことにした。本書の内容は，このうち，現代的エンパワーメント研究の延長線上に位置づけられるものである。

1－4　エンパワーメント研究の課題

　現代的エンパワーメント研究が行われる契機となったのは，Spreitzer（2008）の研究であった[18]。彼女は2008年に発表した「Taking Stock」という論文で新たなエンパワーメント研究の課題を提示していた。

　Spreitzer（2008）が指摘した1つ目の研究課題は，心理的エンパワーメントにおける個人差のモデレート効果を検証することであった。Spreitzer（2008）は，個人の心理的エンパワーメントの認知に対して，個人差があり，個人の行動特性や性格特性などが影響すると考え，そのモデレート効果を検証する必要性を指摘した。

　Spreitzer（2008）が指摘した2つ目の研究課題は，統合理論で示される変数間の関係性であった。従来の統合理論において変数間の関係は，「社会学的エンパワーメント → 心理学的エンパワーメント → 成果という一方向的なもの」として説明されていた。一方で，Hollander（1958）[19]やSpreitzer & Quinn（1996）[20]は，時間経過によって個人と組織との関係が変化することに着目し，例えば，心理学的エンパワーメント → 社会学的エンパワーメントという方向性もあるという指摘をしていた。Spreitzer（2008）は，こうした過去の研究結果に基づき，新たな変数間の関係を検証する必要性を指摘した。

　そして，Spreitzer（2008）が指摘した3つ目の研究課題は，個人を対象にしたエンパワーメント理論を，チームを対象にしたエンパワーメント理論に拡張するということであった。厳密に言えば，Spreitzer（2008）は，チームを対象にしたエンパワーメント研究を新たなエンパワーメント研究の課題として提示したわけではない。実際に，チームを対象にしたエンパワーメント研究は，Spreitzer（2008）が指摘する以前からすでに行われていた。例えば，Seibert, Silver & Randolph（2004）と Chen, Kirkman, Kanfer, Allen & Rosen（2007）は，

チームを対象にしたエンパワーメント研究の代表的研究であり[21]，個人とチームという2つのエンパワーメント理論の関係性を明らかにしていた。Spreitzer（2008）は，彼らの研究結果を踏まえ，今後のエンパワーメント研究が，個人とチームを同時に捉えたものになることを示唆したのである。

　現代的エンパワーメント研究は，こうした Spreitzer（2008）の指摘に基づいて行われたものであり，本書の内容も，その延長線上に位置づけられる。より具体的には，Spreitzer（2008）が指摘した1つ目の研究課題に対応したものになっている。個人差のモデレート効果を検証した研究は，自尊心と心理的エンパワーメントとの関係を検証した Spreitzer（1995）の研究[22]，エンパワーメントの役割アイデンティティに焦点を当てた Zhang & Bartol（2010）の研究[23]などわずかながら行われたに過ぎず，その内容は質的にも量的にも十分なものではなかったと言えよう。

　そこで，本書では，従業員の行動特性や性格特性によって従業員をさまざまなタイプに分類し，それぞれの従業員に対するエンパワーメントの効果を実証的に検証してみた。具体的には，エンパワーメントから成果に至るまでの心理的エンパワーメントの媒介効果を検証した上で，①どのようなタイプの従業員が心理的にエンパワーされるのか，②心理的にエンパワーされることで創造性や能力を発揮するのは，どのようなタイプの従業員であるのかといった個人差のモデレート効果の2点を明らかにすることを目的とした。

1－5　本章のまとめ

　本章では，本書におけるエンパワーメントの位置づけについて論じた。経営学分野におけるエンパワーメントとは，「従業員が力（パワー）を持った状態になる」ことを意味する概念であり，エンパワーメントが企業経営の中で，どのように位置づけられるのかを明らかにすることが本章の第1の目的であった。

　近年の企業経営の課題は，長期的・持続的競争優位を獲得・維持することであり，そのためには，企業のマネジャーだけではなく，一般的な従業員も自律的に行動し，創造性や能力を発揮することが必要になる。そして，本書では，

エンパワーメントを，従業員の自律的行動や創造性発揮，能力発揮の推進力として位置づけることにした。さらに，従業員をエンパワーするためには，管理者としてのマネジャーの行動が重要になる。そこで，本章では，マネジャーの行動としてリーダーシップに着目し，マネジャーが取るべき行動が，エンパワーメントの考え方に規定されることを明らかにした。

　本章の2つ目の目的は，本書の学術的な位置づけを明らかにすることであった。本章では，これまでに行われたエンパワーメント研究を時系列に整理し，伝統的エンパワーメント研究と現代的エンパワーメント研究といった2つの研究に分類することにした。この2つの研究については，第2章と第3章で詳細に検討するが，本書の内容は，現代的エンパワーメント研究の延長線上に位置づけられる。

【注】

1）當間政義・岡本眞一「組織の活性化のモデル―マネジャーのリーダーシップと人材のエンパワーメント―」『東京情報大学研究論集』第9巻，第1号，2005年；43-44頁。

2）Adams, R., *Empowerment, Participation and Social Work*, Palgrave Macmillan, 1996（杉本敏夫他訳『ソーシャルワークとエンパワーメント―社会福祉実践の新しい方向―』ふくろう出版，2007年）。

3）Nadler, Shaw & Walton (1995) によれば，不連続な変化とは，アイデンティティ，価値観，使命など組織の基本的な定義そのものが変わるような変化のことである。
Nadler, D. A., Shaw., R. B. & A. E. Walton, *Discontinuous Change: Leading Organizational Transformation*, Jossey-Bass, 1995（斎藤彰吾監訳『不連続の組織変革―ゼロベースからの競争優位を創造するノウハウ―』ダイヤモンド社，1997年）。

4）不確実性の高い状況とは，意思決定主体が環境要因について，合理的意思決定をするのに十分な量の情報を持っていない状況のことである。
桑田耕太郎・田尾雅夫『組織論　補訂版』有斐閣アルマ，2015年。

5）Forrester, R., "Empowerment: Rejuvenating a Potent Idea", *Academy of Management Executive*, Vol.14, 2000, p.69.

6）青木幹喜『エンパワーメント経営』中央経済社，2006年，8頁。

7）山田敏之「イノベーションの創造と信頼：信頼の先行要因の推移」『大東文化大学経営

論集』第 37 号，2019 年；235-237 頁。

8）十川廣國『企業の再活性化とイノベーション』中央経済社，1997 年，53 頁。

9）十川，前掲書，1997 年，90 頁。

10）青木，前掲書，2006 年，24 頁。

11）最近の研究においても，従業員の創造性発揮に対する心理的エンパワーメントの重要性
　　が指摘されている。
　　當間政義『心理的エンパワーメントと組織の再活性化』学文社，2023 年。

12）松尾　睦「育て上手のマネジャーの指導方法：若手社員の問題行動と OJT」『日本労働
　　研究雑誌』第 639 号，2013 年；40-53 頁。

13）松尾（2013）は，入社 5 年目までの従業員を若手従業員と定義している。また，調査の
　　対象となったのは，①民間企業，②官公庁，③医療組織に所属する若手従業員であった。

14）松尾，前掲稿，2013 年，50 頁。

15）青木幹喜「エンパワーメントの失敗と活性化」『大東文化大学経営論集』第 12 号，2006
　　年，7 頁。

16）周　炫宗「企業の戦略形成におけるミドルの新たな役割―チャンピオニングとしての役
　　割を中心に―」『千葉経済論叢』第 50 号，2014 年，52 頁。

17）社会学的エンパワーメントでは，力を客観的に与えられるものとして捉えている。一方
　　で，心理学的エンパワーメントでは，力を個人にすでに内在するものとして捉えている。
　　この 2 つのエンパワーメント概念については，第 2 章で詳細に検討する。

18）Spreitzer, G. M., "Taking Stock: A Review of More Than Twenty Years of Research on
　　Empowerment at Work", In Barling, J. & C. L. Cooper（Eds.）, *Handbook of Organizational
　　Behavior*（pp.54-72）, Thousand Oaks, CA: Sage, 2008; pp.54-72.

19）Hollander, E. P., "Conformity, Status, and Idiosyncrasy Credit", *Psychological Review*,
　　Vol.65（2）, 1958; pp.117-127.

20）Spreitzer, G. M. & R. E. Quinn, "Empowering Middle Managers to Be Transformational
　　Leaders", *Journal of Applied Behavioral Science*, Vol.32（3）, 1996; pp.237-261.

21）Seibert, S. E., Silver, S. R. & W. A. Randolph, "Taking Empowerment to the Next Level:
　　A Multiple-level Model of Empowerment, Performance, and Satisfaction", *Academy of
　　Management Journal*, Vol.47, 2004; pp.332-349.
　　Chen, G., Kirkman, B. L., Kanfer, R., Allen, D. & B. Rosen, "A Multilevel Study of
　　Leadership, Empowerment, and Performance in Teams." *Journal of Applied Psychology*,
　　Vol.92, 2007; pp.331-346.

22）Spreitzer, G. M., "Individual Empowerment in the Workplace: Dimensions,
　　Measurement, and Validation", *Academy of Management Journal*, Vol.38, 1995; pp.1442-

1465.

23) Zhang, X. & K. M. Bartol, "Linking Empowering Leadership and Employee Creativity: The Influence of Psychological Empowerment, Intrinsic Motivation, and Creative Process Engagement", *Academy of Management Journal*, Vol.53, 2010; pp.107-128.

第 *2* 章

伝統的エンパワーメント研究

　本章では，経営学分野における伝統的エンパワーメント研究に焦点を当て，その内容を検討する。伝統的エンパワーメント研究の貢献の1つは，エンパワーメントが，いかなる概念であるのかを明らかにしたことである。近年，このエンパワーメント概念については，一般的なコンセンサスが得られており，①社会学的エンパワーメント，②心理学的エンパワーメントという2つの概念から捉えられている。

　また，第2の貢献は，①社会学的エンパワーメント，②心理学的エンパワーメントという2つの概念に対応したエンパワーメント理論を構築したことである。これによって，経営学分野におけるエンパワーメントの位置づけが明確になったのである。そして，1990年代後半から2000年代前半にかけて，2つのエンパワーメント理論を統合する研究が行われるようになり，2つのエンパワーメント理論は，互いに関連することが明らかになった。これが，伝統的エンパワーメント研究の第3の貢献である。

　本章の前半部分では，経営学分野における2つのエンパワーメント概念とそれに対応したエンパワーメント理論の内容を検討する。次いで，本章の後半部分では，2つのエンパワーメント理論を統合した研究を検討し，経営学分野における伝統的エンパワーメント研究の意義を述べてみたい。

2−1　エンパワーメント概念の探求

　ここでは，本章のテーマである伝統的エンパワーメント研究のアウトライン

を述べていくことにする。伝統的エンパワーメント研究が主眼に置いているのは，経営学分野におけるエンパワーメント概念を明らかにすることである。

　冒頭で述べた通り，経営学分野におけるエンパワーメント概念は，①社会学的エンパワーメント，②心理学的エンパワーメントという2つの概念から捉えられている。この2つのエンパワーメント概念は，いずれも力（パワー）に関係した概念である。しかしながら，この力をどのように捉えるかという点で，その内容は異なっている。2つのエンパワーメント概念で力の捉え方が異なるのは，それぞれの概念が生成された時代において，企業が直面する経営課題が異なっていたからである。

　エンパワーメントの考え方が経営学分野で取り上げられるようになったのは，1970年代後半から1980年代前半にかけてである[1]。当時の企業を取り巻く経営環境は，不確実性が高い状況であり，企業経営にはスピードが要求され，迅速な対応が求められていた。さらに，こうした経営状況の変化は，マネジャーの処理能力を超えるものであった。このような経営環境の変化に対応するため，マネジャーは，一般的な従業員を意思決定に参加させ，また，権限そのものを委譲するようになった。初期のエンパワーメント研究では，当時の企業が直面する経営課題を踏まえて，権限を力と捉え，意思決定への参加や権限委譲をエンパワーメントと捉えていたのである。

　エンパワーメントの捉え方に変化が起こったのは，1980年代後半に入ってからである。1980年代後半以降，グローバルな企業間競争が激しくなってきた。そのため，企業を取り巻く経営環境は不連続な変化を含むようになり，一般的な従業員の自律的行動や創造性発揮，能力発揮が求められるようになった。Conger & Kanungo（1988）は，こうした従業員の行動を促すためには，エンパワーメントを心理学的に捉える方が適切であると考え[2]，力の源泉を個人の心理面に求めたのである[3]。

　このように，力をどのように捉えるかで，エンパワーメントの考え方も変わってくる。エンパワーメント研究では，力を権限と捉える一方で，力を個人の心理面にも求めている。前者の捉え方が社会学的エンパワーメントであり，後者の捉え方が心理学的エンパワーメントである。そして，伝統的エンパワー

メント研究では，この２つのエンパワーメント概念に対応した理論を構築する
ようになり，理論の成熟化が進むと２つの理論を統合する研究を行ったのであ
る。

２−２　社会学的エンパワーメント研究

　社会学的エンパワーメント研究は，主に，意思決定への参加と権限委譲に焦
点を当てている。ここでは，意思決定への参加と権限委譲の違いを述べ，それ
ぞれの概念に対応した理論について検討してみたい。

２−２−１　社会学的エンパワーメント概念の検討

　社会学的エンパワーメントとは，組織を構成するメンバー間の力関係に基づ
いたエンパワーメント概念である。そして，力を客観的に与えるもの，あるい
は，与えられるものと捉えている。エンパワーメント概念の１つが，社会学的
エンパワーメントと呼ばれる理由は，こうした力の捉え方を，社会学の分野に
おける社会的交換理論に依拠しているからである[4]。社会的交換理論の根底に
あるのは，組織を構成するメンバー間の力関係は異なっており，相対的に見て
力を持つ者と持たない者に分かれるということである。つまり，社会学的エン
パワーメントの意味は２つ存在することになる。力を持つ者にとっては，力を
与えることがエンパワーメントであり，力を持たない者にとっては，力を与え
られることがエンパワーメントである。

　一般的な企業経営において，力を持つ者とはマネジャーのことであり，力を
持たない者とは従業員のことである。そして，客観的な力は，マネジャーが持
つ権限を指している。そのため，マネジャーが持つ権限を従業員と共有する，
あるいは，マネジャーが持つ権限を従業員に委譲することが，社会学的エンパ
ワーメントの具体的内容となっている。マネジャーが持つ権限とは，組織内で
行う意思決定に関するものである。例えば，Heller（1973）は，組織内で行わ
れる意思決定スタイルを，以下図２−１の５つに分類している[5]。

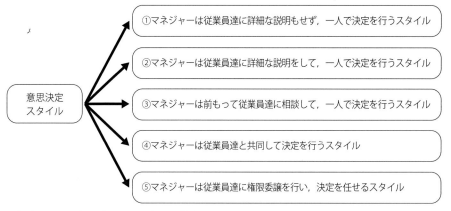

出所：Heller（1973），p.188. をもとに作成。

図2-1　Heller（1973）による組織内で行われる意思決定スタイル

　上記5つの意思決定スタイルの中で，意思決定への参加とは，④のマネジャーと従業員が共同で行う意思決定スタイルのことである。また，権限委譲とは，⑤のマネジャーと従業員の共同意思決定をさらに推し進め，マネジャーが従業員にすべてを任せる意思決定スタイルのことである。この2つの内容を従業員の視点で見た場合，意思決定への参加と権限委譲は，いずれも意思決定に関与するという点で共通している。

　このように，意思決定への参加と権限委譲は，従業員が意思決定に関与するという点で共通している。しかし，権限を持つマネジャーの視点で見ると，この2つの考え方は異なったものになる。そこで，以下では，意思決定への参加と権限委譲が異なる概念であると捉え，それぞれの研究がどのような内容であるのかを検討してみたい。

2-2-2　意思決定への参加の研究

　はじめに，意思決定への参加の研究を見ていくことにしよう。意思決定への参加の研究は歴史が古く，1940年代には意思決定への参加をテーマにした研究が発表されている。当初，従業員を意思決定に参加させることは，マネ

出所：Miles（1965），p.153 をもとに作成。

図2-2　意思決定への参加の人間関係モデル

出所：Miles（1965），p.154 をもとに作成。

図2-3　意思決定への参加の人的資源モデル

ジャーの権限に対する抵抗の減少や権限への追従が目的であった。例えば，Coch & French（1948）は，従業員を意思決定に参加させることで，職務や工程の変更に対する従業員の再学習が促され，生産能率が高まることを指摘していた[6]。

　意思決定への参加が，力を共有するという意味で捉えられるようになったのは，1960 年代に入ってからである。その先鞭をつけたのが Miles（1965）であり，意思決定への参加には企業全体の意思決定の質を改善する効果があると指摘した[7]。そして，従来の意思決定への参加とは異なる考え方を示したのである（図2-2，図2-3）。

　図2-2の人間関係モデルは，Coch & French（1948）が指摘する従来の意思決定への参加の考え方であり，従業員を意思決定に参加させることで，マネジャーの権限に対する抵抗の減少や権限への追従が行われることを示している。これに対して，Miles（1965）が提唱したのは，図2-3の人的資源モデルである。Miles（1965）は，知識やスキルなど従業員が持つ資源が十分に利用されていないことに着目し，従業員を意思決定に参加させることで，こうした未

利用の資源の活用が可能になると指摘したのである[8]。

　従業員を意思決定に参加させ，未利用の資源を活用することは，企業全体の意思決定の質を改善することに繋がる。さらに，企業全体の意思決定の質の改善は，従業員の職務満足やモラルの改善を促し，従業員の中で問題解決を支援する雰囲気が作り出される。それによって，企業全体の意思決定の質もさらに改善される。Miles（1965）は，こうした一連のプロセスを人的資源モデルで示し，意思決定への参加が持つ意味を拡張したのである。

　Miles（1965）の研究は，モデルの構築を目指したものであり，意思決定への参加の効果を実証的に検証したわけではない。しかし，意思決定への参加が持つ意味を拡張し，従業員の未利用の資源を活用するという考え方を示すことで，意思決定への参加をエンパワーメントと捉える社会学的エンパワーメントの概念形成に大きな影響を与えている[9]。

２－２－３　権限委譲の研究

　次に，権限委譲の研究を見ていくことにしよう。権限委譲の研究も意思決定への参加の研究と同様に，その根底にあるのは，知識やスキルなど従業員の未利用の資源を活用するということである[10]。しかし，意思決定に対するマネジャーの関与の度合いや責任の所在など意思決定への参加とは異なる問題が存在する。そのため，権限委譲の研究は，権限委譲の実行から成果に至るまでの一連のプロセスを探求すると共に，権限委譲の実行がうまくいくためのさまざまな条件を特定することが目的になっている。

　権限委譲を実行することの難しさは，マネジャーが意思決定に関与しないことに起因しており，責任の所在が曖昧なことである。従業員に権限を委譲したとしても，委譲した側であるマネジャーの責任が無くなるわけではない。最終的な結果責任はマネジャーが負うことになる[11]。そのため，権限委譲をうまく実行するためには，どのような仕事であれば従業員に権限委譲をするのか，また，どのような従業員に対して権限委譲を行うのかなど権限委譲の実行に伴う条件が何であるのかを明らかにする必要がある。

　こうした課題に取り組んだ研究者がLeana（1987）[12]とHeller（1992）[13]であっ

た。Leana (1987) は，さまざまな組織に所属する98人のマネジャーに対して，24のケースを与え，各ケースにおいていかなるリーダーシップスタイルを発揮するのか回答を求めた。そして，得られた回答を基に階層的重回帰分析を行い，権限委譲と意思決定への参加が用いられる状況を特定したのである。分析の結果明らかになったことは，権限委譲を実行するかどうかは，意思決定の重要性に依存するということである。権限委譲が行われるのは，意思決定の内容が組織にとって重要ではなく，従業員にとって重要になる場合であった。逆に，意思決定の内容が組織にとって重要である場合，マネジャーは権限委譲を行わず，意思決定への参加を選択していた。

　一方で，Heller (1992) は，権限委譲の実行に従業員の能力が関係していると考え，権限委譲の実行と従業員の能力開発との関係を示したプロセスモデルを構築している（図2－4）。

　図2－4のモデルを見ると，権限委譲と従業員の能力開発が密接に関連していることがわかるであろう。マネジャーが権限委譲を実行するためには，被委譲者である従業員が，それに伴う経験やスキルを持つ必要があること（ボックス1），さらに，そうした経験やスキルを獲得するためには，従業員の能力開発が必要であること（ボックス5）が示されている。

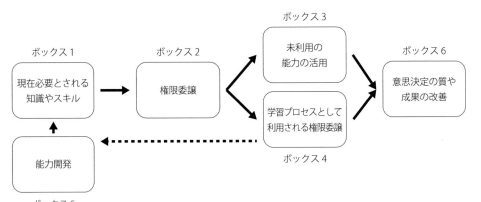

出所：Heller (1992), p.83 をもとに作成。

図2－4　Heller (1992) のプロセスモデル

　とりわけ注目すべき点は，権限委譲それ自体も学習プロセスとして機能するということである。権限委譲（ボックス2）は，従業員が持つ未利用の能力（ボックス3）を活用するだけではない。権限委譲は，それ自体が従業員に学習機会（ボックス4）を提供するのである。それによって，組織で必要とされる知識やスキルを獲得（ボックス1）し，マネジャーからの信頼もさらに強固なものとなり，権限が委譲されやすくなる。Heller（1992）は，従来の研究と同様に，権限委譲が意思決定の質や成果の改善（ボックス6）に影響を与えると考え，その原動力が従業員の能力開発（ボックス5）であることを示したのである。

　権限委譲は，意思決定への参加と同様に，従業員の未利用の資源を活用する効果がある。しかし，責任の所在が曖昧であることから意思決定への参加と比べ，その実行の難しさが指摘されている [14]。ここで取り上げた2つの研究は，そうした権限委譲の実行に伴う条件を検討したものである。その意味で，Leana（1987）と Heller（1992）の研究は，エンパワーメント研究に対する貢献だけでなく，実際の企業の現場に示唆を与えるものであった。

2－3　心理学的エンパワーメント研究

　次に，伝統的エンパワーメント研究のもう1つの柱である心理学的エンパワーメント研究を見ていくことにしよう。心理学的エンパワーメント研究は，1980年代後半から1990年代前半にかけて盛んに行われるようになった。ここでは，その内容を時系列に確認し，心理学的エンパワーメント研究が，どのような内容であるのかを検討したい。

2－3－1　心理的エンパワーメントの概念
　すでに指摘したように，エンパワーメントとは力（パワー）に関係した概念である。社会学的エンパワーメントでは，力を客観的に与える，あるいは，与えられるものと捉えていた。それに対して，心理学的エンパワーメントでは，力は個人に内在するものと捉えている。心理学的エンパワーメントが，こうし

た呼ばれ方をするのは，力の拠り所を個人の心理面に求めているからである。

　社会学的エンパワーメント研究と同様に，心理学的エンパワーメント研究で
も，力が具体的に何を指しているのかが問題になる。社会学的エンパワーメン
トでは，力はマネジャーが持つ権限のことであり，力の拠り所を客観的に捉え
ることが可能である。しかし，心理学的エンパワーメントでは，力は個人に内
在するものであり，力の拠り所を客観的に捉えることが不可能である。そのた
め，心理学的エンパワーメント研究では，力を個人が主観的に認知するものと
捉えている。

　このように，力を客観的に捉えることが不可能であるため，心理学的エンパ
ワーメント研究が主眼に置いているのは，個人が力を持った存在であると主観
的に認知する心理状態を特定することであった。心理学的エンパワーメント研
究では，こうした心理状態を総称して，心理的エンパワーメントと呼んでいる。

　近年，心理的エンパワーメントを構成する次元については，一般的なコンセ
ンサスが得られており，①有意味感，②自己決定感，③コンピタンス，そして
④影響感といった4つの次元から捉えられている。こうした心理的エンパワー
メントを構成する次元が何であるのかを明らかにする研究は，1980年代後半
から1990年代前半にかけて行われた。そして，その中心にいたのが，Conger
& Kanungo と Thomas & Velthouse である。以下では，彼らの研究内容を詳
細に検討してみたい。

2−3−2　Conger & Kanungo の研究
2−3−2−1　Conger & Kanungo による心理的エンパワーメントの捉え方

　経営学分野において，最初に心理的エンパワーメントの考え方を提唱したの
は，Conger & Kanungo (1988) の研究においてである。Conger & Kanungo
(1988) が心理的エンパワーメントを提唱したのは，企業を取り巻く経営環境
が急速に変化したという理由からであった。前章でも述べたように，企業を取
り巻く経営環境が急速に変化する場合，マネジャーだけでなく，一般的な従業
員も創造性や能力を発揮することが必要になる。そして，創造性発揮や能力発
揮の源泉となるのがモチベーションであり，Conger & Kanungo (1988) は，

当時の状況を踏まえて，エンパワーメントをモチベーションの1つとして位置づけたのである。

　エンパワーメントを心理学的に捉えた場合，問題となるのは，個人のどのような心理状態をエンパワーメントと捉えるかである。Conger & Kanungo (1988) がとりわけ注目したのは，自己効力感 (Self-efficacy) という概念であった。自己効力感とは，Bandura (1977) によって提唱された概念であり [15]，個人がある結果を生み出すのに必要な行動を，うまく遂行することができるかどうかという確信の度合いを示すものであった。

　Bandura (1977) は，社会心理学分野の研究者であり，自己効力感という概念は，経営学分野で生成されたものではない。彼自身の関心事である患者の精神疾患をいかに治療するかという問題意識の中から生成されたものである。Conger & Kanungo (1988) は，こうした他分野で生成された自己効力感を経営学分野に持ち込んだのであった。

2−3−2−2　Conger & Kanungo のエンパワーメントモデル

　それでは，Conger & Kanungo (1988) は，自己効力感という概念をいかなる形で経営学分野に援用したのであろうか。それを示したのが以下の図2−5である。

　Conger & Kanungo (1988) にとって，従業員が心理的にエンパワーされた

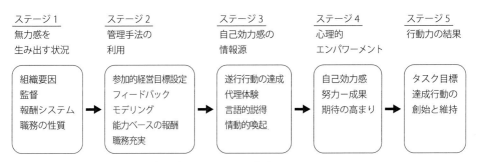

出所：Conger & Kanungo (1988), p.475 をもとに作成。

図2−5　Conger & Kanungo (1988) のエンパワーメントモデル

状態とは，自己効力感が高まった状態のことである。そして，自己効力感を高めるための一連のプロセスを図2－5で示すようなモデルで描いている。

　自己効力感を高めるための最初のステップは，従業員の無力感を生み出す状況を特定することである（ステージ1）。無力感を生み出す状況は，報酬システムや職務の性質などさまざまな要因が複合的に絡み合って生じるが，これらは，マネジメント手法を利用することである程度改善される（ステージ2）。その過程で，従業員は成功体験を積むようになり，自己効力感に繋がる情報を獲得する（ステージ3）。そして，成功体験を蓄積することで従業員の自己効力感は高まっていく（ステージ4）。このように，Conger & Kanungo（1988）は，マネジャーのマネジメントと従業員の自己効力感を結び付けることで，心理的エンパワーメントを経営学分野に援用したのである。

2－3－3　Thomas & Velthouse の研究
2－3－3－1　Thomas & Velthouse による心理的エンパワーメントの捉え方
　この Conger & Kanungo（1988）の研究を継承し，心理的エンパワーメントの内容を充実させたのが，Thomas & Velthouse（1990）である [16]。Conger & Kanungo（1988）が，自己効力感という単一の次元で心理的エンパワーメントを捉えたの対して，彼らは，有意味感（Meaningfulness），自己決定感（Choice），コンピタンス（Competence），影響感（Impact）という4つの次元から心理的エンパワーメントを捉えている。なお，Thomas & Velthouse が示した心理的エンパワーメントの4つの次元各々の内容は，以下の通りである。

① 有意味感
　まず，有意味感とは，個人の理想や基準という観点から判断されたタスクの目標や目的の価値のことである。個人の理想や基準と仕事の役割要求が乖離すれば，有意味感の程度は低くなる。逆に個人の理想や基準と仕事の役割要求が一致すれば，有意味感の程度は高くなる。また，Lips-Wiersma（2009）[17]，神戸（2016）[18] は，有意味感には自己志向の有意味感だけでなく，他者志向の有意味感があることを指摘している。

②　自己決定感

　次に，自己決定感とは，個人の選択や行動に対する責任を意味するものであり，自らの行為を始め，自らの行為をコントロールする選択権を，その人が持っているという感覚のことである。内発的モチベーションの代表的研究者である Deci（1975）は，自己決定感と自己効力感の2つを内発的モチベーションの源泉と捉えたが，人が内発的に動機づけられるためには，自己決定感の方が自己効力感よりも重要な概念であると指摘している[19]。

③　コンピタンス

　さらに，コンピタンスとは，個人が環境と効果的に相互作用する有機体の能力のことである[20]。つまり，コンピタンスとは，自らの行動が環境にどの程度働きかけることができるかという確信の度合いのことである。自己効力感と似た概念であり，研究者によっては同一の概念と捉えているが，自らの行動に対する自信を，環境との相互作用の中で定義している点で自己効力感とは異なっている。

④　影響感

　そして，影響感とは，タスクの目的を達成するという観点から行動がある違いを生み出す，あるいは，タスク環境の中で意図された効果を生み出すという確信の度合いのことである。Bandura（1995）は，人が行動を決定する要因には，効力予期と結果予期という2つの認知的要因があると指摘している[21]。この2つの認知の中で，効力予期は自己効力感に関する認知であり，結果予期は影響感に関する認知である。また，効力予期を持つことは，結果予期を持つことの前提であると併せて指摘している。

　彼らが選択した以上の4つの次元は，その後行われた Spreitzer（1995）の実証研究によって[22]，心理的エンパワーメントの操作的定義として適切であることが明らかになった。Spreitzer（1995）が開発した測定尺度は，多くのエンパワーメント研究で使用されており，心理的エンパワーメントがこの4つの次

元で構成されるということは，エンパワーメント研究における一般的なコンセンサスとなっている。

2－3－3－2　Thomas & Velthouse のエンパワーメントモデル

　Thomas & Velthouse（1990）も Conger & Kanungo（1988）と同様に，心理的エンパワーメントを経営学分野に援用し，彼ら独自のエンパワーメントモデル（図2－6）を提示している。以下で述べる通り，Thomas & Velthouse（1990）のエンパワーメントモデルは，Conger & Kanungo（1988）のモデルを発展させたものである。

　Thomas & Velthouse（1990）と Conger & Kanungo（1988）で異なるのは，心理的エンパワーメントの捉え方だけではない。図2－6のモデルを見てもわかる通り，心理的エンパワーメントを高めるための一連のプロセスが大き

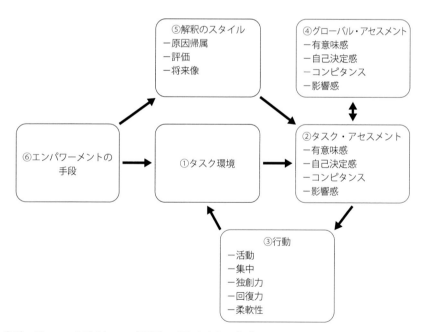

出所：Thomas & Velthouse（1990），p.670 をもとに作成。

図2－6　Thomas & Velthouse（1990）のエンパワーメントモデル

く異なっている。

　まず，第 1 に異なる点は，モデル内で示された各要因間（ステージ）の関係
についてである。Conger & Kanungo（1988）のモデルでは，各要因間の関係
は一方向的なものであった。それに対して，Thomas & Velthouse（1990）の
モデルは，各要因間の関係を相互作用的に描いている。そして，第 2 に異なる
点は，モデル内のプロセスに対して，個人差を考慮に入れている点である。
Thomas & Velthouse（1990）モデルでは，彼らが解釈のスタイル，グローバ
ル・アセスメントと呼ぶ個人差が考慮に入れられている。

　Thomas & Velthouse（1990）のモデルにおいて，各要因間の関係を相互作
用的に捉えたのは，心理的エンパワーメント（タスク・アセスメント）の程度
が，タスク環境に対する個人の認知によって決定すると考えたからである[23]。
①タスク環境とは，現在のタスク行動や将来のタスク行動に関連する状況や情
報のことであり，当然，個人の行動によって変化する。そして，個人の行動に
影響を与える要因となるのが②タスク・アセスメントである。そのため，①タ
スク環境，②タスク・アセスメント，③行動という 3 つの要因が，永続する関
係として相互作用的に描かれたのであった。

　また，モデル内で個人差を考慮に入れたのも同様の理由であり，タスク・ア
セスメントの程度が，個人の認知によって決定すると考えたからである。④グ
ローバル・アセスメントとは，過去のタスク・アセスメントから帰納的に一般
化された個人の信念のことであり，タスク・アセスメントは，部分的に個々の
グローバル・アセスメントによって，演繹的に形成される。つまり，ある出来
事を解釈する際に曖昧さを残す場合，過去の経験と一致するタスク評価を行う
傾向があるということである。一方で，⑤解釈のスタイルというのは，個人の
物事を解釈するプロセスに見られる傾向のことであり，その具体的内容とし
て，個人の原因帰属，評価，将来像という 3 つが挙げられている[24]。

　このように，Thomas & Velthouse（1990）は，心理的エンパワーメントを
構成する次元の拡張だけでなく，理論的にも心理学的エンパワーメント研究を
発展させている。彼らの研究で特筆すべき論点は，心理的エンパワーメントを
認知的要因と捉えたことである。これによって，企業経営の中での個人の行動

が，心理的エンパワーメントを中心にした永続的プロセスであるということを示せたのである。なお，彼らの研究でも Conger & Kanungo（1988）と同様に，エンパワーメントを実現するための手段が，複数あることを指摘している[25]。そして，エンパワーメントの手段が心理的エンパワーメントに与える影響は，①タスク環境や⑤解釈のスタイルを通じた間接的なものであるという独自の見解を示している。

2－4　社会学的エンパワーメント研究と
心理学的エンパワーメント研究の統合

　1990年代後半から2000年代前半にかけて，社会学的エンパワーメント研究と心理学的エンパワーメント研究を統合する研究が行われるようになった。2つのエンパワーメント研究を統合するという考え方は，現代的エンパワーメント研究の基礎となっている。ここでは，Spreitzer（1996）[26]と青木（2006）の研究から，2つのエンパワーメント研究を統合した研究が，どのような内容であるのかを検討してみたい。

2－4－1　社会学的エンパワーメントの拡張
　社会学的エンパワーメント研究と心理学的エンパワーメント研究を統合する研究の基本的な前提は，意思決定への参加や権限委譲と捉えられる社会学的エンパワーメントが，従業員の心理的エンパワーメントに影響を与えるという点である。意思決定への参加や権限委譲は，組織内で行われる意思決定に従業員を参加させることであり，その内容から従業員の自己決定感に影響を与えることが十分に考えられる。
　しかし，心理的エンパワーメントを構成する次元は，自己決定感だけではない。心理的エンパワーメントを高めるためには，有意味感，コンピタンス，影響感も高める必要がある。また，権限委譲に関しても，その実行がうまくいくためにはさまざまな条件が必要になる。つまり，従業員の心理的エンパワーメントを高めるためには，意思決定への参加や権限委譲だけでは十分と言えず，

それ以外の要因も考える必要がある。そのため，社会学的エンパワーメント研究と心理学的エンパワーメント研究を統合する研究において，最初のステップとなったのは，心理的エンパワーメントに影響を与える要因を特定することであった。

　心理的エンパワーメントを高める要因が，複数存在すると指摘する研究者にSpreitzer（2008）がいる。Spreitzer（2008）は，組織内のさまざまな要因が相互作用することで，心理的エンパワーメントを高めると指摘し，意思決定への参加や権限委譲もそうした要因の1つと捉えた[27]。そのため，Spreitzer（2008）は，客観的な意味で力を捉えるエンパワーメントを，社会構造エンパワーメントと呼び，意思決定への参加や権限委譲として捉える社会学的エンパワーメントの意味を拡張している。なお，以下の図2－7は，社会学的エンパワーメントと社会構造エンパワーメントとの関係を示したものである。

2－4－2　社会構造エンパワーメントと
心理的エンパワーメント統合の基本的考え方

　社会構造エンパワーメントと心理的エンパワーメントを統合する研究が行われるようになったのは，1990年代後半から2000年代前半にかけてである。構成概念である心理的エンパワーメントの操作的定義が開発されたのが1995年であり，それ以降に，社会構造エンパワーメントと心理的エンパワーメントと

社会構造エンパワーメント

・リーダーシップ
・組織風土
・組織内システム

　　　社会学的エンパワーメント
・意思決定への参加
・権限委譲

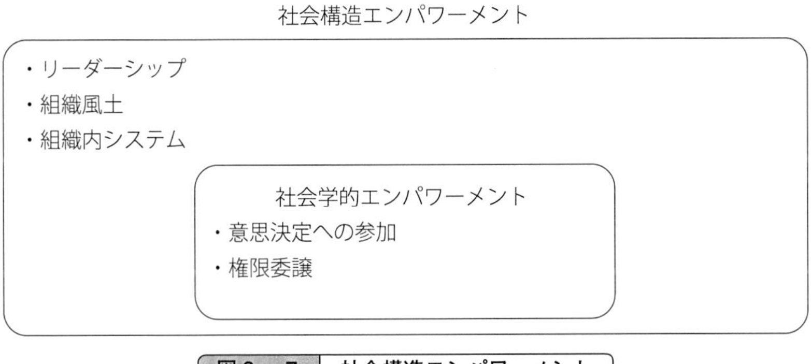

図2－7　社会構造エンパワーメント

の関係を明らかにする研究が行われた。

　それ以前にも，Hackman & Oldham（1980）[28]，Lawler（1992）[29] など類似する研究が見られたが，彼らの研究では，心理的エンパワーメントという言葉は使われていなかった。また，前述の Conger & Kanungo（1988），Thomas & Velthouse（1990）の研究では，心理的エンパワーメントという言葉が使われているものの，彼らの研究は，理論構築に主眼が置かれたものであり，社会構造エンパワーメントと心理的エンパワーメントとの関係を実証的に検証したわけではなかった。

　社会構造エンパワーメントと心理的エンパワーメントとの関係を，最初に検証したのは Spreitzer（1996）であった。また，日本国内では，青木（2006）が実証研究を行っている。社会構造エンパワーメントの内容を選択する方法は，いずれの研究も共通しており，心理的エンパワーメントの各次元に基づいて，それぞれに影響を与える要因を特定する方法で行われている。こうした選択方法は，構成概念である心理的エンパワーメントが直接的に測定できないこと，心理的エンパワーメントを構成する4つの次元が，加法的に組み合わさるという Thomas & Velthouse（1990）の指摘が理論的根拠になっている[30]。つまり，有意味感，自己決定感，コンピタンス，影響感といった4つの次元を高めることができれば，心理的エンパワーメントは高まるということである。

　社会構造エンパワーメントの内容として，Spreitzer（1996）は，①役割曖昧性，②スパン・オブ・コントロール，③社会政治的支援，④情報へのアクセス，⑤資源へのアクセス，⑥参加的風土といった6つの要因を挙げているが，これらは，いずれも心理的エンパワーメントの各次元に対応したものになっている。また，青木（2006）は，①トップマネジメント行動，②ミドルマネジメント行動，③権限委譲，④人事制度といった4つの要因を挙げているが，こちらも心理的エンパワーメントの各次元に対応したものになっている。以下の表2－1は，Spreitzer（1996），青木（2006）が選択した各要因と心理的エンパワーメントの各次元との対応関係を示したものである。

　表2－1を見ると，社会構造エンパワーメントの内容が，心理的エンパワー

| 表 2 － 1 | 社会構造エンパワーメントと心理的エンパワーメントとの対応関係 |

	Spreitzer（1996）		青木（2006）	
	社会構造 エンパワーメント	心理的 エンパワーメント	社会構造 エンパワーメント	心理的 エンパワーメント
①	役割曖昧性	自己決定感 影響感	トップマネジメント	有意味感 自己効力感
②	スパン・オブ・ コントロール	自己決定感	ミドルマネジメント	有意味感 自己効力感
③	社会政治的支援	コンピタンス	権限委譲	自己決定感
④	情報へのアクセス	有意味感 影響感	人事制度	自己効力感
⑤	資源へのアクセス	自己決定感		
⑥	参加的風土	有意味感 自己決定感		

出所：Spreitzer（1996），青木（2006）の記述をもとに作成。

メントの各次元に対応していることがわかるであろう。以下では，社会構造エンパワーメントと心理的エンパワーメントとの関係を実証的に検証したSpreitzer（1996）と青木（2006）の研究を取り上げ，その内容を検討してみたい。

2 － 4 － 3　Spreitzer の研究

　まずは，Spreitzer（1996）の研究をさらに見ていくことにしよう。Spreitzerは，心理的エンパワーメントの操作的定義を開発したことで著名であるが，1996 年にも興味深い研究を発表している。1996 年の研究は，マネジメントの現場に示唆を与えることを目的として，彼女が選択した社会構造エンパワーメント（役割曖昧性，スパン・オブ・コントロール，社会政治的支援，情報へのアクセス，資源へのアクセス，参加的風土）と心理的エンパワーメントとの関係を実証的に検証したものである（図 2 － 8）。

　Spreitzer（1996）が取り上げた 6 つの要因は，さまざまな文献に基づいて選

36

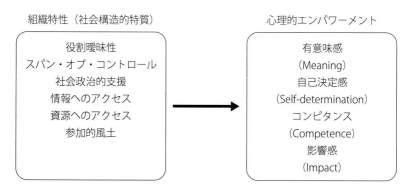

組織特性（社会構造的特質）　　　　　心理的エンパワーメント

役割曖昧性
スパン・オブ・コントロール
社会政治的支援
情報へのアクセス
資源へのアクセス
参加的風土

有意味感
（Meaning）
自己決定感
（Self-determination）
コンピタンス
（Competence）
影響感
（Impact）

出所：Spreitzer（1996）, pp.483-490 の記述をもとに作成。

図2－8　Spreitzer（1996）のエンパワーメントモデル

択されたものであるが，特に，Lawler（1992）のハイ・インボルブメント・モ
デル（High Involvement Model）の考え方に影響を受けている。ハイ・インボル
ブメント・モデルとは，組織内の下位メンバーに至るまで，幅広く資源（報
酬，知識，情報）を提供することで従業員の参加意識を高め，自発的な労働意
欲を持った良質な労働力を得ようとするものである[31]。

　このハイ・インボルブメント・モデルで示される施策には次の通り3つあ
る。報酬に関する施策とは，職務成果や能力に直結した給与システムの構築で
あり，知識に関する施策とは，技能や能力を習得させるための教育訓練制度の
設計などである。そして，情報に関する施策とは，戦略や顧客，企業業績など
の情報を提供することである。

　Spreitzer（1996）は，こうしたハイ・インボルブメント・モデルに基づき，
心理的エンパワーメントの各次元に対応するように，前述した6つの要因を選
択したのであった。なお，これら6つの要因の内容は以下の通りである。

① 役割曖昧性（Role ambiguity）
　役割曖昧性とは，他者からの期待，与えられる権限，権限に伴う責任など組
織内での役割がどの程度明確になっているかを示すものである。役割曖昧性
は，心理的エンパワーメントの各次元に影響を与えるとされているが，特に自

己決定感と影響感に影響を与えると考えられている。

② スパン・オブ・コントロール (Span of Control)
　スパン・オブ・コントロールとは，マネジャーが抱える従業員の人数が多い
か少ないかなどコントロールの範囲を示すものである。マネジャーのコント
ロール範囲が広い場合，従業員には多くの権限が委譲される可能性があるた
め，スパン・オブ・コントロールは，自己決定感に影響を与えると考えられて
いる。

③ 社会政治的支援 (Sociopolitical support)
　社会政治的支援とは，上司，同僚，部下など組織内のメンバーからの組織的
支援，メンバー間の相互信頼の程度を示すものである。従業員自らが，コンピ
タンスが高まったと認知するためには，こうした組織内のメンバーからの支援
や信頼が必要と考えられている。

④ 情報へのアクセス (Access to information)
　情報へのアクセスとは，生産過程，生産性，外部環境，企業戦略など，組織
内の活動で必要となる情報をどの程度知ることができるか示したものである。
これらの情報を通じて，従業員は仕事の意味や自らの役割を理解するため，情
報へのアクセスは，有意味感と影響感に影響を与えると考えられている。

⑤ 資源へのアクセス (Access to resources)
　資源へのアクセスとは，資金や資材など組織内の活動で必要となる資源をど
の程度利用できるか示したものである。なお，ここでいう資源には活動場所や
活動時間なども含まれる。これらの内容からもわかる通り，資源へのアクセス
は自己決定感に影響を与えると考えられている。

⑥ 参加的風土 (Participative unit climate)
　組織文化なり風土は，組織の性格を表し，一般的に組織内のメンバーの行動

に影響を与える組織の特性として知られている。参加型の組織風土は，非参加型の組織風土と比べて，トップダウンの指揮命令よりも個人の貢献や主体性が評価されるようになり，有意味感と自己決定感に影響を与えると考えられている。

　Spreitzer（1996）は，これら6つの要因が，どの程度心理的エンパワーメントに影響を与えるのかを明らかにした。このモデルを証明するため，複数年にわたる大規模アンケート調査を行い，重回帰分析により検証をおこなった。分析の結果，資源へのアクセスを除く5つの要因が心理的エンパワーメントに有意な影響を与えていることがわかった。その中でも特に強い影響を与えていたのは役割曖昧性であり，高い役割曖昧性は，心理的エンパワーメントに負の影響を与えていた。また，これ以外の4つの要因については，心理的エンパワーメントに正の影響を与えていることが明らかになった。

　Spreitzer（1996）の研究は，社会構造エンパワーメントと心理的エンパワーメントとの関係を実証的に検証した最初の研究であり，その後のエンパワーメント研究の礎となるものであった。Spreitzer（1996）の研究で特に重要なことは，社会構造エンパワーメントの選択基準を明確に示したことである。これまで見てきた通り，Spreitzer（1996）は，社会構造エンパワーメントの内容を心理的エンパワーメントの各次元に基づいて選択している。こうした選択方法は，その後のエンパワーメント研究で共通して見られるものであり，ここにSpreitzer（1996）の研究意義を見出すことができる。

　一方で，Spreitzer（1996）の研究は，社会構造エンパワーメントと心理的エンパワーメントとの関係を調査しただけであり，そこに目的変数は導入されていなかった。そのため，従業員の心理的エンパワーメントが高まった結果，どのような成果がもたらされるのかまでは明らかにしていないという課題が残った。

２−４−４　青木の研究

２−４−４−１　青木の研究の特徴

　青木（2006）も Spreitzer（1996）と同様に，心理的エンパワーメントに影響
を与える要因が，何であるのかを明らかにすることを目的にしている。しか
し，いくつかの点で Spreitzer（1996）と異なっている。

　その第１は，社会構造エンパワーメントの選択方法である。Spreitzer（1996）
は，どちらかと言えば，Lawler（1992）の研究に基づいてその要因を選択して
いた。それに対して，青木（2006）は，心理的エンパワーメントの各次元に基
づいて，さまざまな文献から社会構造エンパワーメントの要因を選択してい
る。第２に，心理的エンパワーメントの捉え方についてである。Spreitzer
（1996）が，有意味感，自己決定感，コンピタンス，影響感という４つの次元
から捉えたのに対して，青木（2006）は，有意味感，自己決定感，自己効力感
という３つの次元から捉えている[32]。そのため，青木（2006）が取り上げた社
会構造エンパワーメントの要因は，これら３つの次元に基づいて選択したもの
になっている。第３に，エンパワーメントモデルについてである。青木
（2006）は，社会構造エンパワーメントの要因を明らかにするだけでなく，従
業員の心理的エンパワーメントが高まった結果として，どのような成果がもた
らされるのかも検証している。ここでは，青木（2006）が選択した社会構造エ
ンパワーメントの要因を見ると共に，エンパワーメントモデルで示された各変
数間の関係についても検討してみたい。

　はじめに，社会構造エンパワーメントの要因が，どのような方法で選択され
たのかについて見ていくことにしよう。前述の通り，青木（2006）は，社会構
造エンパワーメントの要因を，心理的エンパワーメントを構成する各次元に基
づいて選択している。例えば，自己効力感に影響を与える要因については，こ
の概念の提唱者である Bandura（1977）の理論に基づいて，その内容を選択し
ている。有意味感と自己決定感についても同様であり，各概念の提唱者である
Hackman & Oldham（1980），Deci（1975）の理論に基づいて，その内容を選
択している。このような方法で青木（2006）が選択した社会構造エンパワーメ
ントの要因は，①トップマネジメント行動，②ミドルマネジメント行動，③権

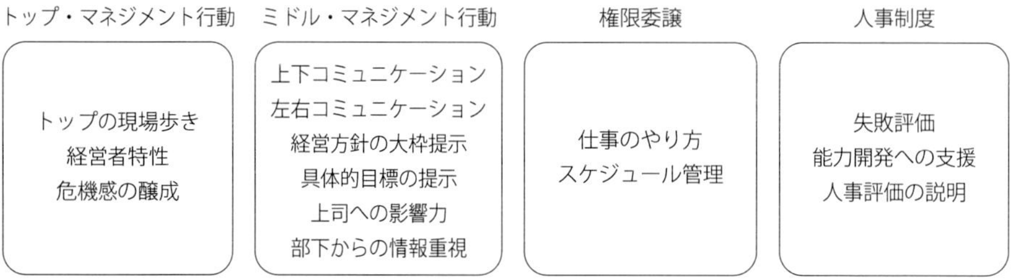

40

トップ・マネジメント行動	ミドル・マネジメント行動	権限委譲	人事制度
トップの現場歩き 経営者特性 危機感の醸成	上下コミュニケーション 左右コミュニケーション 経営方針の大枠提示 具体的目標の提示 上司への影響力 部下からの情報重視	仕事のやり方 スケジュール管理	失敗評価 能力開発への支援 人事評価の説明

出所：青木（2006），159-170頁の記述をもとに作成。

図2−9　青木（2006）が選択した社会構造エンパワーメント

限委譲，④人事制度の４つであった。図２−９は，これら４つの要因を具体的に示したものである。

　青木（2006）が選択した社会構造エンパワーメントの要因は，心理的エンパワーメントを構成する各次元のどれか１つに影響を与えるわけではない。青木（2006）は，１つの要因が，心理的エンパワーメントを構成する複数の次元に影響を与える可能性があることを指摘している。例えば，トップマネジメント行動の１つである現場歩きについては，企業理念やビジョンを浸透させることで，従業員の有意味感を高めることに繋がり，さらには，現場歩きをするトップの行動それ自体が，モデリングの役割を果たし，従業員の自己効力感を高めると指摘している。

2−4−4−2　目的変数の導入

　さて，青木（2006）が行った実証研究からは，いかなる結果が得られたのであろうか。青木（2006）の実証研究は，社会構造エンパワーメントと心理的エンパワーメントとの関係を検証しただけではない。心理的エンパワーメントが高まった結果として，どのような成果がもたらされるのかも検証している。

　目的変数として青木（2006）が取り上げたのは，①挑戦意欲の向上，②能力発揮，③創造性発揮といった従業員の態度に関わる変数とイノベーションに関わる変数である。そして，社会構造エンパワーメントを説明変数，心理的エンパワーメントを媒介変数，創造的学習を目的変数と捉えたエンパワーメントモ

組織特性	心理的エンパワーメント	創造的学習
トップマネジメント行動 ミドルマネジメント行動 権限委譲 人事制度	有意味感 自己決定感 自己効力感	挑戦意欲の向上 創造性発揮 能力発揮

出所：青木（2006），146 頁をもとに作成。

図２－10　青木（2006）のエンパワーメントモデル

デル（図２－10）を構築し，社会構造エンパワーメントと心理的エンパワーメントとの関係，心理的エンパワーメントと創造的学習との関係といった２つの関係を検証している。

　この２つの関係を検証するために，青木（2006）は，複数年にわたる大規模アンケート調査を行い，収集されたデータを単相関分析により検証した。分析の結果，ミドルマネジメント行動と権限委譲の２つが，心理的エンパワーメントと強い相関関係にあること，トップマネジメント行動と心理的エンパワーメントとの相関関係があまり見られないことがわかった。さらに，心理的エンパワーメントと創造的学習との関係については，総じて高い相関関係であることが明らかになった。

　青木（2006）の研究成果は，その後，多くのエンパワーメント研究でモデルケースとなるものであった。その理由は，青木が提示するエンパワーメントモデルに目的変数を導入したことである。モデル内に目的変数が導入されたことで，媒介変数としての心理的エンパワーメントの位置づけが明確になった。つまり，心理的エンパワーメントを媒介変数として位置づけることで，なぜ心理的エンパワーメントを高める必要があるのか，なぜ社会構造エンパワーメントが重要であるのかというエンパワーメント研究の課題がより明確になったのである。しかし，心理的エンパワーメントを媒介変数として位置づけているものの，単相関分析という分析手法を採用しているために，厳密な意味での媒介効果を検証していないという課題が残ることとなった。

2－5　本章のまとめ

　本章では，経営学分野における伝統的エンパワーメント研究について，概念形成と理論構築という2つの側面からその内容を検討した。エンパワーメント概念は，力の捉え方によって2つの概念に分類される。1つ目は，力を客観的な意味で捉える社会学的エンパワーメントであり，その内容は意思決定への参加や権限委譲である。2つ目は，力は個人に内在すると捉える心理学的エンパワーメントである。そして，個人が力を持った存在であると主観的に認知する心理状態を，心理的エンパワーメントと呼び，有意味感，自己決定感，コンピタンス，影響感といった4つの次元から捉えた。

　この2つのエンパワーメント概念に基づいて，経営学分野におけるエンパワーメント理論が構築されるようになった。当初，2つのエンパワーメント理論は，それぞれが独自の理論として発展していった。そして，1990年代後半から2000年代前半にかけて，2つのエンパワーメント理論を統合する研究が行われるようになった。本章の後半部分では，その内容を検討することにした。

　エンパワーメント理論を統合した研究の意義は，次の2点である。第1に，社会学的エンパワーメントの内容が充実したことである。従業員の心理的エンパワーメントに影響を与える要因は，意思決定への参加や権限委譲だけではない。意思決定への参加や権限委譲を含む組織内の様々な要因が，相互作用することで影響を与えると考えられるようになった。こうした考え方は，社会学的エンパワーメントを広義に捉えるものであり，社会構造エンパワーメントと呼ばれている。

　第2に，心理的エンパワーメントの媒介変数としての機能が明確になったことである。つまり，従業員の成果を上げるためには，心理的エンパワーメントを高めなければならない。また，社会構造エンパワーメントも心理的エンパワーメントを高めるように設計しなければならない。このようにエンパワーメント研究における心理的エンパワーメントの位置づけがより明確になったので

ある。

　本章の内容は，エンパワーメント概念に関するこれら一連の研究成果をまとめたものであった。なお，次章で取り上げる現代的エンパワーメント研究は，ここで取り上げた伝統的エンパワーメント研究を，さらに発展させた議論になっている。

【注】

1 ）Kotter, J. P., *Power in Management: How to Understand Acquire, and Use it*, New York AMACOM, 1979（谷三太郎・加護野忠男訳『パワー・イン・マネジメント』白桃書房，1981 年）。Kanter, R. M., "The Middle Management as Innovator", *Harvard Business Review*, July-August, 1982; pp.95-105.

2 ）Conger, J. A. & R. N. Kanungo, "The Empowerment Process: Integrating Theory and Practice", *Academy of Management Review*, Vol.13, 1988; pp.471-482.

3 ）従業員の創造性発揮に対して，モチベーションが重要な役割を果たすと指摘する研究者に，例えば，Amabile（1997）がいる。
Amabile, T. M., "Motivating Creativity in Organizations: On Doing What You Love and Loving What You Do", *California Management Review*, Vol.40, 1997; pp.39-58.

4 ）青木幹喜『エンパワーメント経営』中央経済社，2006 年，26 頁。

5 ）Heller, F. A., "Leadership Decision Making and Contingency Theory", *Industrial Relations*, Vol.12, 1973, p.188.

6 ）Coch, L. & J. R. P. French, "Overcoming Resistance to Change", *Human Relations*, Vol.1, 1948; pp.512-532.

7 ）Miles, R. E., "Hunan Relations or Human Resources?", *Harvard Business Review*, July-August, 1965; pp.148-163.

8 ）Miles, R. E.（1965）., op. cit., p.152.

9 ）なお，Sagie & Kosolowsky（2000）は，意思決定への参加には，意思決定の質の改善だけでなく，企業全体の意思決定を受容する効果もあると指摘している。
Sagie, A. & M. Koslowsky, *Participation and Empowerment in Organizations: Modeling, Effectiveness, and Applications*, Sage Publications, Inc., 2000.

10）Heller, F. A.（1973）., op. cit., p.192.

11）高宮　晋『経営組織論』ダイヤモンド社，1961 年，137 頁。

12）Leana, C. R., "Power Relinquishment versus Power Sharing: Theoretical Clarification and Empirical Comparison of Delegation and Participation", *Journal of Applied Psychology*, Vol.27, 1987; pp.228-233.

13) Heller, F. A., "Decision-Making and the Utilization of Competence" in F. A. Heller ed., *Decision-Making and Leadership*, Cambridge University Press, 1992; pp.71-89.

14) Forrester, R., "Empowerment: Rejuvenating a Potent Idea", *Academy of Management Executive*, Vol.14, 2000; pp.67-80.

15) Bandura, A., "Self-efficacy: Toward a Unifying Theory of Behavioral Change", *Psychological Review*, Vol.84, 1977; pp.191-215.

16) Thomas, K. W. & B. A. Velthouse, "Cognitive Elements of Empowerment: An Interpretive Model of Intrinsic Task Motivation", *Academy of Management Review*, Vol.15, 1990; pp.666-681.

17) Lips-Wiersma, M. S. & L. Morris, "Discriminating between 'Meaningful Work' and the 'Management of Meaning'", *Journal of Business Ethics*, Vol.88, 2009; pp.491-511.

18) 神戸康弘『「意味マップ」のキャリア分析：「個人の意味」が「社会の意味」になるメカニズム』白桃書房，2016 年。

19) Deci, E. L., *The Psychology of Self-Determination*, D. C. Heath & Company, 1975（石田梅男訳『自己決定の心理学』誠信書房，1985 年）。

20) White, R. W., "Motivation Reconsidered: The Concept of Competence.", *Psychological Review*, Vol.66, 1959（佐柳信男訳『モチベーション再考：コンピテンス概念の提唱』新曜社，2015 年）。

21) Bandura, A., *Self-efficacy in Changing Societies, Cambridge* University, 1995（本明 寛・野口京子監訳『激動社会の中の自己効力』金子書房，1997 年）。

22) Spreitzer, G. M., "Individual Empowerment in the Workplace: Dimensions, Measurement, and Validation", *Academy of Management Journal*, Vol.38, 1995; pp.1442-1465.

23) Thomas & Velthouse（1990）のエンパワーメントモデルが主眼に置いているのは，いかに，個人の心理的エンパワーメントを認知させるかである。実際に，彼らは自らのモデルを，Cognitive model と命名している。

24) 原因帰属とは，過去に起こった出来事の原因は何かを求める個人が持つ傾向のことである。また，評価とは，現在行われている物事をいかに解釈するのかという個人のスタイルのことである。さらに，将来像というのは，将来何が起こるのかに関する個人の解釈・認知スタイルのことである。

25) Thomas & Velthouse（1990）が，エンパワーメントを実現するための手段として取り上げたのは，①リーダーシップ，②権限委譲，③職務設計，④報酬システムの4つであった。

26) Spreitzer, G. M., "Social Structural Characteristics of Psychological Empowerment", *Academy of Management Journal*, Vol.39, 1996; pp.483-504.

27) Spreitzer, G. M., "Taking Stock: A Review of More Than Twenty Years of Research on Empowerment at Work", In Barling, J. & C. L. Cooper (Eds.), *Handbook of Organizational Behavior* (pp.54-72), Thousand Oaks, CA: Sage, 2008.

28) Hackman, J. R. & G. R. Oldham, *Work Redesign, Reading*, MA, Addison-Wesley, 1980.

29) Lawler, E. E., *The Ultimate Advance; Creating the High-Involvement Organization*, Jossey-Bass Inc., Publishers, 1992.

30) Thomas, K. W. & B. A. Velthouse. (1990)., op. cit., p.671.

31) 小林　裕「参加型 HRM システムが企業業績に及ぼす影響」『東北学院大学教養学部論集』第 172 号，2015 年，2 頁。

32) 影響感を抽出しなかった理由として，自己効力感との区別ができなかったことを挙げている。

青木，前掲書，2006 年，142 頁。

第**3**章

現代的エンパワーメント研究 I

　本章では，引き続きエンパワーメント研究をサーベイすることにしよう。前章では，伝統的エンパワーメント研究についてサーベイしてきたが，本章では，現代的エンパワーメント研究について検討してみたい。

　伝統的エンパワーメント研究は，エンパワーメントの概念形成や理論構築に主眼を置いており，経営学分野にエンパワーメントの考え方を導入することが目的であった。そして，社会構造エンパワーメントと心理的エンパワーメントを統合した理論（統合理論）を構築し，経営学分野におけるエンパワーメント理論を提唱している。

　本章のテーマである現代的エンパワーメント研究とは，統合理論の内容を発展させた研究の総称であり，エンパワーメント理論が企業の現場で適用できることを示している。現代的エンパワーメント研究は，個人を対象にした研究とチームを対象にした研究に分類することができるが，本章では，個人を対象にした研究に焦点を当て，①統合理論を精緻化する研究，②統合理論に時間軸を取り入れた研究といった2つの研究について，それぞれの内容を検討する。

3−1　現代的エンパワーメント研究の視点

　はじめに，現代的エンパワーメント研究のアウトラインを述べることにする。現代的エンパワーメント研究とは，前章で検討した社会構造エンパワーメントと心理的エンパワーメントを統合した理論（統合理論）を発展させた研究のことである。統合理論が基本的前提にしているのは，社会構造エンパワーメ

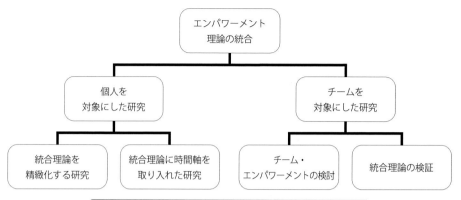

図3−1　現代的エンパワーメント研究のアウトライン

ントが，心理的エンパワーメントを媒介にして何らかの成果に影響を与えるというものであり，現代的エンパワーメント研究は，分析対象を個人とチームに分け，それぞれに対応した形で統合理論の内容を発展させている（図3−1）。

　個人を対象にしたエンパワーメント研究は，さらに，①統合理論を精緻化する研究，②統合理論に時間軸を取り入れた研究といった2つの研究に分けることができる。前者の研究は，統合理論における一連のプロセスを精緻化することが目的である。伝統的エンパワーメント研究で示された統合理論の内容は，大まかな変数間の関係を示しただけであり，変数間の関係を説明する理論的根拠は乏しいものであった。統合理論を精緻化する研究は，新たな媒介変数やモデレータ変数を導入することで，統合理論における一連のプロセスをより充実したものにしている。

　一方で，後者の研究は，統合理論に時間軸という概念を取り入れ，その中で示される変数間の関係を再度検証するものである。従来の統合理論における変数間の関係は，社会構造エンパワーメント → 心理的エンパワーメント → 成果という一方向的なものであった。しかし，Thomas & Velthouse（1990）のエンパワーメントモデルを見てもわかる通り[1]，変数間の関係が相互作用的であることも十分に考えられる。統合理論に時間軸を取り入れた研究は，時間経過と共に変化する変数間の関係を検証することで，エンパワーメントの時間的

ダイナミクスを明らかにしている[2]。

　ここまで述べてきた現代的エンパワーメント研究の内容は，いずれも分析対象が個人であった。しかし，統合理論の考え方が指摘されると，それをチームに応用した研究も行われるようになった。チームを対象にした統合理論の研究は，個人を対象にしたエンパワーメント研究と同様に，チームのエンパワーメントがどのような内容であるのかを検討し，統合理論における変数間の関係を検証する形で行われている。そして，チームを対象にした場合でも，エンパワーメントの考え方が適用できることを示し，エンパワーメント研究に新たな知見を加えている。

　以上のように，現代的エンパワーメント研究のメインは，①統合理論を精緻化する研究，②統合理論に時間軸を取り入れた研究，③チームを対象にした統合理論の研究といった3つの研究に分けることができる。以下では，個人を対象にした現代的エンパワーメント研究を詳細に検討してみたい。

3−2　統合理論を精緻化する研究

　個人を対象にしたエンパワーメント研究は，①統合理論を精緻化する研究，②統合理論に時間軸を取り入れた研究といった2つの研究に分けることができる。ここでは，統合理論を精緻化する研究を検討し，統合理論がいかなる形で発展したのかを述べてみたい。

3−2−1　社会構造エンパワーメントの体系的捉え方

　エンパワーメント理論を統合する研究は，心理的エンパワーメントの操作的定義が開発されたことではじまった。それによって，心理的エンパワーメントに影響を与える社会構造エンパワーメントの研究が進み，心理的エンパワーメントを媒介変数と捉えたエンパワーメントモデルの検証が可能になったのである。

　しかし，社会構造エンパワーメントは，心理的エンパワーメントと異なり，定まった操作的定義が開発されているわけではない[3]。そのため，統合理論を

精緻化する研究の多くは，社会構造エンパワーメントを構成する要因の中でも，どれか1つの要因に焦点を当て，そこから成果に至るまでの一連のプロセスを精緻化することを目的にしている。ここでは，統合理論を精緻化する研究のサーベイに先立って，先行研究で示された社会構造エンパワーメントの内容を整理し，その内容を体系的にまとめてみたい。

　社会構造エンパワーメントの内容を体系的にまとめた研究として，吉野・松尾（2019）がある [4]。彼らは，エンパワーメント研究に関するさまざまな文献をサーベイし，社会構造エンパワーメントが，①組織内システム，②リーダーシップ，③組織風土といった3つの要因に分類されることを明らかにした。これら3つの内容は以下の通りである。

① 組織内システム

　組織内システムとは，従業員の心理的エンパワーメントを高めるために構築された組織の構造特性のことである。例えば，報酬制度や目標管理制度，職務設計などが心理的エンパワーメントに影響を与える要因として挙げられる。

② リーダーシップ

　リーダーシップとはリーダーの行動スタイルのことであるが，ここでいうリーダーシップは，従業員の心理的エンパワーメントを高めるリーダーの実践的行動を指している。具体的には，従業員の主体的行動や能力向上を支援し，リーダーとメンバーとの間に質の高い互恵的な関係を築く行動と考えられている。

③ 組織風土

　組織風土とは，従業員の間で共有される共通認識のことである。そして，組織の中で自主性，参加，価値共有を重視する組織風土が形成されると心理的エンパワーメントは高まると考えられている。また，組織風土は，前述の組織内システムやリーダーシップと密接に関連している。つまり，従業員の心理的エンパワーメントを高める組織内システムやリーダーシップを，組織のメンバー

が認識し，それが職場内で共有された時に組織風土は形成されるということである。

　これら3つの社会構造エンパワーメントの要因の中で，特に取り上げられることが多いのはリーダーシップである。統合理論を精緻化する研究の多くは，リーダーシップを説明変数としたエンパワーメントモデルを作り，心理的エンパワーメントの媒介効果，さらには，イノベーションや態度など従業員の成果に影響を与えるまでの一連のプロセスを実証的に検証している。

　また，リーダーシップの中で特に取り上げられることが多いのは，エンパワリング・リーダーシップである[5]。エンパワリング・リーダーシップが取り上げられることが多いのは，それが，心理的エンパワーメントと密接に関連したリーダーシップとして定義されているからである。例えば，Sharma & Kirkman（2015）は，エンパワリング・リーダーシップを「従業員に自らが心理的にエンパワーしていると認知させるリーダーシップ」と定義している[6]。同様の指摘は，青木（2018）にも見られ，エンパワリング・リーダーシップを「従業員が心理的にエンパワーするよう支援し，彼らが自律的に行動できるようにするリーダーシップ」と定義している[7]。なお，以下の表3−1は，エンパワリング・リーダーシップを取り上げた研究の一覧である。

　表3−1を見ると，エンパワリング・リーダーシップが多くのエンパワーメント研究で取り上げられていることがわかるであろう[8]。一方で，数は少ないながらも組織内システムや組織風土を取り上げた研究も存在している。これらの研究は，エンパワリング・リーダーシップと同様に，組織内システムや組織風土が心理的エンパワーメントを媒介にして，何らかの成果に影響を与えることを示している[9]。しかし，エンパワリング・リーダーシップほどには研究蓄積がないのが現状である。その理由として考えられるのは，組織内システムや組織風土が，エンパワーメントの文脈で明確に定義されていないということである。組織内システムや組織風土を先行要因にしたエンパワーメント研究を発展させるためには，それらを心理的エンパワーメントとの関係から明確に定義することが必要といえる。

表3−1	エンパワリング・リーダーシップを取り上げたエンパワーメント研究

研究者	目的変数
Chen, Sharma, Edinger, Shapiro & Farh（2011） Raub & Robert（2013） Hassan, Mahsud, Yukl & Prussia（2013） Harris, Li, Boswell, Zhang & Xie（2013）	コミットメント
Zhang & Bartol（2010） Chen, Sharma, Edinger, Shapiro & Farh（2011） Hon & Chan（2013） Zhang & Zhou（2014） Harris, Li, Boswell, Zhang & Xie（2013）	創造性発揮
Raub & Robert（2010） Auh, Menguc & Jung（2014） Humborstad, Nerstad & Dysvik（2014）	組織市民行動
Faraj & Sambamurthy（2006） Srivastava, Bartol & Locke（2006） Hon & Chan（2013）	生産性
Srivastava, Bartol & Locke（2006） Menguc, Auh & Uslu（2013）	知識創造と知識共有
Vecchio, Justin & Pearce（2010）	職務満足
Tuckey, Bakker & Dollard（2012）	エンゲイジメント
Martin, Liao & Campbell（2013）	積極的行動

3−2−2　Zhang & Bartol のエンパワーメントモデル

　ここでは，統合理論を精緻化した研究として，Zhang & Bartol（2010）の研究を検討してみたい[10]。Zhang & Bartol（2010）の研究は，エンパワリング・リーダーシップを説明変数と捉えた独自のエンパワーメントモデルを構築し，それを実証的に検証したものである。以下の図3−2は，Zhang & Bartol（2010）が構築したエンパワーメントモデルである。

　図3−2のモデルを見ると，前章で検討した統合理論のエンパワーメントモ

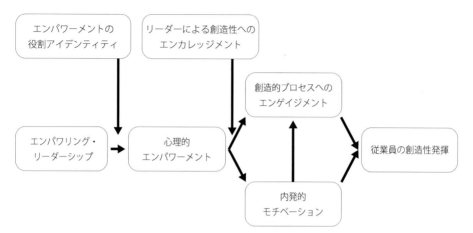

出所：Zhang & Bartol（2010），p.109 をもとに作成。

図3－2　Zhang & Bartol（2010）のエンパワーメントモデル

デル[11] が，さらに発展したモデルになっていることがわかるであろう。Zhang & Bartol（2010）のモデルで特筆すべき第1の点は，心理的エンパワーメントから創造性発揮に至るまでの過程で2つの媒介変数を導入し，一連のプロセスをより具体的に示したことである。

　Zhang & Bartol（2010）が導入した1つ目の媒介変数は，内発的モチベーションである。心理的エンパワーメントが内発的モチベーションの源泉になるということは，これまで，Deci（1975）[12]，Thomas & Velthouse（1990）など多くの研究で指摘されていた。また，Amabile（1997）は，従業員の創造性発揮を促すために，内発的モチベーションを高める必要があることを指摘していた[13]。Zhang & Bartol（2010）は，これらの研究を踏まえ，内発的モチベーションを，心理的エンパワーメントと従業員の創造性発揮を仲介する媒介変数として位置づけたのである。

　Zhang & Bartol（2010）が導入した2つ目の媒介変数は，創造的プロセスへのエンゲイジメントである。彼らのエンパワーメントモデルでは，創造性発揮とそのプロセスが明確に分けられている。創造的プロセスとは，従業員が現状の問題点をさまざまな観点から把握し，それに関連するさまざまな情報を収集

し，さらには，問題解決に向けた代替案を生み出すなど創造性発揮に至る一連
の行動を示したものである。従業員が創造性を発揮するためには，それに伴う
行動にエンゲージする必要がある。そして，こうしたエンゲイジメントは，従
業員の心理的エンパワーメントが高まった時に実現されることを上記のモデル
で示したのであった。

　さらに，Zhang & Bartol（2010）のモデルで特筆すべき第2の点は，彼らが
2つのモデレータ変数を導入したことである。1つ目のモデレータ変数は，エ
ンパワーメントの役割アイデンティティであり，従業員個人が特定の仕事の中
で自らをエンパワーしたいと認知する度合いを示すものである。エンパワリン
グ・リーダーシップの発揮が，従業員の心理的エンパワーメントに影響を与え
るかどうかで，個人差があることは十分に考えられる。Zhang & Bartol（2010）
は，この個人差をエンパワーメントの役割アイデンティティと捉え，エンパワ
リング・リーダーシップの発揮と心理的エンパワーメントとの関係におけるモ
デレータ変数であることを示したのである。

　Zhang & Bartol（2010）が導入した2つ目のモデレータ変数は，リーダーに
よる創造性へのエンカレッジメントである。これは，リーダーが創造的仕事の
重要性を述べる，従業員に対して創造的仕事の具体的目標を提示するなど，従
業員の創造的活動に対する積極的な関与のことである。彼らが指摘するのは，
従業員の心理的エンパワーメントが創造的プロセスへのエンゲイジメントに影
響を与えるかどうかは，リーダーによる創造性へのエンカレッジメントの程度
によって決定されるということであった。

3−2−3　Zhang & Bartol の実証研究

　さて，Zhang & Bartol（2010）が行った実証研究からは，いかなる結果が得
られたのであろうか。彼らの実証研究は，図3−2のモデルで示された8つの
変数間の関係を実証的に検証したものである。Zhang & Bartol（2010）は，こ
れら8つの変数間の関係を検証するために，中国企業を対象にした大規模アン
ケート調査を行い，そこで得られたデータを共分散構造分析と階層的重回帰分
析によって分析している。

　2つの分析結果は，モデル内で示されたすべての変数間の関係を支持するものであった。従来の統合理論で示された変数間の関係だけでなく，Zhang & Bartol（2010）が導入した2つの媒介変数と2つのモデレータ変数も，その影響が確認されている。また，Zhang & Bartol（2010）は，図3－2のモデル以外にもさまざまなモデルを作り，データの当てはまり具合を検証している[14]。その結果，図3－2のモデルが最も当てはまりがよく，エンパワリング・リーダーシップの発揮が従業員の創造性発揮に与える影響は，心理的エンパワーメントなどさまざまな媒介変数を通じた間接的なものであることを明らかにしている。

　こうした Zhang & Bartol（2010）の研究成果として第1に言えることは，心理的エンパワーメントの媒介効果についてである。心理的エンパワーメントが媒介変数としての機能を持つことは，伝統的エンパワーメント研究においてすでに示されていた。しかし，当時のエンパワーメントモデルは，変数間の大まかな関係を示しただけであり，心理的エンパワーメントが，なぜ媒介変数としての機能を持つのかまでは示されていなかった。

　Zhang & Bartol（2010）のモデルは，内発的モチベーションと創造的プロセスへのエンゲイジメントという2つの媒介変数を導入することで，その理由を上手く説明している。つまり，心理的エンパワーメントが媒介変数として機能するのは，それが内発的モチベーションの源泉となり，内発的に動機づけられた個人の創造的プロセスへのエンゲイジメントが高まるからである。

　Zhang & Bartol（2010）の研究成果として第2に言えることは，統合理論におけるモデレート効果を明らかにしたことである。エンパワーメントの役割アイデンティティとリーダーによる創造性へのエンカレッジメントのモデレート効果を明らかにしたことは，伝統的エンパワーメント研究で示された統合理論の内容を大きく発展させている。

　一般的に，エンパワリング・リーダーシップの発揮は，従業員の心理的エンパワーメントに対してプラスの影響を与えると考えられている。その一方で，心理的エンパワーメントに対する欲求と与えられた役割との間で矛盾や葛藤が生じ，無力感にさいなまれるケースも報告されている[15]。これは，エンパワリング・リーダーシップの発揮が従業員の心理的エンパワーメントに与える

影響や心理的エンパワーメントが成果に与える影響に個人差があることを示すものであり，エンパワーメントの役割アイデンティティとリーダーによる創造性へのエンカレッジメントは，個人差に対する 1 つの答えを提示している。

3 − 2 − 4　統合理論を精緻化する研究の意義

　では，統合理論を精緻化する研究にはいかなる意義があるのであろうか。本書では，統合理論を精緻化する研究として Zhang & Bartol (2010) の研究を取り上げた。彼らの研究は，伝統的エンパワーメント研究で示された統合理論に新たな媒介変数やモデレータ変数を導入することで統合理論の内容を充実させたものである。

　従来の統合理論では，社会構造エンパワーメントが心理的エンパワーメントを高め，何らかの成果に影響を与えることが示されていた。しかし，統合理論からわかることは，これら変数間の大まかな関係だけであり，エンパワーメントの実践がどのような場合に有効であるのかまでは示されていなかった。

　Zhang & Bartol (2010) の研究は，こうした問いに答えるものであり，統合理論の有効性が状況によって異なることを明らかにしている。それは，彼らが導入したエンパワーメントの役割アイデンティティとリーダーによる創造性へのエンカレッジメントという 2 つのモデレータ変数によって説明されている。

　エンパワーメントの役割アイデンティティとは，従業員個人が特定の仕事の中で自らをエンパワーしたいと認知する度合いを示すものであり，リーダーによる創造性へのエンカレッジメントとは，従業員の創造的活動に対するリーダーの積極的な関与のことである。つまり，統合理論が有効であるのは，従業員が自らをエンパワーしたいと認知し，リーダーが従業員の行動に積極的に関与する場合であることを明らかにしたのである。

　もちろん，統合理論の有効性を左右する個人差については，性格特性，スキルなどさまざまな要因が考えられ，エンパワーメントの役割アイデンティティとリーダーによる創造性へのエンカレッジメントだけで個人差すべてを説明できるわけではない。しかしながら，個人差についての研究がほとんどない中で，彼らの研究は十分に意義あるものと言える [16]。

56

３−３　統合理論に時間軸を取り入れた研究

　個人を対象にしたエンパワーメント研究の２つ目として，ここでは統合理論に時間軸を取り入れた研究を検討する。そして，統合理論に時間軸を取り入れた研究にいかなる意義があるのかを述べてみたい。

３−３−１　統合理論に時間軸を取り入れた研究の視点

　ここでは，統合理論に時間軸を取り入れた研究が，従来のエンパワーメント研究と比べてどのような点で異なっているのかを述べてみたい。伝統的エンパワーメント研究で提唱された統合理論は，変数間の関係を次の図３−３の通り捉えていた。

　図３−３のモデルを見てわかる通り，伝統的エンパワーメント研究における統合理論では，変数間の関係を，社会構造エンパワーメント → 心理的エンパワーメント → 従業員の成果という一方向的なものとして描いていた。しかし，これら３つの変数間の関係を検証した研究は，いずれも一時点での調査に基づいた横断的研究によって説明したものであり，変数間の因果関係を明確に示すものではなかった[17]。一般的に，変数間の因果関係を説明するためには，以下３つの条件が必要とされている[18]。

　①　変数Ｘと変数Ｙが共変動している。
　②　変数Ｘが変数Ｙに時間的に先行している。
　③　変数Ｘと変数Ｙとの関係が，第３変数の影響を受ける疑似的なものではない。

図３−３　統合理論のエンパワーメントモデル

　これら3つの条件の中で，横断的研究が説明できるのは，①の変数Xと変数Yの共変動だけである。横断的研究では，変数Xと変数Yが同時に測定されるため，変数Xが変数Yよりも時間的に先行しているという②の条件を満たすことができない[19]。こうした②の条件を満たすためには，時系列での調査に基づいた縦断的研究を行う必要がある[20]。縦断的研究は，同一の調査対象者を一定期間継続的に追跡するため，変数Xが変数Yに時間的に先行しているという時間的先行性に関する情報を得ることが可能になる[21]。

　統合理論に時間軸を取り入れた研究は，従来のエンパワーメントモデルで示された変数間の関係を縦断的研究によって再度検証したものであり，時系列に見た場合の変数間の因果関係を特定することが目的になっている。縦断的研究は，調査対象者の環境に左右されるという問題があり，それほど多くの研究蓄積があるわけではない。しかし，2010年代には，縦断的研究を行ったいくつかの研究が発表されている。そして，その中心にいたのが，Van-Dierendonck & Dijkstra（2012）と Boudrias, Morin & Lajoie（2014）である。

3－3－2　Van-Dierendonck & Dijkstra の実証研究

　では，時間軸を取り入れた統合理論の実証研究からは，いかなる結果が得られたのであろうか。はじめに，Van-Dierendonck & Dijkstra（2012）の研究を見ていくことにしよう[22]。彼らの研究は，オランダの刑務所で働く刑務官を調査対象として，刑務官の心理的エンパワーメントの高まりが，マネジャーのエンパワリング・リーダーシップ発揮に影響を与えるかどうかを検証したものである（図3－4）。

　Van-Dierendonck & Dijkstra（2012）が選択した心理的エンパワーメントの次元は，①有意味感，②自己決定感，③コンピタンス，④影響感の4つであり，エンパワリング・リーダーシップの次元は，①権限委譲，②権限委譲に伴う結果責任，③訓練の3つである。そして，これら各次元の関係を，3カ月ごとの縦断的研究によって調査している。

　調査の結果明らかになったことは，刑務官の心理的エンパワーメントが，マネジャーのエンパワリング・リーダーシップ発揮に影響を与えていたことであ

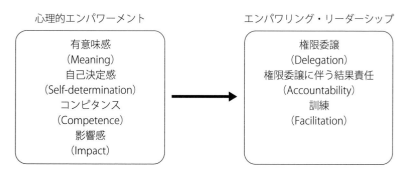

心理的エンパワーメント　　　　　　　　エンパワリング・リーダーシップ

有意味感
（Meaning）
自己決定感
（Self-determination）
コンピタンス
（Competence）
影響感
（Impact）

権限委譲
（Delegation）
権限委譲に伴う結果責任
（Accountability）
訓練
（Facilitation）

出所：Van-Dierendonck & Dijkstra（2012），pp.1-20 をもとに作成。

図3－4　　Van-Dierendonck & Dijkstra（2012）のエンパワーメントモデル

る。しかも，マネジャーのエンパワリング・リーダーシップ発揮に影響を与える刑務官の心理的エンパワーメントは，時間経過と共に変化していた。最初の時点でマネジャーのエンパワリング・リーダーシップ発揮に影響を与えていたのは，刑務官が自己決定感を持っているかどうかであった。具体的には，マネジャーは，自己決定感が高まっている刑務官に対して権限委譲を行う傾向があった。しかし，3カ月後の調査では，こうした関係に変化が見られ，マネジャーは，影響感が高まっている刑務官に対しても権限委譲を行うようになった。そして，自己決定感が高まっている刑務官に対しては，権限委譲だけでなく，権限委譲に伴う結果責任も求めるようになったのである。

　こうした Van-Dierendonck & Dijkstra（2012）の研究結果から言えることは，心理的エンパワーメントが，媒介としての機能とは異なる新たな機能を持つということである。彼らの研究は，心理的エンパワーメントとエンパワリング・リーダーシップ発揮との関係を調査したものであり，従業員の心理的エンパワーメントの程度が，マネジャーのエンパワリング・リーダーシップ発揮に影響を与えることを明らかにしている。

　従来のエンパワーメント研究が暗黙の前提にしていたことは，マネジャーがエンパワーする側であり，従業員はエンパワーされる側というものである。そのため，エンパワーメント研究の多くは，エンパワリング・リーダーシップ発揮の効果に関心を向けており，エンパワリング・リーダーシップ発揮の条件や

心理的エンパワーメントが持つ機能について，それほど多くの関心を向けているわけではなかった。

しかし，Van-Dierendonck & Dijkstra（2012）の研究は，エンパワーメントの文脈におけるマネジャーと従業員との関係に新たな見解を加えており，両者の関係が相互依存的であることを明らかにしている。これは，従来のエンパワーメント研究とは異なる捉え方であり，心理的エンパワーメントが，媒介変数としての機能とは異なる機能を持つことを示唆している。つまり，心理的エンパワーメントは，単に媒介変数として機能するだけではない。従業員の心理的エンパワーメントそれ自体が，マネジャーのエンパワリング・リーダーシップ発揮に影響を与える要因にもなるということである[23]。

3－3－3　Boudrias, Morin & Lajoie の実証研究

次に，Boudrias, Morin & Lajoie（2014）の研究から，いかなる結果が得られたのかを見ていくことにしよう[24]。彼らの研究は，カナダのヘルスケアセンターで働く従業員を調査対象として，従業員の行動関与（Behavioral Involvement）が，彼らの心理的エンパワーメントに与える影響を調査したものである。

従来の統合理論では，変数間の関係が一方向的なものとして描かれており，

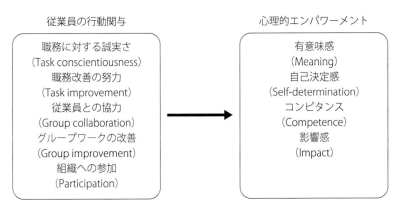

従業員の行動関与

職務に対する誠実さ
(Task conscientiousness)
職務改善の努力
(Task improvement)
従業員との協力
(Group collaboration)
グループワークの改善
(Group improvement)
組織への参加
(Participation)

心理的エンパワーメント

有意味感
(Meaning)
自己決定感
(Self-determination)
コンピタンス
(Competence)
影響感
(Impact)

出所：Boudrias, Morin & Lajoie（2014), pp. 437-463 をもとに作成。

図3－5　Boudrias, Morin & Lajoie（2014）のエンパワーメントモデル

従業員が成果を出した後のプロセスを描いていなかった。Boudrias, Morin & Lajoie（2014）の研究は，こうした従来の統合理論では説明されなかった変数間の関係を調査したものであり，従業員が成果を出した後のプロセスを実証的に検証している（図3－5）。

Boudrias, Morin & Lajoie（2014）が選択した心理的エンパワーメントの次元は，①有意味感，②自己決定感，③コンピタンス，④影響感の4つであり，従業員の行動関与の次元は，①職務に対する誠実さ，②職務改善の努力，③従業員との協力，④グループワークの改善，⑤組織への参加の5つである。そして，これら各次元の関係を，1年ごとの縦断的研究によって調査している。

調査の結果明らかになったことは，従業員の行動関与が彼らの心理的エンパワーメントに影響を与えるということである。1年ごとの時系列変化を見ると，有意味感に影響を与えていたのは，職務に対する誠実さであった。一方で，自己決定感，コンピタンス，影響感に影響を与えていたのは，組織への参加であった。なお，それ以外の行動関与は，心理的エンパワーメントの4つの次元に影響を与えていなかった。

こうしたBoudrias, Morin & Lajoie（2014）の研究結果から言えることは，統合理論が永続的なプロセスであるということである。従来の統合理論では，変数間の関係が一方向的なものとして描かれており，従業員が成果を出した後のプロセスを描いていなかった。

統合理論が永続的なプロセスである可能性を，従来のエンパワーメント研究が指摘しなかったわけではない。例えば，前章で検討したThomas & Velthouse（1990），Heller（1992）[25]のモデルは，従業員が組織の目標に対して何らかの貢献をすることで，マネジャーの行動に影響を与えることを示している。しかし，彼らの研究は，モデルの構築に主眼を置いたものであり，こうした変数間の関係を実証的に検証したわけではなかった。

Boudrias, Morin & Lajoie（2014）の研究意義は，その実証性にあると言える。従来のエンパワーメント研究は，従業員が成果を出した後の変数間の関係を実証的に検証しておらず，統合理論が永続的なプロセスであるという見解は，仮説の域を出るものではなかった。Boudrias, Morin & Lajoie（2014）の研究は，

こうした変数間の関係を実証的に検証したものであり，従来の統合理論に新たな知見を加えている。そして，成果（従業員の行動関与）→ 心理的エンパワーメントという変数間の関係を実証したことで，統合理論が永続的なプロセスであることを明確に示している。

3－3－4　統合理論に時間軸を取り入れた研究の意義

　では，統合理論に時間軸を取り入れた研究にはいかなる意義があるのであろうか。本書では，統合理論に時間軸を取り入れた研究として Van-Dierendonck & Dijkstra（2012）と Boudrias, Morin & Lajoie（2014）の研究を取り上げた。彼らの研究は，従来の統合理論とは異なる変数間の関係を検証したものであり，統合理論に新たな知見を加えている。

　従来の統合理論におけるエンパワーメントモデルの検証は，いずれも横断的研究に基づいたものであり，ある一時点での変数間の関係を調査したにすぎなかった。近年の企業経営において従業員に求められる行動は，自律的行動や創造性発揮などイノベーションに関わる行動であり，こうした行動は継続的に行う必要がある。そのため，ある一時点での変数間の関係を調査し，それを検証しただけでは，エンパワーメントの実践が，企業経営にとって有効であるという示唆を与えることができない。

　Van-Dierendonck & Dijkstra（2012）と Boudrias, Morin & Lajoie（2014）の研究は，こうした従来のエンパワーメント研究の課題に挑戦したものであり，いずれも縦断的研究に基づいて変数間の関係を検証している。縦断的研究は，時間経過に伴う変数間の関係を調査するものであり，彼らの研究における変数間の関係が実証されたということは，統合理論で示される変数間の関係が永続的な関係であることを明確に示している。

　このように，統合理論に時間軸を取り入れた研究は，エンパワーメントの時間的ダイナミクスを明らかにしたことで，企業経営にとってエンパワーメントの実践が有効であるという示唆を与えている。そして，これら一連の研究内容をまとめると，統合理論におけるエンパワーメントモデルは，以下図3－6の通り描くことができる。

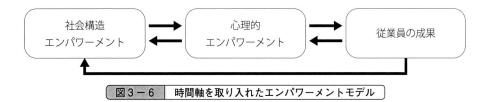

図3-6　時間軸を取り入れたエンパワーメントモデル

3-4　本章のまとめ

　本章では，経営学分野における現代的エンパワーメント研究について，その内容を検討した。現代的エンパワーメント研究とは，伝統的エンパワーメント研究で示された統合理論の内容を発展させた研究の総称である。

　現代的エンパワーメント研究のメインは，①統合理論を精緻化する研究，②統合理論に時間軸を取り入れた研究，③チームを対象にした統合理論の研究といった3つの研究に分類することができる。これら3つの研究は，統合理論の内容を充実させることで，学術的な貢献を果たしただけでなく，統合理論の内容が企業の現場で適用できることを証明したことに意義がある。そして，本章では，これら現代的エンパワーメント研究の中でも，個人が分析対象である，①統合理論を精緻化する研究，②統合理論に時間軸を取り入れた研究といった2つの研究について検討してきた。

　まず，統合理論を精緻化する研究は，新たな媒介変数やモデレータ変数を導入することで，従来の統合理論で示された変数間の関係に理論的根拠を持たせている。さらに，統合理論に時間軸を取り入れた研究は，縦断的研究を行うことで，統合理論で示される変数間の関係が永続的なものであることを明らかにしている。

　本章の内容は，こうした個人を分析対象にした現代的エンパワーメント研究の成果をまとめたものである。一方で，現代的エンパワーメント研究は，個人を対象にした研究だけでなく，チームを対象にした研究も行われている。次章では，この点を踏まえ，チームを対象にしたエンパワーメント研究，また，個人，チームを同時に対象にするマルチレベルのエンパワーメント研究について

検討してみたい。

【注】

1）Thomas, K. W. & B. A. Velthouse, "Cognitive Elements of Empowerment: An Interpretive Model of Intrinsic Task Motivation", *Academy of Management Review*, Vol.15, 1990; pp.666-681.

2）Spreitzer, G. M., "Taking Stock: A Review of More Than Twenty Years of Research on Empowerment at Work", In Barling, J. & C. L. Cooper（Eds.）, *Handbook of Organizational Behavior*（pp.54-72）, Thousand Oaks, CA: Sage, 2008, p.65.

3）Spreitzer, G. M.（2008）., op. cit., p.59.

4）吉野有助・松尾　睦「心理エンパワーメント研究の現状と課題」『商學討究』第 70 巻，第 1 号，2019 年；125-142 頁。

5）エンパワーメント研究で取り上げられるリーダーシップスタイルには，他に変革型リーダーシップがある。また，リーダー・メンバーの交換関係（LMX）と心理的エンパワーメントとの関係を調査した研究も比較的多く見受けられる。

6）Sharma, P. N. & B. L. Kirkman, "Leveraging Leaders: A Literature Review and Future Lines of Inquiry for Empowering Leadership Research", *Group & Organization Management*, Vol.40, 2015; pp.196-199.

7）青木幹喜「日本企業のエンパワリング・リーダーシップ―その先行要因の検討―」『経営学論集』2018 年，2 頁。

8）最近では，エンパワリング・リーダーシップに影響を与える先行要因を明らかにする研究も行われている。
青木幹喜『エンパワリング・リーダーシップ』中央経済社，2021 年。

9）例えば，Lee & Wei（2011）は参加的目標設定に焦点を当て，心理的エンパワーメントの媒介効果を検証している。また，Seibert, Silver & Randolph（2004）は，エンパワーメント型の組織風土が，個人とチームのパフォーマンスに与える影響を検証している。
Lee, J. & F. Wei, "The Mediating Effect of Psychological Empowerment on the Relationship between Participative Goal Setting and Team Outcomes: A Study in China", *International Journal of Human Resource Management*, Vol.22（2）, 2011; pp.279-295.
Seibert, S. E., Silver, S. R. & W. A. Randolph, "Taking Empowerment to the Next Level: A Multiple-level Model of Empowerment, Performance, and Satisfaction", *Academy of Management Journal*, Vol.47, 2004; pp.332-349.

10) Zhang, X. & K. M. Bartol, "Linking Empowering Leadership and Employee Creativity: The Influence of Psychological Empowerment, Intrinsic Motivation, and Creative Process Engagement", *Academy of Management Journal*, Vol.53, 2010; pp.107-128.

11) 青木幹喜『エンパワーメント経営』中央経済社，2006 年，146 頁。

12) Deci, E. L., *The Psychology of Self-Determination*, D. C. Heath & Company, 1975（石田梅男訳『自己決定の心理学』誠信書房，1985 年）。

13) Amabile, T. M., "Motivating Creativity in Organizations: On Doing What You Love and Loving What You Do", *California Management Review*, Vol.40, 1997; pp.39-58.

14) Zhang & Bartol（2010）が作った代替モデルは全部で 5 つである。なお，モデルの適合度を評価する指標は，CFI，GFI，SRMR，RMSEA を用いている。

15) Uhl-Bien, M., "Followership Theory: A Review and Research Agenda", *The Leadership Quarterly*, Vol.25, 2014; pp.83-104.

16) 個人差を検証した研究には，他に Spreitzer（1995）がある。Spreitzer（1995）の研究は，従業員の自尊心（Self-esteem）と心理的エンパワーメントとの関係を調査したものである。

Spreitzer, G. M., "Individual Empowerment in the Workplace: Dimensions, Measurement, and Validation", *Academy of Management Journal*, Vol.38, 1995; pp.1442-1465.

17) 横断的研究で変数間の因果関係を明確に示せない理由は，「X → Y」，「Y → X」という異なる方向のパスを引くことが原理的に可能であり，異なるパスを引いた場合でも，モデルの適合度が同じになるためである（同値モデル）。モデルの適合度が同じであるということは，いずれの因果関係が適切であるのかを，データのみからは判断できないことを示している。

高比良美詠子・安藤玲子・坂元　章「縦断調査による因果関係の推定―インターネット使用と攻撃性の関係」『パーソナリティ研究』第 15 巻，第 1 号，2006 年；88-89 頁。

18) 高比良・安藤・坂元，前掲稿，2006 年，87 頁。

19) 高比良・安藤・坂元，前掲稿，2006 年，88 頁。

20) 高比良・安藤・坂元，前掲稿，2006 年，90 頁。

21) 縦断的研究は，③の条件を満たすわけではない。しかし，経営学分野において，第 3 変数を制御することは現実的に不可能である。そのため，変数間の因果関係を推定する場合，縦断的研究を行うことが研究の限界と言える。

22) Van-Dierendonck, D. & M. Dijkstra, "The Role of Follower in the Relationship between Empowering Leadership and Empowerment: A Longitudinal Investigation." *Journal of Applied Social Psychology*, Vol.42, 2012; pp.1-20.

23) マネジャーのエンパワリング・リーダーシップ発揮に影響を与える要因については，こ

れとは異なる見解がある。例えば，青木（2018）は，マネジャーのエンパワリング・リーダーシップ発揮に，マネジャーの持つプロアクティブ性向が関連することを明らかにしている。

青木，前掲稿，2018 年；1-9 頁。

24）Boudrias, J. S., Morin, A. J. S. & D. Lajoie, "Directionality of the Associations between Psychological Empowerment and Behavioral Involvement: A Longitudinal Autoregressive Cross Lagged Analysis." *Journal of Occupational & Organizational Psychology*, Vol.87 (3), 2014; pp.437-463.

25）Heller, F. A., "Decision-Making and the Utilization of Competence" in F. A. Heller ed., *Decision-Making and Leadership*, Cambridge University Press, 1992; pp.71-89.

第 *4* 章

現代的なエンパワーメント研究Ⅱ

　前章では，現代的エンパワーメント研究のうち，個人を対象にしたエンパ
ワーメント研究を取り上げ，統合理論を精緻化する研究と統合理論に時間軸を
取り入れた研究を検討した。しかし，現代的エンパワーメント研究は，個人の
エンパワーメント研究だけではなく，チームのエンパワーメントも対象にする
ようになっている。また，個人，チーム両方のエンパワーメントを同時に対象
にしたりして，その研究内容を拡張させている。本章では，現代的エンパワー
メント研究のうち，これらのチームを対象にした研究，また，個人，チームを
同時に対象にするマルチレベルの研究の概要を把握していくことにしよう。

4－1　チームを対象にしたエンパワーメント研究

　ここでは，チームを対象にしたエンパワーメント研究に焦点を当て，それが
どのような内容であるのかについて述べていく。

4－1－1　チームエンパワーメント研究の概要
　現代的エンパワーメント研究の柱の1つとなったチームエンパワーメント研
究は，個人のエンパワーメント研究が，ある程度成熟してきた1990年代半ば
から登場した。そして，今日に至るまで，その研究は散見されるようになって
いる。
　当初，チームエンパワーメント研究の中心は，チームエンパワーメントとい
うコンセプトが，そもそも成り立つのか，成り立つとしても，その具体的内容

とはどのようなものかといった，そのコンセプトをめぐる研究が行われていた。そして，チームエンパワーメントというコンセプトが成立する可能性が高く，また，その具体的内容も明らかになってくると，チームエンパワーメントに影響を与える先行要因やチームエンパワーメントがもたらす諸成果が検討されるようになってきた。さらに，チームエンパワーメントの先行要因や諸成果を含むチームエンパワーメントモデルが公表されるようになり，その内容はより精緻化されるようになってきた。このように，チームを対象にした研究は，チームエンパワーメントそのものの検討が行われ，さらに，チームエンパワーメントに関わる統合理論が研究されるようになった。

4－1－2　チームエンパワーメントというコンセプト

　個人のエンパワーメントには，社会構造的なエンパワーメントと心理学的なエンパワーメントという2つのタイプのエンパワーメントの捉え方があることは，第3章ですでに指摘したが，チームエンパワーメントは，この2つのタイプのうち，心理学的なエンパワーメントから影響を受けた捉え方が多い。

　個人の心理的エンパワーメントとは，ある個人が自らを力のある存在だと認知し，自らのやっていることに意味があると認知し，さらには，自分のやっていることは周りに影響を与えていると認知し，自分のことは自分で決めていると認知している特定の心理的状態のことである。つまり，個人の心理的エンパワーメントとは，ある個人が，有意味感を持ち，自己決定感を持ち，コンピタンスを持ち，影響感を持っているという特定の心理的状態のことを言う。この個人の心理的エンパワーメントの捉え方をチームにまで拡張し，チームが，自分たちは有意味感を持ち，自律性を持ち，効力感を持ち，さらには影響感を持っていると認知している状態こそ，チームエンパワーメントだと捉えるようになってきた。もちろん，チームのエンパワーメントの捉え方には，これらの捉え方とは異なり，「作業をコントロールするための権限を持ち，そのチームの働きに責任を持っているチームメンバーの集合的信念」といった捉え方もあるが[1]，その多くの捉え方は，個人の心理的エンパワーメントを拡張したものになっている。

この個人の心理的エンパワーメントの捉え方を拡張し，チームエンパワーメントという新しい捉え方を最初に提案したのは Kirkman & Rosen（1999）であった[2]。彼らは，Thomas & Velthouse（1990）や Spreitzer（1995）等の研究者によって生み出された個人の心理的エンパワーメントというコンセプトをチームにも適用し，チームエンパワーメントというコンセプトを生み出した。Kirkman & Rosen（1999）によるチームエンパワーメントは，個人の心理的エンパワーメントと同様に，次の4つの次元から構成されている[3]。

① 有意味感
　その第1は，チームそのものが持つ有意味感である。これは，チームにいるメンバーが，自分たちのタスクは，とても重要で値打ちがあると感じているチーム自体の持つ経験のことである。

② 自律性
　その第2は，自律性という感覚のことである。これは，チームメンバーが集合的にしっかりとした自由や独立性，自由裁量を仕事で感じる度合のことである。

③ 効力感
　第3は，チームが集合的に持つ効力感のことである。これは，自らのチームが有能であるとするチームの集合的な信念のことである。

④ 影響感
　そして，第4に挙げられるのが，チームが集合的に持つ影響感のことである。これは，自らのチームが組織にとって重要な仕事をした時に，自分たちのチームが組織全体に影響を及ぼしたとする集合的な感覚のことである。

4－1－3　チームエンパワーメントのモデル
　さて，個人のエンパワーメントに心理的エンパワーメントという捉え方があ

ることがわかると，さらに，この個人の心理的エンパワーメントを，どのように高めていったらよいのか，また，個人が心理的にエンパワーすることによって，いかなる諸成果がもたらされるのかが研究されるようになってきた。

　個人が有意味感を持ち，自己決定感を持ち，コンピタンスを持ち，影響感を持つにはどうしたらよいかという課題を解決するためには，個人の心理的エンパワーメントに影響を与える先行要因の解明が必要であろう。また，個人が心理的にエンパワーされることによってどのような効果がもたらされるのかという課題を解決するためには，心理的エンパワーメントがもたらす諸成果の解明も必要であろう。

　こうした個人の心理的エンパワーメントをめぐる議論は，そのままチームエンパワーメントをめぐる議論に踏襲され，類似した研究内容が展開されることになった。Kirkman & Rosen (1999) によって明らかにされたチームエンパワーメントというコンセプトは，コンセプトの探求にとどまらず，チームエンパワーメントは一体どのような先行要因から影響を受け，また，チームエンパワーメントによって，一体どのような成果がもたらされるのかが，研究上，丁寧に分析されるようになってきた。

　Kirkman & Rosen (1999) は，チームエンパワーメントに影響を与える要因として，組織特徴や職務の特徴を挙げ，具体的には，①外部にいるチームリーダー行動，②チームに与えられた生産/サービスの責任，③チームベースの人的資源政策，そして④社会構造という4つの要因を取り上げた。そして，これら4つの要因が，各々，チームエンパワーメントの4つの次元である有意味感や自律性，効力感，影響感に影響を与えるとした[4]。

　また，Kirkman & Rosen (1999) は，チームエンパワーメントがもたらす成果として，大きく①チームの成果に関わるものと②チームメンバーの態度に関わるもの，2つを取り上げた。このうち，チームの成果に関わる具体的なものとして Kirkman & Rosen (1999) が取り上げたのは，チームの生産性とプロアクティビティ[5]，そしてチームによる顧客へのサービスの3つであった。さらに，チームメンバーの態度に関わる具体的なものには，チームメンバーの職務満足，組織コミットメント，チームコミットメントという3つがあった。

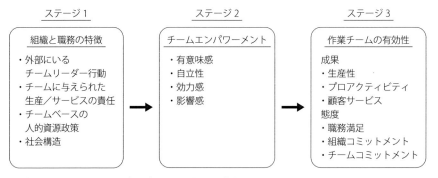

出所：Kirkman & Rosen（1999), p.63 をもとに作成。

| 図4－1 | Kirkman & Rosen のチームエンパワーメントモデル |

　この Kirkman & Rosen（1999）の示したチームエンパワーメントに関わる内容を，モデルとして示したのが図4－1である。このモデルには，3つの段階があり，チームエンパワーメントの先行要因としての組織的，職務的特徴がステージ1で示され，この先行要因によって影響を受けるとされるチームエンパワーメントがステージ2で示され，最終的にチームエンパワーメントによってもたらされる有効性がステージ3で示されていた[6]。

　このように Kirkman & Rosen（1999）の研究は，個人の心理的エンパワーメント研究を拡張し，それがチームという人の集まりにも応用可能であることを示した。そして，チームエンパワーメントというコンセプトが，個人の心理的エンパワーメントと同じように，4つの次元から構成され，このチームエンパワーメントそのものに影響を与える先行要因やチームエンパワーメントがもたらす諸成果などを実証的に明らかにした。

4－1－4　チームエンパワーメント研究の精緻化

　個人レベルのエンパワーメント研究では，社会構造エンパワーメント研究と呼ばれる分野と心理的エンパワーメント研究と呼ばれる分野が，しだいに統合され，その内容が精緻化していった。この個人レベルのエンパワーメント研究と類似した進展は，やはりチームレベルのエンパワーメント研究にも見られ，

しだいにその内容は深化し，精緻化されていくことになる。

　個人レベルのエンパワーメント研究での内容の精緻化とは，具体的には新たな媒介変数やモデレータ変数を導入して，個人レベルのエンパワーメントをより説明可能にしていくことであった。また，モデルの各変数間の因果の方向性についても，再度検証することであった[7]。

　こうした個人レベルのエンパワーメント研究の精緻化の内容は，チームエンパワーメント研究も同様であり，当初の Kirkman & Rosen（1999）のチームエンパワーメント研究の内容も，しだいに精緻化されていった。そして，その内容を精緻化するために，新たな媒介変数やモデレータ変数を導入し，チームエンパワーメントがもたらす効果をより丁寧に説明する試みがなされるようになってきた。例えば，モデレータ変数を導入して，チームエンパワーメントの成果をより丁寧に説明する試みを行ったのが，2004 年に発表された Kirkman, Rosen, Tesluk & Gibson の研究であった[8]。また，同様にチームエンパワーメントがチームのプロアクティビティにどの程度効果があるのかを，モデレータ変数を導入して分析を行ったのが Erkutlu & Chafra（2012）の研究であった[9]。さらに，チームエンパワーメントがチーム成果にもたらす影響をより精緻に分析するために，知識共有とグループ内コンフリクトという 2 つの媒介変数を導入したのは Jiang, Flores, Leelawong & Manz（2016）の研究であった[10]。

4 − 1 − 4 − 1　Kirkman, Rosen, Tesluk & Gibson の研究

　2004 年に Kirkman, Rosen, Tesluk & Gibson が対象としたチームは，バーチャルなチームであり，このバーチャルなチームでのチームエンパワーメントが，チームの成果である①プロセスの改善と②顧客の満足に，どの程度影響を与えるのかを分析したのが，この Kirkman, Rosen, Tesluk & Gibson（2004）の研究であった[11]。しかも，バーチャルなチームでのチームエンパワーメントが，①プロセスの改善と②顧客の満足へ与える影響の度合は，このチームが開催する対面のミーティング回数によって，どのくらい変化するのか，つまり対面のミーティング回数のモデレータ効果を分析したのが，2004 年の Kirkman,

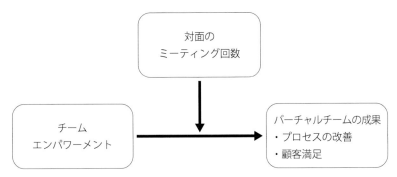

出所：Kirkman, Rosen, Tesluk & Gibson（2004），p.176 をもとに作成。

図4－2	Kirkman, Rosen, Tesluk & Gibson によるバーチャルチームのモデル

Rosen, Tesluk & Gibson の研究であった（図4－2）。

　ハイテク企業の営業部門とサービス部門に属する35のバーチャルチームを対象として分析を行った結果，対面のミーティング回数に，一部モデレート効果があることが，この Kirkman, Rosen, Tesluk & Gibson（2004）の研究ではわかった。

　特に，対面のミーティング回数にモデレート効果があったのは，バーチャルチームのチームエンパワーメントとチームのプロセス改善との関係であった。一方，バーチャルチームのチームエンパワーメントと顧客満足との関係においては，対面のミーティング回数にモデレート効果は認められなかった。

　具体的には，チームエンパワーメントが高いバーチャルチームでは，対面のミーティング回数にあまり関係なく，プロセス改善が促されることが明らかになった。他方，チームエンパワーメントが低いバーチャルチームでは，対面のミーティング回数によって，プロセス改善に与える影響が大きく変化した。対面のミーティング回数の少ないバーチャルチームでは，プロセス改善が促されず，一方，対面のミーティング回数が多いバーチャルチームでは，プロセスの改善が促されていた。

４－１－４－２　Erkutlu & Chafra の研究

　チームエンパワーメントモデルの精緻化や検証作業は，数少ないものの，その後も進められ，いくつかの研究が発表されてきた。2012 年の Erkutlu & Chafra の研究もその１つであり，彼らは，リアルなチームを研究対象として，チームエンパワーメントとその効果を示すモデルをより精緻化し，検証作業を行っていた。多くのチームエンパワーメント研究と異なり，Erkutlu & Chafra (2012) の研究は，トルコにある大学病院の看護チームを対象としており，トルコの 12 の大学病院にある 82 チームで勤務する 910 人の看護士を調査した研究であった。

　そして，看護士のチームエンパワーメントが，各チームのプロアクティブ性 [12] にどの程度影響を与えるのかを分析した。しかも，このチームエンパワーメントのプロアクティブ性への影響は，チームリーダーの感情的知性 [13] とチームメンバーのプロアクティブ・パーソナリティ [14] というモデレータ変数によって，どの程度変化するのかを検証したのが Erkutlu & Chafra (2012) の研究であった。

　単純に，チームエンパワーメントが，チームのプロアクティブ性にどの程度影響を与えるのかを分析するのではなく，チームリーダーの感情的知性とチームメンバーのプロアクティブ・パーソナリティというモデレータ変数を導入して研究が進められた点では，やはりチームエンパワーメント研究の精緻化に貢献した研究といえるだろう。

　トルコの 12 の大学病院にある 82 チームで勤務する 910 人の看護士を調査した結果，わかったのは，チームリーダーの感情的知性もチームメンバーのプロアクティブ・パーソナリティも，チームエンパワーメントとチームのプロアクティブ性との関係をモデレートするということであった。つまり，チームリーダーの感情的知性が高いほど，チームエンパワーメントがチームのプロアクティブ性へ影響を与えること，また，チームメンバーがプロアクティブ・パーソナリティを持つほど，チームエンパワーメントがチームのプロアクティブ性へ影響を与えることが，この Erkutlu & Chafra (2012) の研究によって明らかにされた。

　このように，チームエンパワーメント研究は，当初，そのコンセプトをめぐる研究が行われ，さらにチームエンパワーメントに影響を与える先行要因とチームエンパワーメントがもたらす成果を含めたモデルの構築と検証が進められ，そして，このモデルの精緻化作業がこれまでに行われてきた。

4－2　マルチレベルのエンパワーメント研究

　ここでは，現代的エンパワーメント研究の動向を探るために，さらに，個人，チームを同時に対象にしたマルチレベルのエンパワーメント研究について，その概要を述べていく。

4－2－1　マルチレベルのエンパワーメント研究の登場

　現代のエンパワーメント研究は，前章で見たように，長らく個人レベルでの研究が続けられてきた。そして，個人レベルでのエンパワーメント研究内容を拡張し，チームレベルでのエンパワーメント研究も行われるようになってきた。これまで見てきたように，チームレベルのエンパワーメント研究は，Kirkman & Rosen（1999）を中心に進められ，そのコンセプトだけでなく，チームエンパワーメントに影響を与える先行要因の検討やチームエンパワーメントがもたらす成果の検討も行われるようになってきた。そして，それだけにとどまらず，新たなモデレータ変数の導入や媒介変数の導入が試みられ，その内容はより精緻化していった。

　このように，エンパワーメント研究では，個人レベルのエンパワーメント研究が長らく行われ，その後，チームレベルのエンパワーメント研究も行われるようになった。しかし，エンパワーメント研究は，個人レベルとチームレベル，各々のレベルで別個に行われるだけでなく，さらに，個人レベルのエンパワーメントとチームレベルのエンパワーメントが，同時に研究対象となる，マルチレベルのエンパワーメント研究も登場するようになった。例えば，個人が心理的にエンパワーするかどうかは，その個人が所属しているチームそのものがエンパワーしているかどうかに左右されるであろう。

このように，個人レベルのエンパワーメントの発想が拡張され，チームレベルのエンパワーメントという発想が生まれてくると，こうした複数のレベルのエンパワーメントを同時に分析し，エンパワーメントの現象をマルチレベルで捉えようとする研究の動きも見られるようになってきた。

4－2－2　Seibert, Silver & Randolph の研究

今日まで，エンパワーメントのマルチレベルの研究は，数は多くないものの続けられてきており，その先鞭となった研究が，Seibert, Silver & Randolph（2004）の研究であろう。個人レベルのエンパワーメント研究の精緻化が進み，その後，チームレベルのエンパワーメント研究も進められ，しだいに個人レベルのエンパワーメントとチームレベルのエンパワーメント，両者を同時に分析する必要性が認識され，2004 年に，この Seibert, Silver & Randolph の研究は発表された[15]。

図4－3に示されるように，彼らのエンパワーメント研究では，マルチレベルの分析が行われ，その点では画期的であったが，採用された分析レベルは，個人レベルと作業ユニットレベルのエンパワーメントであり，チームレベルのエンパワーメントは研究対象となっていなかった。とは言っても，エンパワー

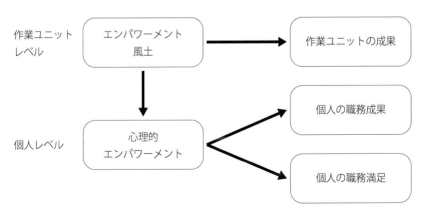

出所：Seibert, Silver & Randolph（2004），p.333 をもとに作成。

図4－3　Seibert, Silver & Randolph によるマルチレベルのエンパワーメントモデル

メント研究の分野に，マルチレベルの分析視点を導入した点では，やはり画期的な研究であった。

　図4－3のエンパワーメントのマルチレベルモデルが示すように，作業ユニットレベルで取り上げられたのは，チームエンパワーメントではなく，エンパワーメント風土という変数であった。そして，このエンパワーメント風土というマクロな作業ユニットレベルでのエンパワーメントが，作業ユニットの成果に影響を与えると同時に，個人レベルの心理的エンパワーメントにも影響を与えるとしたのが，この図4－3のマルチレベルモデルの骨子であった。また，作業ユニットレベルでのエンパワーメントであるエンパワーメント風土は，個人レベルの心理的エンパワーメントを通じて，個人の職務成果と職務満足へ影響を与えるとしたことを，このマルチレベルのエンパワーメントモデルは示していた[16]。

　Seibert, Silver & Randolph（2004）のマルチレベルのエンパワーメントモデルは，その後に発表されるマルチレベルのエンパワーメントモデルほどには，その内容は精緻化されていないが，作業ユニットレベル，つまりマクロレベルでのエンパワーメント（エンパワーメント風土）が，個人レベルの心理的エンパワーメントに影響を与えることを指摘したのは，従来にないエンパワーメント研究の内容であった。

4－2－3　Chen, Kirkman, Kanfer, Allen & Rosen の研究

　この研究は，Seibert, Silver & Randolph（2004）の研究と異なり，作業ユニットではなく，チームエンパワーメントそのものが取り上げられていた。しかも，モデルや仮説を見ると，Seibert, Silver & Randolph（2004）の研究よりも，その内容が詳細かつ複雑になっており，マルチレベルのエンパワーメント研究の難しさを実感することができる。

　Chen, Kirkman, Kanfer, Allen & Rosen（2007）の提示したマルチレベルのエンパワーメントモデルを示すと，図4－4のようになる。モデルの上部には，チームレベルのエンパワーメントが取り上げられ，下部には個人レベルのエンパワーメントが取り上げられている。そして，この両者のエンパワーメント

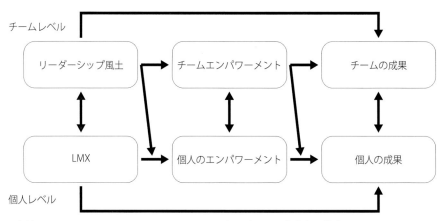

出所：Chen, Kirkman, Kanfer, Allen & Rosen（2007），p.331 をもとに作成。

図4－4　Chen, Kirkman, Kanfer, Allen & Rosen によるエンパワーメントモデル

が，どのように関係しているかが示されている[17]。

　マルチレベルのエンパワーメント研究の中心的課題は，チームレベルのエンパワーメントと個人レベルのエンパワーメントが，どのような関係になっているのかを明らかにすることであった。Chen, Kirkman, Kanfer, Allen & Rosen（2007）の研究でも，この2つのレベルのエンパワーメントの関連性を中心としたいくつかの仮説が導出されていた。また，マルチレベルのエンパワーメント研究のもう1つの課題は，各レベルのエンパワーメントが，それぞれ，どのような成果をもたらすのかを明らかにすることであった。当然，各レベルのエンパワーメントは，相互に影響を及ぼしあい，他の要因も関わり，成果をもたらしていた[18]。

　Chen, Kirkman, Kanfer, Allen & Rosen（2007）は，アメリカのホームセンター31店舗にある62チームで働く445人を対象にして，自らが導出した仮説を検証した。この調査対象となった445人のうち312人は，貨物チームに属している人たちであり，貨物チームはメンバー間の相互依存性が高いチームであった。一方，445人のうち133人は，荷受けチームであり，メンバー間の相互依存性は低かった。Chen, Kirkman, Kanfer, Allen & Rosen（2007）は，こう

したメンバーの相互依存性が高いチームと低いチームの2つに分けて，各々で自らが導出した仮説がどの程度支持されるのかを検証した。

　実証研究の結果，明らかにされた第1は，メンバー間の相互依存性が高いチームのみで，エンパワーメント（個人レベル，チームレベル）は，リーダーシップ風土，LMXと個人の成果，チームの成果との関係を媒介するということであった。第2は，メンバー間の相互依存性が高いチームであろうとなかろうと，いずれのチームでも，LMX（Leader-Member Exchange）とチームエンパワーメントは，リーダーシップ風土と個人のエンパワーメントとの関係を媒介するということであった。これに対して，いずれのチームでも，個人のエンパワーメントとチーム成果は，チームエンパワーメントと個人の成果との関係を媒介しなかった。これが明らかにされた第3の点である。

　また，第4に明らかにされたのは，いずれのチームでも，リーダーシップ風土が，LMX（Leader-Member Exchange）と個人のエンパワーメントとの関係をモデレートするということであった。そして，第5に，メンバー間の相互依存性の高いチームのみで，チームエンパワーメントは，個人のエンパワーメントと個人の成果との関係をモデレートするということであった。

　このようにChen, Kirkman, Kanfer, Allen & Rosen（2007）の研究になると，チームエンパワーメントと個人のエンパワーメント（心理的エンパワーメント）が同時に取り上げられる本格的なマルチレベルの研究となっていたが，その内容は，やや複雑となっている。

4-3　本章のまとめ

　本章では，現代的なエンパワーメント研究のうち，チームのエンパワーメントを対象にした研究と個人，チーム両者のエンパワーメントを対象にした研究の概要を述べてきた。このうち，チームのエンパワーメントを対象にした研究は，チームエンパワーメント研究として発展し，今日に至っている。

　チームエンパワーメントは，個人の心理的エンパワーメントのコンセプトを拡張して捉えることが多く，チームそのものが，有意味感を持ち，自律性を持

ち，効力感を持ち，影響感を持つ状態だと捉えることが一般的になった。そして，このチームエンパワーメントと呼ばれる状態に影響を与える先行要因やチームエンパワーメントがもたらす成果を含めたチームエンパワーメントモデルも発表されるようになってきた。また，チームエンパワーメントモデルは，より精緻化され，媒介変数やモデレータ変数も導入され，チームエンパワーメントという現象をより正確に把握する試みがなされるようになってきた。

　エンパワーメント研究は，こうしたチームエンパワーメント研究やそれ以前から行われてきた個人のエンパワーメント研究が別個に行われてきたが，しだいに，この2つのレベルのエンパワーメントを同時に研究対象として，マルチレベルのエンパワーメント研究も行われるようになってきた。本章では，数は多くないものの，この個人レベルのエンパワーメントとチームレベルのエンパワーメント，両者を同時に分析対象とするマルチレベルのエンパワーメント研究の概要についても述べてきた。

【注】

1) Mathieu, J. E., Gilson, L. L. & T. M. Ruddy, "Empowerment and Team Effectiveness: An Empirical Test of an Integrated Model", *Journal of Applied Psychology*, Vol.91, 2006; pp.97-108.

2) Kirkman, B. L. & B. Rosen, "Beyond Self-Management: Antecedents and Consequences of Team Empowerment", *Academy of Management Journal*, Vol.42, 1999; pp.58-74.

3) この Kirkman & Rosen によるチームエンパワーメントの捉え方が，今日，もっとも一般的に受け入れられているが，別の捉え方もある。それが，先に挙げた Mathieu, Gilson & Ruddy（2006）の捉え方である。彼らは，チームエンパワーメントを，Kirkman & Rosen と同様に，個人の心理的エンパワーメントを拡張させ，捉えているが，その内容は Kirkman & Rosen とはやや異なるものであった。彼らは，チームの自律性を強調した捉え方をしていた。つまり，Kirkman & Rosen が，有意味感，自律性，効力感，影響感という多様な側面からチームエンパワーメントを捉えていたのに対して，この Mathieu, Gilson & Ruddy の捉え方は，自律性に着目したものになっていた。

4) 例えば，外部のチームリーダー行動は，チームの効力感だけに影響を与えるだけではなく，有意味感や自律性，影響感にも影響を与えるとした。

5）Bateman & Crant（1993）は，このプロアクティビティを，積極的な行動と捉え，機会を探索すること，独創力を発揮すること，行動を起こし問題を解決すること，変化が起きるまで辛抱することなどを通じ，個人が環境変化に影響を与える行為と定義した。

6）Kirkman & Rosen は，このモデルに基づき，12の仮説を導出し，アメリカの4つの組織にある111の作業チームを対象にして，導出された仮説を検証した。検証の結果は，ほとんどの仮説を支持するものであり，チームエンパワーメントそのものの次元や先行要因がチームエンパワーメントに与える影響，さらには，チームエンパワーメントがもたらす成果が，当初予測したものであることが，明らかになった。

7）例えば，あるリーダーシップスタイルが，従業員の心理的エンパワーメントに影響を与えるという因果の方向性だけでなく，逆の因果の方向性，つまり，心理的エンパワーメントが，あるリーダーシップスタイルに影響を与えるという可能性も分析するということである。

8）Kirkman, B. L., Rosen, B., Tesluk, P. E. & C. B. Gibson, "The Impact of Team Empowerment on Virtual Team Performance: The Moderating Role of Face-to-Face Interaction", *Academy of Management Journal*, Vol.47, 2004; pp.175-192.

9）Erkutlu, H. & J. Chafra, "The Impact of Team Empowerment on Proactivity: The Moderating Roles of Leader's Emotional Intelligence and Proactive Personality", *Journal of Health Organization and Management*, Vol. 26 (5), 2012; pp.560-579.

10）Jiang, X., Flores, H. R., Leelawong, R. & C. C. Manz, "The Effect of Team Empowerment on Team Performance: A Cross-cultural Perspective on the Mediating Roles of Knowledge Sharing and Intra-group Conflict", *International Journal of Conflict Management*, Vol.27 (1), 2016; pp.62-87.

11）多くのチームエンパワーメント研究は，チームメンバーが実際に会って仕事をするリアルなチームを前提にしているが，チームメンバーが，物理的，時間的にも離れ，実際に会うことが少ないまま仕事をするバーチャルなチームも存在する。現に，現在のこうした感染状況下においては，リアルなチームに加えて，バーチャルなチームも数多く活動していると推測される。2004年に Kirkman, Rosen, Tesluk & Gibson が対象としたチームは，こうしたバーチャルなチームである。

12）チームが外部状況，また自分たちを変えるような主体的，未来志向的な行動をどの程度行っているか，その度合のことである。

13）自分や他者の感情を理解し，コントロールする能力のことである。

14）個人が外部状況や自分を変える主体的，未来志向的な行動をどの程度取れるか，そのパーソナリティのことである。

15）Seibert, S. E., Silver, S. R. & W. A. Randolph, "Taking Empowerment to the Next Level:

A Multiple-level Model of Empowerment, Performance, and Satisfaction", *Academy of Management Journal*, Vol.47, 2004; pp.332-349.

16) Seibert, Silver & Randolph は，図4－3に示されるモデルから導き出された仮説が，はたして検証されるのかを，北東アメリカにあるオフィス機器，印刷機器メーカーにある48チーム，285人からデータを入手し検証した。検証の結果，導出された仮説は，ほぼ支持された。仮説の内容を示すと次のようになる。

仮説1　エンパワーメント風土と心理的エンパワーメントは，異なるコンセプトである。

仮説2　エンパワーメント風土は，心理的エンパワーメントに正の影響を与える。

仮説3　エンパワーメント風土は，作業ユニットレベルの成果に正の影響を与える。

仮説4a　心理的エンパワーメントは，個人の職務成果に正の影響を与える。

仮説4b　心理的エンパワーメントは，個人の職務満足に正の影響を与える。

仮説5a　心理的エンパワーメントは，エンパワーメント風土と個人の職務成果との関係を媒介する。

仮説5b　心理的エンパワーメントは，エンパワーメント風土と個人の職務満足との関係を媒介する。

17) Chen, G., Kirkman, B. L., Kanfer, R., Allen, D. & B. Rosen, "A Multilevel Study of Leadership, Empowerment, and Performance in Teams." *Journal of Applied Psychology*, Vol.92, 2007; pp.331-346.

18) この Chen, Kirkman, Kanfer, Allen & Rosen の導出した仮説を，やや簡略化して示したのが，次の5つの仮説である。

仮説1　エンパワーメント（個人のエンパワーメント，チームエンパワーメント）は，個人レベル，チームレベルのいずれにおいても，リーダーシップ（リーダーシップ風土，LMX）と成果（個人の成果，チームの成果）との関係を媒介する。

仮説2　LMX（Leader-Member Exchange）とチームエンパワーメントは，リーダーシップ風土と個人のエンパワーメントとの関係を媒介する。

仮説3　個人のエンパワーメントとチーム成果は，チームエンパワーメントと個人の成果との関係を媒介する。

仮説4　リーダーシップ風土は，LMX（Leader-Member Exchange）が個人のエンパワーメントに及ぼす影響の度合をモデレートする。

仮説5　チームエンパワーメントは，個人のエンパワーメントが個人の成果に及ぼす影響の度合をモデレートする。

第5章

エンパワーメントモデルの構築

　本章の目的は，これまでの先行研究サーベイの結果に基づいて，独自のエンパワーメントモデルを構築し，研究仮説を導出することである。こうした本章の目的を達成するためには，いくつかの課題を検討する必要があり，本章では以下の手順で進めていくことにする。

　モデルを構築するにあたっての第1の課題は，本書のリサーチ・クエスチョンを詳細に提示することである。本書では，従来のエンパワーメント研究を，伝統的エンパワーメント研究と現代的エンパワーメント研究の2つに分類した。本書は，このうち，現代的エンパワーメント研究の延長線上に位置づけられるものであり，本書のリサーチ・クエスチョンを，現代的エンパワーメント研究の課題の中から提示してみたい。

　本書のリサーチ・クエスチョンが明確になると，これまでの文献サーベイに基づいて，そこから基本となるエンパワーメントモデルを導き出すことが可能になる。ここで導き出されるモデルは，当然，さらなる精緻化が必要であり，基本モデルを精緻化させることが，第2の課題となる。

　本章では，以上の手順で，エンパワーメントモデルを完成させていく。そして，このモデルに基づいた仮説を導出することを，本章の第3の課題にしたい。

5－1　本書のリサーチ・クエスチョン

　第1章で述べた通り，近年の企業経営の課題は，長期的・持続的競争優位を獲得・維持することである。そのためには，一般的な従業員も自律的に行動

し，創造性や能力を発揮することが必要となる。そして，エンパワーメント
は，従業員の創造性発揮や能力発揮の推進力として位置づけられる。

　本書の目的は，こうしたエンパワーメントと創造性発揮，能力発揮との関係
を明らかにすることであり，エンパワリング・リーダーシップの発揮から成果
に至るまでの心理的エンパワーメントの媒介効果を検証した上で，①どのよう
なタイプの従業員が心理的にエンパワーされるのか，②心理的にエンパワーさ
れることで創造性や能力を発揮するのは，どのようなタイプの従業員であるの
かといった２点を中心に，従業員の個人差が持つモデレート効果を明らかにす
ることが，その内容となる。こうした本書の目的は，現代的エンパワーメント
研究の中でも，統合理論を精緻化する研究に対応している。

　統合理論を精緻化する研究は，社会構造エンパワーメントから成果に至るま
での媒介変数の効果やモデレータ変数の影響を検証したことに意義がある。そ
の代表的な研究者が Zhang & Bartol（2010）であり，彼らの研究では，内発的
モチベーション，創造的プロセスへのエンゲイジメントといった２つの媒介変
数の効果が検証され，エンパワーメントの役割アイデンティティ，リーダーに
よる創造性へのエンカレッジメントといった２つのモデレータ変数の影響も検
証されていた[1]。その結果，これら媒介変数の効果とモデレータ変数の影響が
確認され，マネジャーによるエンパワリング・リーダーシップの発揮から従業
員の創造性発揮に至るまでのプロセスが，より明確になった。

　その一方で，Zhang & Bartol（2010）の研究にも課題は残されている。その
第１は，従業員の創造性発揮に対するエンパワリング・リーダーシップの影響
が，直接的なものであるのか，あるいは，間接的なものであるのかが明らかに
されなかったことである。エンパワリング・リーダーシップの発揮が，直接的
な影響を与えているのであれば，従業員の心理的エンパワーメントを高めるか
どうかは大きな問題とならない。しかしながら，その影響が，心理的エンパ
ワーメントを媒介にした間接的なものであるならば，心理的エンパワーメント
を高めるかどうかは大きな問題となる。この点は，Zhang & Bartol（2010）の
研究では明らかにされなかったことであり，統合理論を精緻化する研究の課題
の１つと言えよう。

　その第2は，Zhang & Bartol（2010）のモデルで示されたモデレート効果の検証が不十分であったことである。彼らの研究では，エンパワーメントの役割アイデンティティとリーダーによる創造性へのエンカレッジメントといった2つのモデレータ変数の影響が検証され，その影響が確認されていた。

　しかし，どのようなタイプの従業員に対して，エンパワーメントの役割アイデンティティが心理的エンパワーメントの認知に影響を与えるのか，どのようなタイプの従業員がエンパワリング・リーダーシップと心理的エンパワーメントとの関係を強めるのか弱めるのかは明らかにされていなかった。そして，リーダーによる創造性へのエンカレッジメントは，リーダーの行動に焦点を当てたものであり，どのようなタイプの従業員がエンパワーメントの結果として，創造性や能力を発揮するのかも明らかにされていなかった。

　従業員の創造性発揮や能力発揮は，彼らの個人的要因と環境要因[2]との交互作用によって生起されることが指摘されている[3]。また，Tett & Burnett（2003）は，特性活性化理論（Trait activation theory）を提唱し[4]，環境要因に対する知覚は性格等の個人的要因に影響され，それによって従業員個々の組織内での行動も異なることを指摘している。企業の現場におけるエンパワーメント活用の有効性を示すためには，こうした特性活性化理論に依拠して，従業員をさまざまなタイプに分類し，エンパワーメントの活用が，どのような従業員に対して有効であるのかを明らかにすることが必要であろう[5]。

　本書のリサーチ・クエスチョンは，現代的エンパワーメント研究の中でも，統合理論を精緻化する研究の延長上に位置づけられるものである。そして，ここまで述べてきた通り，統合理論を精緻化する研究の課題には，①従業員の創造性発揮や能力発揮に対するエンパワリング・リーダーシップの影響プロセスの解明，②従業員のタイプによるエンパワーメントの有効性の解明といった2点があることを指摘することができる。そこで，本書では，以下に示す通り3つの詳細なリサーチ・クエスチョンを提示してみたい。

リサーチ・クエスチョン①

　「マネジャーのエンパワリング・リーダーシップ発揮は，従業員の創造性発

揮や能力発揮に対して，直接的に影響を与えるのであろうか，あるいは，間接的に影響を与えるのであろうか」

リサーチ・クエスチョン②

　「マネジャーのエンパワリング・リーダーシップ発揮による従業員の心理的エンパワーメントへの影響は，従業員のどのような個人差によって左右されるのであろうか」

リサーチ・クエスチョン③

　「従業員の心理的エンパワーメントによる創造性発揮，能力発揮への影響は，従業員のどのような個人差によって左右されるのであろうか」

5−2　個人差を取り入れたエンパワーメントモデル

　ここでは，前章まで述べてきた文献サーベイの結果を踏まえ，本書のリサーチ・クエスチョンに基づいて，基本となるエンパワーメントモデルを提示してみたい。

5−2−1　エンパワーメントモデル構築にあたっての課題

　本書のリサーチ・クエスチョンに基づいたエンパワーメントモデルを構築する前に，まずはエンパワーメントモデルを構築する上での課題について検討してみたい。

　エンパワーメントモデルを構築する上での第1の課題は，分析対象を個人にするかチームにするかということである。個人とチームを対象にした場合では，エンパワーされた状態に対する認知の定義が異なっており，当然，そこで議論される個人差の内容も異なってくる。個人を対象にした場合，認知の対象は自分自身であり，自らの心理状態の認知に影響を与える個人差が議論の内容となる。一方で，チームを対象にした場合，認知の対象はチームに向かうことになり，個人差の内容はチームレベルで議論される。

　この分析対象であるが，本書では，個人を分析対象にしてみたい。その理由は，1点目として，個人を対象にしたエンパワーメント研究では，個人差についてすでにいくつかの検証結果が出ており，本書の結果と比較することで従来のエンパワーメント研究に対して新たな知見を加えることができるからである。2点目として，個人を対象にしたエンパワーメント理論とチームを対象にしたエンパワーメント理論は相互作用の関係であるため，個人を対象にしたエンパワーメント研究を発展させることで，チームを対象にした統合理論の研究の発展にも貢献できるからである。

　エンパワーメントモデルを構築する上での第2の課題は，社会構造エンパワーメントをどのように捉えるかである。前章で述べた通り，社会構造エンパワーメントについては，定まった操作的定義がなされているわけではない。多くのエンパワーメント研究では，社会構造エンパワーメントを構成する要因の中でも，どれか1つの要因に焦点を当て，そこから成果に至るまでの一連のプロセスを検討している。そのため，本書のエンパワーメントモデルを構築するにあたっても，社会構造エンパワーメントの要因を事前に特定することが必要になる。

　従業員個人を分析対象にする場合，社会構造エンパワーメントは，個人の心理的エンパワーメントと密接に関連した要因でなければならない。これまでに行われてきたエンパワーメント研究では，エンパワリング・リーダーシップや組織風土，組織構造などが社会構造エンパワーメントの要因として捉えられてきた[6]。そして，これら社会構造エンパワーメントを構成する各要因は，個人の心理的エンパワーメントに直接的に働きかける要因と間接的に働きかける要因に大別することができる。具体的には，前者の特徴を持った要因がエンパワリング・リーダーシップであり，後者の特徴を持った要因が組織風土や組織構造である。

　エンパワリング・リーダーシップは，「従業員に自らが心理的にエンパワーしていると認知させるリーダーシップ」と定義される[7]。そして，これは個人の心理的エンパワーメントに直接的に働きかける社会構造エンパワーメントの一要因である。それに対して，組織風土や組織構造が主眼に置いていること

は，チーム内にエンパワーメント風土を醸成することであり，必ずしも個人の
心理的エンパワーメントを高めることを目的にしているわけではない。

　こうした各要因の特徴と本書の目的を照らし合わせて考えれば，社会構造エ
ンパワーメントの要因のうちエンパワリング・リーダーシップを選択すること
がもっとも適切であろう。また，個人差のモデレート効果を検証した Zhang
& Bartol（2010）も，社会構造エンパワーメントとしてエンパワリング・リー
ダーシップを選択していた。そのため，本書でエンパワリング・リーダーシッ
プを選択することは，Zhang & Bartol（2010）の研究結果との比較を可能にし，
エンパワーメント研究の中で，個人差の影響という新たな研究領域の発展に貢
献することになる。

5 − 2 − 2　個人差を取り入れた基本モデル

　さて，これまでに述べてきた内容をまとめると，本書の基本となるエンパ
ワーメントモデルは，以下図 5 − 1 の通りとなる。

　社会構造エンパワーメントと捉えたエンパワリング・リーダーシップが，個
人の心理的エンパワーメントを媒介にして，従業員の成果に影響を与えるとい
う発想自体は特に新しいものではない[8]。従来のエンパワーメント研究と異な
るのは，モデル内に個人差を導入したことである。

　そして，本書では，エンパワリング・リーダーシップの発揮から創造性発
揮，能力発揮に至るまでの心理的エンパワーメントの媒介効果を検証した上
で，①エンパワリング・リーダーシップと心理的エンパワーメント，②心理的

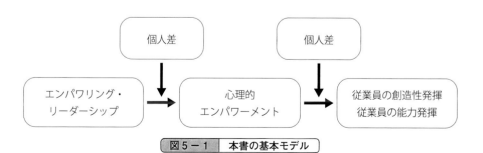

図 5 − 1　本書の基本モデル

エンパワーメントと従業員の創造性発揮，能力発揮といった2つの変数間の関係における個人差の影響を検証することにした[9]。

　もちろん，上記のモデルは基本モデルであり，その内容をさらに精緻化させることが必要であろう。第1に，エンパワリング・リーダーシップ，心理的エンパワーメント，創造性発揮，能力発揮といった各変数の具体的内容を示さなければならない。従来のエンパワーメント研究において，これら各変数の内容についてはすでに十分な議論がなされてきた。ここで必要なことは，それらの内容が，本書のエンパワーメントモデルを構築する上で適用できるかどうかを再度検討することである。第2に，個人差の内容を検討することである。個人差については，すでにSpreitzer（2008）が，行動特性や性格特性がモデレータ変数になる可能性を指摘していた[10]。基本モデルを精緻化するにあたっては，この行動特性や性格特性をどのように捉えるのかを検討することも必要になる。

5－3　基本モデルの精緻化

　本節では，基本モデルで示される各変数の具体的内容を検討し，本書のエンパワーメントモデルを完成させることにしたい。

5－3－1　本書における心理的エンパワーメントの捉え方

　はじめに，本書における心理的エンパワーメントを，どのような次元から捉えるのかを検討してみたい。第2章で述べた通り，心理的エンパワーメントを構成する次元については，1980年代後半から1990年代後半にかけて，すでに十分な議論がなされてきた。そして，①有意味感，②自己決定感，③コンピタンス，④影響感といった4つの次元から心理的エンパワーメントを捉えることが，エンパワーメント研究における一般的なコンセンサスとなっていた。

　しかし，2000年代に入ると，これとは異なる次元から心理的エンパワーメントを捉える研究が行われるようになった。その先鞭をつけたのがThomas（2000）であり[11]，彼は，①有意味感，②自己決定感，③コンピタンスといった従来から捉えられていた3つの次元に，④進歩感（Progress）を加えた4つ

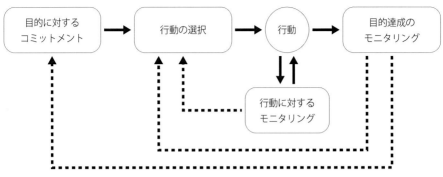

出所：Thomas（2000），p.28 をもとに作成。

図5－2　Thomas（2000）のセルフ・マネジメントモデル

の次元から心理的エンパワーメントを捉えた[12]。Thomas（2000）が，これら 4 つの次元から心理的エンパワーメントを捉えた理由は，図5－2の通りであり，個人の自律的行動（セルフマネジメント）と心理的エンパワーメントを相互作用の関係として捉えたからである。

　上記モデルの中で，四角形で囲まれた部分は，個人の精神的活動を示しており，円形で囲まれた部分（行動）は，肉体的活動を示している。そして，実線は活動の順序を示しており，点線は活動のフィードバックを示している。Thomas（2000）が指摘する有意味感，自己決定感，コンピタンス，進歩感といった心理的エンパワーメントの各次元は，上記モデル内の精神的活動のエネルギー源となるものであり，それらが高まることで精神的活動が促進され，自律的行動も促されていくこととなる。

　個人の自律的行動は，まず，自分や他者，会社の目的にコミットするところから始まる（有意味感の獲得）。目的にコミットした個人は，次に，目的を達成するために何をすべきか考え，自らやるべき行動を選択し，実際に行動することになる（自己決定感の獲得）。行動を開始すると，その行動が遂行できるスキルやノウハウ等が自分に身についているかどうかを確認しながら，前に進むことになる（コンピタンスの獲得）。そして，一旦行動が終わると，自らの行動を振り返り，当初の目的を達成したかを確認し（進歩感の獲得），そこから新たな

行動に向かうことになる。

　このように，個人が自律的に行動するためには，相互作用の関係にある４つの精神的活動がいずれも高い水準で満たされる必要がある。そして，精神的活動のエネルギー源となるのが，有意味感，自己決定感，コンピタンス，進歩感の４つであり，自律的行動を促すためには，心理的エンパワーメントの各次元を，いずれも高める必要があるとわかる。４つの次元の内，どれか１つでも低い水準であれば，全体的な精神的活動が活性化されず，自律的行動が促されることもない。Thomas（2000）は，進歩感という概念を加えることで，心理的エンパワーメントと自律的行動との関係を上手く説明している。

　第１章で述べた通り，従業員の自律的行動を促すことは，近年の主要な経営課題となっている。そして，本書のエンパワーメントモデルも，従業員が自律的に行動することを念頭に置いたものである。そのため，Thomas（2000）が指摘する４つの次元から心理的エンパワーメントを捉えることが適切と考えられる。以上の理由から，本書では，①有意味感，②自己決定感，③コンピタンス，④進歩感といった４つの次元から心理的エンパワーメントを捉えることにしたい[13]。

５－３－２　エンパワリング・リーダーシップの役割

　エンパワリング・リーダーシップの「従業員に自らが心理的にエンパワーしていると認知させるリーダーシップ」という定義からもわかる通り，その主たる目的は，個人の心理的エンパワーメントを高めることである。本書では，心理的エンパワーメントを，①有意味感，②自己決定感，③コンピタンス，④進歩感といった４つの次元から捉えることにしている。

　そのため，これら４つの次元を高めることが，エンパワリング・リーダーシップの役割となり，①有意味感を高める行動，②自己決定感を高める行動，③コンピタンスを高める行動，④進歩感を高める行動といった４つの行動が，エンパワリング・リーダーシップの具体的内容となる。これら４つの行動次元については，さらに詳細に説明することが可能であり，例えば，Thomas（2000）は，エンパワリング・リーダーシップの行動内容を，以下表５－１の通り示している。

表5-1	エンパワリング・リーダーシップの具体的行動内容

有意味感を高める行動	自己決定感を高める行動
・相手を尊重する文化 　（A non-cynical climate） ・明確に認められる熱情 　（Clearly identified passions） ・エキサイティングなビジョン 　（An exciting vision） ・関連したタスク目標 　（Relevant task purposes） ・全体のタスク（Whole tasks）	・権限委譲（Delegated authority） ・従業員への信頼 　（Trust in workers） ・安心（意味あるミスを許す） 　（Security） ・明確な目的の提示 　（A clear purpose） ・情報へのアクセス（Information）
コンピタンスを高める行動	進歩感を高める行動
・知識の共有（Knowledge） ・肯定的なフィードバック 　（Positive feedback） ・スキルの認知（Skill recognition） ・挑戦の推奨（Challenge） ・高い目標設定 　（High, non-comparative standards）	・協力的な風土 　（A collaborative climate） ・マイルストーンの設定（Milestones） ・称賛（Celebrations） ・顧客へのアクセス 　（Access to customers） ・改善の測定 　（Measurement of improvement）

出所：Thomas（2000），p.49 をもとに作成。

　エンパワリング・リーダーシップの行動内容については，Thomas（2000）が指摘した以外にも，すでにさまざまな要因が挙げられ[14]，表5-1で示される内容でリーダー行動のすべてを説明しているわけではない。前述の通り，本書では，エンパワリング・リーダーシップを，①有意味感を高める行動，②自己決定感を高める行動，③コンピタンスを高める行動，④進歩感を高める行動といった4つの行動次元から捉えることにしているが，その具体的内容については，さらなる検討が必要と言える。この点については，次章で詳細に検討するが，Thomas（2000）と同様に，個人の自律的行動を促すという視点からエンパワリング・リーダーシップの行動内容を選択することにしたい。

92

5－3－3　心理的エンパワーメントがもたらす効果

　従来のエンパワーメント研究では，目的変数としてさまざまな内容が取り上げられてきたが，多くの研究で共通していることは，それぞれの時代で，従業員に必要とされる内容が目的変数として選択されたことである。エンパワーメント研究がはじめられた当初，目的変数として取り上げられていたのは，アブセンティズムの減少や変化への抵抗といった職務態度の改善，職務成果の向上など生産性の向上に関するものであった[15]。当時の企業を取り巻く環境は安定的であり，従業員の生産性を向上させることができれば，それが企業の成果に直結すると考えられていた。

　それに対して，近年の企業を取り巻く環境は，変化のスピードが早く，顧客のニーズも多様化しており，マネジャーがすべてを決め，その方針に従って従業員が行動するだけでは，環境の変化に対応できず，企業も競争力を維持できなくなっている。このような環境の変化に伴い，従業員に求められることは，自らが自律的に行動し，創造性を発揮することである[16]。そのため，近年のエンパワーメント研究では，創造性発揮といった従業員のイノベーションに関わる内容が目的変数として選択されるようになっている[17]。本書でも，企業が抱える現代的な経営課題に基づいて，従業員の創造性発揮を1つ目の目的変数として取り上げることにした。

　さらに，本書では，2つ目の目的変数として，従業員の能力発揮を取り上げてみたい。創造性発揮が対外的な成果を示す内容であるのに対して，能力発揮は個人の内部面の成長に焦点を当てている。前述の Thomas（2000）が指摘するように，従業員個人の成果は継続的な行動の結果として得られるものである。そして，継続的な行動は，従業員個人に潜在的に備わったスキルや能力をフルに発揮し，自らが成長しているという実感を持つことで可能となる。従業員が創造性を発揮するためには，こうしたプロセスを経ることが必要であるため，本書では，能力発揮も心理的エンパワーメントがもたらす効果として取り上げることにした。

5－3－4　個人差の検討

　エンパワーメントモデルを構築する準備作業の締め括りとして，ここでは，モデル内の個人差として，どのような要因が考えられるのかを検討してみたい。

5－3－4－1　行動特性と性格特性の相違点

　Spreitzer（2008）は，行動特性や性格特性が個人差のモデレータ変数になる可能性を指摘していた。この2つの内容を検討するにあたっては，はじめに，行動特性と性格特性が，どのような点で異なるのかを明確にする必要がある。

　行動特性と性格特性は，いずれも行動の予測因子になるものであるが，その性質を変えることができるかどうかという点に違いを見出すことができる。性格特性とは，端的にいえば，その人の生まれ持った性質であり，例えば，Pervin（1996）は，「特定の行動様式の傾向性のことであり，諸状況を超えたその人の行動として表出するもの」と定義している[18]。この定義を見てもわかる通り，性格特性とは個人に一貫して見られる特徴であり，その性質は簡単に変えられるものではない。

　それに対して，行動特性とは，その人の行動傾向を示すものであり[19]，その傾向は常に一貫しているわけではない。そのため，上司や同僚など他者からのフィードバックを受けることで，実際の行動パターンを変えることが十分に可能である。

　行動特性と性格特性には，こうした異なる特徴があるため，本書では，この2つの要因から個人差の影響を検証することにしたい。さらに，この2つの個人差を検証することは，マネジメントの現場に対する実践的な示唆を与えることを可能にする。例えば，性格特性が，エンパワリング・リーダーシップの発揮から成果に至る一連のプロセスに影響を与えるのであれば，そこで問題になるのは従業員自身の性質であり，エンパワーメント経営を成功させるためには，それに適した従業員を配置すれば良いということになる。一方で，行動特性が影響を与えるのであれば，マネジャーの振る舞いや行動1つで従業員の行動を変えることが可能であり，リーダーシップのあり方を検討することで，適

切にエンパワーメントを活用することができるようになる。このように，個人
差を行動特性と性格特性から捉えることは，学術的貢献を果たすだけでなく，
企業経営の実務面においても有効な示唆を与えられる可能性がある。

5－3－4－2　行動特性の要因
　では，個人差としての行動特性には，どのような要因が考えられるのであろ
うか。本書では，個人の心理的エンパワーメントに影響を与える要因として，
エンパワリング・リーダーシップを取り上げている。そして，近年のリーダー
シップ研究では，従業員（フォロワー）が持つ性質（行動特性）によって，リー
ダーシップ発揮の効果が異なることを明らかにしてきた[20]。こうしたリー
ダーシップ・プロセスにおけるフォロワーの性質に着目した研究は，フォロ
ワーシップ研究と呼ばれ，個人差としての行動特性を検討する上でさまざまな
示唆を与えてくれる。
　フォロワーシップ研究には，①役割理論アプローチ，②構造主義アプローチ
といった2つの研究アプローチがある[21]。この2つの研究アプローチで大き
く異なるのは，フォロワーシップの捉え方であり，役割理論アプローチでは，
フォロワーシップを，個人の役割や行動セット，行動スタイルと捉えている。
それに対して，構造主義アプローチでは，フォロワーシップを，リーダーシッ
プと必然的に結びつく社会的プロセスとして捉えている。このうち，行動特性
に関する示唆が得られるのは，役割理論アプローチの方である。
　役割理論アプローチに基づいたフォロワーシップ研究の歴史は古く，多くの
研究でさまざまなフォロワーのタイプ分けがなされてきた。その中でも，フォ
ロワーが持つ性質を端的に示したのは，松山（2016）の研究である[22]。松山
は，これまでのフォロワーシップ研究で指摘されたフォロワーのタイプを整理
し，フォロワーが，①受動忠実型，②能動忠実型，③プロアクティブ型といっ
た3つのタイプに分類されることを指摘した。
　これら3つのフォロワータイプを理解する上で，キーとなる概念は，自己性
と他者性である。自己性とは，他者を回避し，否定し，差別化を図ろうとする
フォロワーの性質を表すものであり，他者性とは，他者を肯定し，受容し，同

一化を図ろうとするフォロワーの性質を表している[23]。そして，先に述べた3つのフォロワータイプは，この自己性と他者性の強弱によって，以下の通り3つに区別されることになる[24]。

① 受動忠実型フォロワー

　まず，受動忠実型フォロワーとは，自己性が弱く，他者性が強いタイプのフォロワーである。一見すれば，受動忠実型フォロワーは，マネジャーの指示やマネジャーが示す方向性に忠実に従い，イエスマンという否定的な印象を与える。しかし，受動忠実型フォロワーが持つ本来の意味は，他者性を受容するということであり，組織を成立させる上で必要なフォロワーの性質と言える。

② 能動忠実型フォロワー

　2つ目の能動忠実型フォロワーとは，自己性と他者性が共に強いタイプのフォロワーである。このタイプのフォロワーは，自己性と他者性の両義的な側面を有し，自らの意見が明確にあるものの，それを発揮するのは，マネジャーから意見を求められた場合のみである。つまり，能動忠実型フォロワーは，常に他者を意識した上で自らの行動を取ることになる。

③ プロアクティブ型フォロワー

　最後のプロアクティブ型フォロワーとは，自己性が強く，他者性が弱いタイプのフォロワーである。このタイプのフォロワーは，他者性が弱いものの，それはマネジャーに従わないことを意味していない。プロアクティブ型フォロワーは，組織に対する貢献を念頭に置いた行動を取るという特徴を有している。そのため，時としてマネジャーが設けた枠組みを超える行動を取ることもあり，表面的に他者性が弱く見えるのである。

　本書においても，①受動忠実型，②能動忠実型，③プロアクティブ型といった3つのフォロワータイプから行動特性を捉えることにしたい。フォロワーのタイプ分けについては，これまでも，Kelley（1992）や Carsten, Uhl-Bien,

West, Petra & McGregor（2010）などが行っていた。しかしながら，彼らの研究で抽出された行動特性には，内容的に重複しているという課題があった。例えば，Kelley（1992）は，フォロワーの行動特性を，独自の批評的思考と積極的関与から区別しようとしていたが，独自の批評的思考の中には，自発的に考えるという側面も含まれていた。そのため，独自の批評的思考と積極的関与を明確に区別することは困難であった。これらの研究に比べ，松山（2016）の研究は，フォロワーのタイプを上手く整理していると言えよう [25]。

５－３－４－３　性格特性の要因

性格特性の要因については，これまでパーソナリティ心理学の分野で研究が進められてきた。その中で，代表的な指標として用いられているものが，５因子モデル（Five-Factor Model）であり，パーソナリティ特性（性格特性）を，①情緒不安定性，②外向性，③開放性，④調和性，⑤誠実性といった５つの因子から捉えている [26]。

① 情緒不安定性（Neuroticism）

情緒不安定性が高い人は，神経質，情緒的に不安定，不安や罪悪感を持ちがちであり，心配性で気分屋である。その反対に，情緒不安定性が低い人は，情緒的に安定しており，穏やかでのんき，気楽に物事を考えがちである。

② 外向性（Extraversion）

外向性が高い人は，外向的であり，社交的で話が好き，楽しいことが好きである。その反対に，外向性が低い人は，でしゃばりでなく，静かで控えめで無口である。

③ 開放性（Openness）

開放性が高い人は，創造的で好奇心が強く，文化的なものに関心を持つ。その反対に，開放性が低い人は，好奇心が弱く，変化を好まない傾向がある。

④　調和性（Agreeableness）

　調和性が高い人は，気立てがよく，温かで，協調的で，信頼でき，人を支援する。その反対に調和性が低い人は，怒りっぽく，理屈こねで，同情がなく，疑い深く，非協調的でうらみを持ちがちである。

⑤　誠実性（Conscientiousness）

　誠実性が高い人は，責任感があり，サボらず，達成的である。その反対に，誠実性が低い人は，無責任，注意散漫，衝動的で怠け者である。

　この5因子モデルは，Big Five とも呼ばれ，比較的安定して現れる，その人の感情や思考，行動のパターンから導き出された構成概念である[27]。また，上記5つの基本的な性格特性に含まれない感情や思考，行動の傾向についても，その組み合わせから予測することができ，汎用性も高いため，パーソナリティ特性（性格特性）を測定する際には，上記の5因子モデルが多くの研究で用いられている[28]。

　本書でも他の研究と同様に，5因子モデルから性格特性を捉えることにするが，その中でも開放性に焦点を当て，その影響を検証することにしたい。そもそも，本書のエンパワーメントモデルの基本的な発想は，エンパワリング・リーダーシップの発揮が，心理的エンパワーメントを通じて，従業員の創造性発揮と能力発揮を促すということであった。開放性とは個人の創造性や好奇心の強さを示すものであり，その内容から考えて開放性の影響があることは十分に考えられる。

5－4　エンパワーメントモデルの提示と仮説の導出

　以上，これまでに行った基本モデルの精緻化作業の結果に基づいて，本書のエンパワーメントモデルを完成させ，仮説を導出することにしたい。

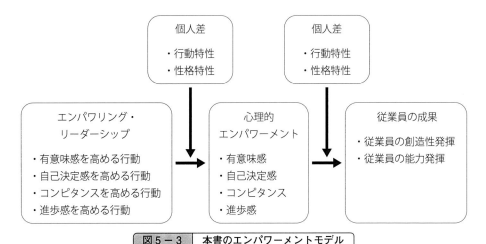

図5-3　本書のエンパワーメントモデル

5-4-1　エンパワーメントモデルの提示

　本書の基本モデルは，従来の統合理論で示されるエンパワーメントモデル
に，個人差を導入したものであった。基本モデルでは，各変数の具体的内容が
示されておらず，さらなる精緻化が必要であった。そこで，前節では，基本モ
デルで示される，①エンパワリング・リーダーシップ，②心理的エンパワーメ
ント，③従業員の成果，④個人差といった4つの変数の具体的内容を検討する
ことにした。そして，こうした基本モデルの精緻化作業を経て構築されたの
が，図5-3で示されるエンパワーメントモデルである。

　図5-3のモデルを見ると，図5-1の基本モデルから，さらに精緻化され
たモデルになっていることがわかるであろう。モデル内に示される各変数の具
体的内容については，前節で述べてきたので，以下では，このモデルについ
て，若干のコメントを述べることにしたい。

　その第1は，このモデルが，従業員個人を対象にしたエンパワーメントモデ
ルということである。分析対象が個人とチームである場合に大きく異なるの
は，社会構造エンパワーメントと個人差の内容である。図5-3のモデルで示
したエンパワリング・リーダーシップと個人差（行動特性，性格特性）の内容
は，個人の心理的エンパワーメントに対する認知に影響を与える要因として抽

出したものであり，チームのエンパワーメントに影響を与える要因として抽出
したものではない。そのため，本書で提示したエンパワーメントモデルは，あ
くまでも，個人にのみ適用できるモデルである。

　第 2 は，このモデルでは，変数間の相互作用が描かれていないということで
ある。例えば，Boudrias, Morin & Lajoie（2014）が指摘するように[29]，従業員
の創造性発揮，能力発揮から心理的エンパワーメントに対する影響力を描くこ
とも可能であろう。しかし，本書の目的は，各プロセスにおける個人差の影響
を検証することであるため，モデルが煩雑になることを避け，基本的なモデル
に個人差を導入することにした。

　第 3 に指摘すべき点は，マネジャーの個人差を考慮に入れていないというこ
とである。近年のリーダーシップ研究では，マネジャーが必ずしもエンパワリ
ング・リーダーシップを発揮するわけではなく，それを発揮するかどうかは，
マネジャーの個人的な性質に左右されることが明らかにされている[30]。しか
し，エンパワーメント研究の文脈の中で，マネジャーに焦点を当てたエンパ
ワーメント研究は数が少なく，理論的に成熟していないのが現状である。その
ため，本書では，従来のエンパワーメント研究と同様に，マネジャーの個人差
は考慮しなかった。

5 － 4 － 2　仮説の導出

　本章の最後に，本書のエンパワーメントモデルに基づいて，いくつかの仮説
を導出することにしたい。本書のモデルのベースである統合理論では，社会構
造エンパワーメントが，心理的エンパワーメントを媒介にして，従業員の成果
に影響を与えることを示していた。そして，本書では，社会構造エンパワーメ
ントをエンパワリング・リーダーシップと捉え，従業員の成果を創造性発揮と
能力発揮といった 2 つの内容から捉えた。

　本書の目的は，こうしたエンパワリング・リーダーシップの発揮が，従業員
の創造性発揮と能力発揮に与える影響を検証した上で，この 2 つの関係におけ
る個人差の影響を検証することである。そこで導き出される基本仮説は，次の
5 つである（表 5 - 2）。

| | 表 5 － 2 | 本研究の基本仮説 |

	内　容
基本仮説 1	マネジャーによるエンパワリング・リーダーシップが発揮されるほど，従業員の心理的エンパワーメントは高まる。
基本仮説 2	従業員の心理的エンパワーメントが高まるほど，従業員の成果は高まる。
基本仮説 3	マネジャーによるエンパワリング・リーダーシップの発揮は，従業員の心理的エンパワーメントを通じて，従業員の成果を高める。
基本仮説 4	マネジャーによるエンパワリング・リーダーシップの発揮によって，従業員の心理的エンパワーメントが高まるかどうかは，従業員の行動特性や性格特性によって左右される。
基本仮説 5	従業員の心理的エンパワーメントの高まりによって，従業員の成果が高まるかどうかは，従業員の行動特性や性格特性によって左右される。

　基本仮説 1 から基本仮説 3 は，これまでにも多くの研究で指摘されたことであった。これらの仮説は，マネジャーによるエンパワリング・リーダーシップの発揮が，どの程度，従業員の心理的エンパワーメントに影響を与えるのか，また，従業員の心理的エンパワーメントがどの程度，従業員の成果に影響を与えるのかを述べたものである。また，エンパワリング・リーダーシップの発揮が，従業員の成果に与える影響が直接的なものであるのか，あるいは，その影響が心理的エンパワーメントを媒介にした間接的なものであるのかを示すものであった。

　基本仮説 4 と基本仮説 5 は，エンパワーメントの有効性に対する個人差の影響を検証するものであり，本書の独自性を示している。エンパワリング・リーダーシップの発揮から従業員の成果に至る過程は，2 つのプロセスに分けることができる。1 つ目は，エンパワリング・リーダーシップの発揮によって，従業員が心理的エンパワーメントを認知することであり，2 つ目は，従業員が心理的エンパワーメントを認知することで，実際に成果を発揮することである。こうした 2 つのプロセスにおける，個人差の影響を示したのが，この基本仮説 4 と基本仮説 5 である。

5－5　本章のまとめ

　本章では，これまでに行った先行研究サーベイの結果に基づいて，独自のエンパワーメントモデルを構築し，そこからいくつかの仮説を導出してみた。モデルの構築は，①リサーチ・クエスチョンの提示，②基本モデルの構築，③基本モデルの精緻化という手順で行うことにした。

　エンパワーメント研究は，それぞれの研究が単に独立しているのではなく，1つの線として繋がっていることに特徴がある。そのため，本書のリサーチ・クエスチョンも現代的エンパワーメント研究の中から導き出すことにした。具体的には，統合理論を精緻化する研究の中から導き出されたものであり，①従業員の創造性発揮や能力発揮に対するエンパワリング・リーダーシップの影響プロセスの解明，②従業員のタイプによるエンパワーメントの有効性の解明といった2つの内容を明らかにすることを，本書のリサーチ・クエスチョンとして設定することにした。

　基本モデルは，このリサーチ・クエスチョンに基づいたものであり，従来の統合理論で示される変数間の関係に，個人差を導入する形で構築してみた。具体的には，①エンパワリング・リーダーシップと心理的エンパワーメント，②心理的エンパワーメントと従業員の創造性発揮，能力発揮といった2つの変数間の関係に個人差を導入してみた。さらに，基本モデルを精緻化するために，モデル内の変数の具体的内容を検討し，本書のエンパワーメントモデルを完成させた。

　仮説は，本書のエンパワーメントモデルに基づいて導出されたものであり，最終的に5つの基本仮説を提示することができた。次章以降は，これら導出された仮説を実証的に検証することが目的になる。

【注】

1）Zhang, X. & Bartol, K. M, "Linking Empowering Leadership and Employee Creativity: The Influence of Psychological Empowerment, Intrinsic Motivation, and Creative Process Engagement", *Academy of Management Journal*, Vol.53, 2010; pp.107-128.

2）個人的要因の例として，従業員の行動特性や性格特性，職務満足，組織に対するコミットメントが挙げられ，環境要因の例としては，組織風土，リーダーシップ，職務特性が挙げられる。

3）Scott, S. G. & R. A. Bruce, "Determinants of Innovative Behavior: A Path Model of Individual Innovation in the Workplace", *Academy of Management Journal*, Vol.38, 1994; pp.1442-1465.

4）Tett, R. P. & D. D. Burnett, "A Personality Trait-based Interactionist Model of Job Performance", *Journal of Applied Psychology*, Vol.88, 2003; pp.500-517.

5）特性活性化理論に基づいた研究として，高石（2020）がある。高石（2020）の研究では，個人的要因として学習目標志向性を取り上げ，環境要因として職場の心理安全性と受益者接触を取り上げていた。

高石光一「従業員の学習目標志向性が革新的行動に及ぼす影響過程：調整変数としての心理的安全性及び媒介変数としての受益者接触との関連メカニズムについて」『商学集志』第 90 巻，第 1 号，2020 年；333-352 頁。

6）吉野有助・松尾　睦「心理エンパワーメント研究の現状と課題」『商學討究』第 70 巻，第 1 号，2019 年；125-142 頁。

7）Sharma, P. N. & B. L. Kirkman., "Leveraging Leaders: A Literature Review and Future Lines of Inquiry for Empowering Leadership Research", *Group & Organization Management*, Vol.40, 2015; pp.196-199.

8）本研究では，エンパワリング・リーダーシップを説明変数，心理的エンパワーメントを媒介変数として捉えているが，例えば，當間（2023）の研究では，リーダーシップ行動と心理的エンパワーメントは，いずれも説明変数として扱われている。

當間政義『心理的エンパワーメントと組織の再活性化』学文社，2023 年，92 頁。

9）こうした説明変数と媒介変数，媒介変数と目的変数といった 2 つの変数間における個人差のモデレート効果の検証は，Zhang & Bartol（2010）と同様である。本研究が彼らの研究と異なるのは，そこで取り上げる個人差の内容である。後述するように，本研究では，個人差要因として行動特性と性格特性に焦点を当てることにした。

10）Spreitzer, G. M., "Taking Stock: A Review of More Than Twenty Years of Research on Empowerment at Work", In Barling, J. & C. L. Cooper (Eds.), *Handbook of Organizational Behavior* (pp.54-72), Thousand Oaks, CA: Sage, 2008; pp.54-72.

11）Thomas, K. W., *Intrinsic Motivation at Work: Building Energy & Commitment*, Berret-Koehler Publishers, Inc, 2000.

12）進歩感とは，自らが立てた目標達成に向けて，どの程度進歩しているかを知り，自らが前に進んでいるという感覚を持つことである。つまり，自分が最初に立てた目標を達成していると感じる時，進歩感は高まることになる。なお，有意味感，自己決定感，コンピタンスについては，第2章で詳述したので，そちらを参照されたい。

Thomas, K. W. (2000)., op. cit., p.91.

13）本研究では，心理的エンパワーメントを構成する次元として影響感を抽出していないが，その理由は，Thomas（2000）の指摘に基づいているからだけではない。影響感については，その内容がコンピタンスと類似していることもあり，2つの次元を上手く切り分けられないという指摘がある。本研究では，こうした指摘も踏まえて，影響感を独自に抽出しなかった。

青木幹喜『エンパワーメント経営』中央経済社，2006年，142頁。

14）例えば, Arnold, Arad, Rhoades & Drasgow（2000）や Ahearne, Mathieu & Rapp（2005）が，エンパワリング・リーダーシップに関する質問項目を示している。

Arnold, L. M., Arad, S., Rhoades, J. A. & F. Drasgow, "The Empowering Leadership Questionnaire: The Construction and Validation of a New Scale for Measuring Leader Behaviors", *Journal of Organizational Behavior*, Vol.21, 2000; pp.249-269. Ahearne, M., Mathieu, J. & A. Rapp, "To Empower or Not to Empower Your Sales Force: An Empirical Examination of the Influence of Leadership Empowerment Behavior on Customer Satisfaction and Performance", *Journal of Applied Psychology*, Vol.90, 2005; pp.945-955.

15）例えば，Miles（1965），Heller（1973）が挙げられる。

Miles, R. E., "Hunan Relations or Human Resources?", *Harvard Business Review*, July-August, 1965; pp.148-163. Heller, F. A., "Leadership Decision Making and Contingency Theory", *Industrial Relations*, Vol.12, 1973; pp.183-199.

16）青木幹喜「エンパワリング・リーダーシップの研究展望」『大東文化大学経営論集』第26号，2013年；1-20頁。

17）そもそも，エンパワーメント研究において，心理的エンパワーメントという考え方が導入された背景には，Conger & Kanungo（1988）が指摘するように，従業員の創造性発揮をいかに促すかという問題が存在していた。

Conger, J. A. & R. N. Kanungo, "The Empowerment Process: Integrating Theory and Practice", *Academy of Management Review*, Vol.13, 1988; pp.471-482.

18）Pervin, L., *The Science of Personality*, John Wiley & Sons, Inc, 1996.

19）東　正訓「パーソナリティ心理学と社会心理学における個人差変数の理論的構図（1）—McCrae と Costa による Five Factor Theory について—」『追手門学院大学人間学部紀要』第 14 号，2002 年；57-85 頁。

20）例えば，Uhl-Bien（2014）の研究が挙げられる。

Uhl-Bien, M., "Followership Theory: A Review and Research Agenda", *The Leadership Quarterly*, Vol.25, 2014; pp.83-104.

21）Uhl-Bien, M.（2014）., op. cit.; pp.90-96.

22）松山一紀「フォロワーシップ行動の 3 次元モデル」『商経学叢』第 63 巻，第 2 号，2016 年；229-256 頁。

23）松山，前掲稿，2016 年，239 頁。

24）フォロワーのタイプを整理する上で，松山（2016）が参考にしたのは，Kelley（1992）と Carsten, Uhl-Bien, West, Petra & McGregor（2010）の研究である。

Kelley, R. E., *The Power of Followership*, Doubleday, 1992（牧野　昇監訳『指導力革命：リーダーシップからフォロワーシップへ』プレジデント社，1993 年）。Carsten, K. M., Uhl-Bien, M., West, B. J., Petra, J. L. & R. McGregor, "Exploring Social Constru-ctions of Followership: A Qualitative Study", *The Leadership Quarterly*, Vol.21, 2010; pp.543-562.

25）松山（2016）は，フォロワーの行動特性が，①受動忠実型，②能動忠実型，③プロアクティブ型といった 3 つのタイプに分類されることを，因子分析によって明らかにした。データは，WEB 調査によって収集され，1,000 人の正規従業員から回答を得ている。さらに，これら 3 つの行動特性と労働成果（意欲・生産性・業績），精神的安寧との関係について階層的重回帰分析による検証を行っている。その結果，プロアクティブ性が労働成果や精神的安寧に対して比較的大きい正の影響力を示し，プロアクティブ型のフォロワーが，組織にとって最も好ましいことを明らかにしている。

26）東，前掲稿，2002 年；61-62 頁。

27）浅野壮志・小田島裕美・宮　聡美・阿久津洋巳「性格 5 因子とポジティブ・ネガティブ感情，ストレス反応，対人不安の関連」『岩手大学教育学部附属教育実践総合センター研究紀要』第 7 号，2008 年；113-133 頁。

28）5 因子モデルの測定尺度については，和田（1996）や並川・谷・脇田・熊谷・中根・野口（2012）が開発している。和田さゆり「性格特性用語を用いた Big Five 尺度の作成」『心理学研究』第 67 巻，第 1 号，1996 年；61-67 頁。並川　努・谷　伊織・脇田貴文・熊谷龍一・中根　愛・野口裕之「Big Five 尺度短縮版の開発と信頼性と妥当性の検討」『心理学研究』第 83 巻，第 2 号，2012 年；91-99 頁。

29）Boudrias, J. S., Morin, A. J. S. & D. Lajoie, "Directionality of the Associations between Psychological Empowerment and Behavioral Involvement: A Longitudinal Autoregressive

Cross Lagged Analysis." *Journal of Occupational & Organizational Psychology*, Vol.87（3），
2014; pp.437-463.
30）青木幹喜「日本企業のエンパワリング・リーダーシップ―その先行要因の検討―」『経
営学論集』2018 年；1-9 頁。

第 *6* 章

日本企業における仮説検証の方法

　本書では，前章で導出した仮説を検証するために，日本企業と台湾企業を対象にしたアンケート調査を実施し，収集したデータを，統計的手法で分析することにしている。本章では，仮説を検証するための準備作業として，①本書で用いた質問項目を，どのように作成したのか，②日本の製造企業に勤務する従業員から収集したデータの基本的分析（因子分析）からは，いかなる結果が得られたのかといった2点について述べてみたい。

6－1　アンケート調査の概要

　まずは，日本企業で実施したアンケート調査について述べてみたい。本書では，調査対象となった日本の製造企業 A 社（本社部門，営業部門）の従業員1人1人に WEB 上で調査票を配布し，そのデータを解析するといった手法を採用することにした[1]。そして，回答者が各自のエンパワーメントの状態について回答し，データを収集することにした。このような方法で行われた調査概要は，以下の通りである。

6－2　具体的な質問項目

　ここでは，本書のエンパワーメントモデルで示した主要な変数に対して，いかなる質問項目を設けて測定したのかを述べてみたい。

表 6 - 1　調査概要

①	調査実施期間	2020 年 1 月 13 日から 2020 年 3 月 17 日
②	実施場所	日本の製造企業 A 社（本社部門，営業部門）
③	調査票の配布と回収方法	担当者を通じて配布，各自 WEB 上で回答
④	回収率	98％，対象となった 305 名の従業員の中で 297 名が回答。質問項目に対して未回答がある場合は，次に進めないよう設定したため，297 名の回答に欠損値はなかった。
⑤	性　別	男性 203 名，女性 94 名
⑥	年　齢	25 歳以下 27 名，26 から 35 歳 67 名，36 から 45 歳 68 名，46 から 55 歳 109 名，56 歳以上 26 名
⑦	勤　続	5 年以下 66 名，6 から 15 年 70 名，16 から 25 年 78 名，26 から 35 年 70 名，36 年以上 13 名
⑧	職　能	営業部門 228 名，本社部門 69 名
⑨	部署人数	5 人以下 96 名，6 から 10 人 97 名，11 から 15 人 72 名，16 人以上 32 名
⑩	調査項目	エンパワリング・リーダーシップ，心理的エンパワーメント，創造性発揮，能力発揮，行動特性，性格特性
⑪	倫理的配慮	匿名性の保持（会社における人事評価と分離するため，氏名及び社員番号は未記入），質問項目も個人が特定されないことを念頭に置き作成

6 - 2 - 1　心理的エンパワーメントの質問項目

　本書では，①有意味感，②自己決定感，③コンピタンス，④進歩感といった 4 つの次元から，心理的エンパワーメントを捉えることにした。これまでのエンパワーメント研究において，心理的エンパワーメントの各次元を問う質問項目はすでに十分な検討がなされてきた。代表的なものは，Spreitzer（1995）が開発した質問項目であり，これまでにも多くの研究で用いられている[2]。しかし，Spreitzer（1995）が提唱した心理的エンパワーメントは，①有意味感，②

自己決定感, ③コンピタンス, ④影響感といった4つの次元から構成されたものであり, 本書の心理的エンパワーメントの捉え方とは異なっている。

　そのため, Spreitzer (1995) が開発した質問項目を, そのまま引用するのは困難であり, Spreitzer (1995) の質問項目と共に, Thomas (2009) の研究を参考にしながら[3), 独自に質問項目を作成することにした。このような点に考慮して設けられたものが以下の質問項目であり, これらの項目により, 従業員の心理的エンパワーメントは測定された。なお, すべての質問項目は, "まったくちがう (1)", "かなりちがう (2)", "ややちがう (3)", "ややそのとおり (4)", "かなりそのとおり (5)", "まったくそのとおり (6)" までの6段階評定尺度である[4)。

《有意味感の質問項目》

　有意味感とは, 「個人の理想や基準という観点から判断されたタスクの目標や目的の価値」のことであり, 本書では, 以下5つの質問項目から測定することにした。

表6－2　　有意味感の質問項目

質問番号	質問内容
4－5	あなたの仕事は, 価値ある目的に貢献している。
4－9	あなたの仕事は, あなたに喜びと満足を与えてくれる。
4－11	あなたは, あなたの仕事がつまらなく思えて仕方ないことがある。（逆転項目）
4－17	あなたの仕事は, あなたにとって意味ある仕事である。
4－28	あなたは, 今やっている自分の仕事を大切にしている。

《自己決定感の質問項目》

　自己決定感とは，「自らの行為を始め，自らの行為をコントロールする選択
権を，その人が持っているという感覚」のことであり，以下6つの質問項目か
ら測定することにした。

表6－3　自己決定感の質問項目

質問番号	質問内容
4－1	あなたは，仕事のペースを自由に変えることができる。
4－2	上司の指示がなくても，あなたの判断で仕事を進めることができる。
4－10	あなたの仕事のやり方は，上司から一方的に決められている。（逆転項目）
4－13	あなたは，あなたの立てたプランやスケジュール通りに，仕事が進められる。
4－21	あなたは，仕事中に思いつきを活かし，新鮮な試みをすることができる。
4－27	仕事の手順や方法は，あなたの判断で変えることができる。

《コンピタンスの質問項目》

　コンピタンスとは，「自らの行動が環境にどの程度働きかけることができる
かという確信の度合い」のことであり，以下4つの質問項目から測定すること
にした。

表6－4　コンピタンスの質問項目

質問番号	質問内容
4－6	あなたは，自分の能力に自信を持って，今の仕事を行っている。
4－14	あなたは，今のあなたの仕事で必要なスキルをマスターしている。
4－15	あなたにとって，今の仕事は得意な方である。
4－23	あなたは，今の仕事をうまくこなしている。

《進歩感の質問項目》

　進歩感とは，「自らが立てた目標達成に向けて，どの程度進歩しているかを知り，自らが前に進んでいるという感覚」のことであり，以下5つの質問項目から測定することにした。

表6-5　進歩感の質問項目

質問番号	質問内容
4 - 4	あなたは，あなたの掲げた仕事の目標を達成しつつある。
4 - 12	あなたの仕事は，なんとか前へ進んでいる。
4 - 16	あなたの仕事は，順調に進んでいる。
4 - 19	あなたは，仕事で成長していると思う。
6 - 5	あなたは，現在，物事がうまくいっていると感じている。

6-2-2　エンパワリング・リーダーシップの質問項目

　エンパワリング・リーダーシップとは，「従業員に自らが心理的にエンパワーしていると認知させるリーダーシップ」のことである。本書では，心理的エンパワーメントを，①有意味感，②自己決定感，③コンピタンス，④進歩感といった4つの次元から捉えているため，①有意味感を高める行動，②自己決定感を高める行動，③コンピタンスを高める行動，④進歩感を高める行動の4つが，エンパワリング・リーダーシップの具体的な行動内容となる。

　こうしたエンパワリング・リーダーシップを測定するための質問項目は，Arnold, Arad, Rhoades & Drasgow（2000）[5]やAhearne, Mathieu & Rapp（2005）[6]によって，すでに作成されている。しかし，本書では，Thomas（2000）の研究に依拠する形で心理的エンパワーメントを捉えているため[7]，Arnold, Arad, Rhoades & Drasgow（2000）やAhearne, Mathieu & Rapp（2005）が作成した質問項目をそのまま引用することができなかった。そのため，Thomas（2000）や中原（2010）[8]，松尾（2013）[9]などの研究を参考にしながら，一部の質問項目はそのまま引用し，一部は独自に作成することにした。なお，以下で

示すすべての質問項目は，"まったくちがう (1)"，"かなりちがう (2)"，"ややちがう (3)"，"ややそのとおり (4)"，"かなりそのとおり (5)"，"まったくそのとおり (6)"までの6段階評定尺度である。

《有意味感を高める行動の質問項目》

　有意味感とは，「個人の理想や基準という観点から判断されたタスクの目標や目的の価値」のことであり，当然，個人の理想や基準と仕事の役割要求が乖離してくれば有意味感の程度は低くなる。つまり，従業員の有意味感を高めるためには，個人の理想や基準と仕事の役割要求を一致させるマネジャーの行動が必要になる。

　このような有意味感に影響を与える要因として，青木 (2006) は理念やビジョンを提示し，浸透させるマネジャーの行動を取り上げていた [10]。従業員に理念やビジョンを提示し，それを浸透させることは，従業員が何のためにこの会社で働くのかという疑問に対して，明解にその答えを用意する。

　ただし，従業員の有意味感を高めるためには，その前提として，従業員が，自分自身を企業の一員であると感じている必要がある [11]。与えられた仕事に対して意味を見出し，従業員に有意味感を持たせるためには，理念やビジョンを浸透させると共に，自分自身が企業の一員であると感じさせることが必要になる。従業員の有意味感を高めるためには，これらの行動が必要であり，本書では，以下4つの質問項目から有意味感を高める行動を測定することにした。

表6-6　有意味感を高める行動の質問項目

質問番号	質問内容
3-5	上司は，部下たちに期待することを，しばしば語ってくれる。
3-8	上司は，あなたの仕事が，あなたにとって，どれだけ意味があるかを説明してくれる。
3-9	上司は，あなたの仕事が，会社や職場にとって，どれだけ意味があるかを説明してくれる。
3-22	上司は，あなたの職場の役割や課題を，しばしば説明してくれる。

《自己決定感を高める行動の質問項目》

　自己決定感とは，「自らの行為を始め，またコントロールする選択権をその人が持っているという感覚」のことであり，意思決定への参加や権限委譲が自己決定感を高める要因として考えられる。しかし，意思決定に参加させ，権限委譲を実行したとしても，それだけで自己決定感が高まるわけではない。単に権限を委譲されただけでは，それを自己決定的であると捉えず，仕事量の増加と捉える可能性がある。

　Deci（1975）は，自己決定感が喪失してしまう条件として，①自己の行動が習慣化し，柔軟性を欠くに至っている場合，②選択の自由と情報の柔軟な利用を阻む情動過程によって自己の行動が制御されている場合といった2点を指摘している [12]。従業員の自己決定感を高めるためには，こうした自己決定感が喪失する条件を回避しなければならない。

　これらを回避し，自己決定感を高めるための前提として，Deci（1975）が指摘していることは，行動の因果律を外部から内部へ誘導するということである [13]。行動の因果律が外部に向かった状態とは，外発的に動機づけられた状態のことであり，行動の因果律が内部に向かった状態は，内発的に動機づけられた状態を表している [14]。

　そして，行動の因果律を外部から内部へ向かわせ，従業員の自己決定感を高めるための要因として考えられるのは，マネジャーが従業員に目標設定の機会を与えることである。与えた目標を単にこなさせるのではなく，従業員自らに目標設定する機会を与えることで，従業員は自らが設定した目標にコミットし，行動の因果律も外部から内部へと向かい，内発的に動機づけられた状態になる。

　ただし，従業員が設定した目標は，企業の目標と合致したものでなければならない。ここでいう企業の目標とは，企業が掲げる理念やビジョンのことであり，マネジャーは，従業員が設定した目標が，いかに企業の掲げる理念やビジョンと結びついているのかを理解させる必要がある [15]。従業員の自己決定感を高めるためには，これらの行動が必要であり，本書では，以下6つの質問項目から自己決定感を高める行動を測定することにした。

質問番号	質問内容
3 - 6	上司は，部下たちに仕事を任せっぱなしにせず，仕事の相談にのってくれる。
3 - 7	上司は，あなたの能力より少し高い仕事を任せてくれる。
3 - 11	上司は，部下たちが自分の意見をいえるチャンスをたびたび与えてくれる。
3 - 12	上司は，基本的にあなたの仕事を任せてくれる。
3 - 14	上司は，部下たちに仕事を任せっぱなしにせず，「してはいけないこと」「守るべきこと」を伝えてくれる。
3 - 15	上司は，部下たちから出されたアイディアや提案に耳を傾けてくれる。

《コンピタンスを高める行動の質問項目》

　コンピタンスとは，「自らの行動が環境にどの程度働きかけることができるかという確信の度合い」のことである。コンピタンスを高めるためには，マネジャーの行動が重要であり，仕事を上手く遂行するための専門的知識やスキル，ノウハウの提供，マネジャー自身が仕事の模範を示すなどさまざまな行動が考えられる。そのような中で，コンピタンスを高める要因を体系的にまとめたのが，Bandura（1995）[16]と中原（2010）[17]であり，本書では，彼らの研究に依拠する形で，質問項目を作成することにした。

　まず，Bandura（1995）が指摘したことは，コンピタンスが，①制御体験，②代理体験，③社会的説得，④生理的・感情的状態といった4つの情報源によって高まるということであった[18]。そして，これら4つの情報源の中でも，制御体験と代理体験の2つが，特にコンピタンスに影響を与えると指摘していた。

　制御体験を通して得られる情報とは，個人の成功体験によって得られる情報のことである。個人が成功体験を積み重ねることは，成功するために必要なことは何でもできるという確証を得ることになり，その結果として，個人は自らのコンピタンスに対する強固な信念を作り上げていく。もう1つの代理体験を通して得られる情報とは，他者の成功体験を観察することで得られる情報のこ

114

とである。自分と同じような立場の人々が忍耐強く努力をして成功している姿を観察することは，それを観察する人々に，自分たちもそのようなことができるという信念をわきあがらせていく。従業員のコンピタンスを高めるためには，こうした2つの情報源を，いかに本人に基礎づけていくかがポイントとなる[19]。

　一方，中原（2010）の研究では，部下に対するマネジャーの支援を，①業務支援，②内省支援，③精神支援の3つに分類し，各支援が従業員の能力向上に対して，どの程度効果を持つのかを検証していた。そして，従業員の能力向上に効果を持つのは内省支援と精神支援の2つであり，業務支援は従業員の能力向上にあまり効果を持たないことを明らかにした。

　業務上不可欠となる知識やスキル等を提供する業務支援よりも，「自分自身を振り返る機会を与える」，「自分について客観的な意見を言ってくれる」などの内省支援，「楽しく仕事ができる雰囲気を作る」，「プライベートな相談にのる」などの精神支援の方が，従業員の能力向上と結びついていたのである。本書では，こうした中原（2010）の研究結果も踏まえて，以下の7つの質問項目からコンピタンスを高める行動を測定することにした。

表6-8　コンピタンスを高める行動の質問項目

質問番号	質問内容
3-1	上司は，あなたにない新たな視点を与えてくれる。
3-2	上司は，あなたにはない専門的知識やスキル，ノウハウを提供してくれる。
3-3	上司は，仕事の相談にのってくれる。
3-4	上司は，自分が模範を示し，部下たちをリードしてくれる。
3-16	上司は，あなたの仕事について客観的な意見を言ってくれる。
3-20	上司は，あなた自身をふり返る機会を与えてくれる。
3-21	上司は，必要な情報を提供してくれる。

《進歩感を高める行動の質問項目》

　進歩感とは，「自らが立てた目標達成に向けて，どの程度進歩しているかを知り，自らが前に進んでいるという感覚」のことであり，自分自身が設定した目標を達成したと認識する時，従業員は進歩感を獲得することになる。従業員が進歩感を獲得する上で必要となるマネジャーの行動は，フィードバックであろう。フィードバックとは，従業員が自身の過去のパフォーマンスを知るためにマネジャーから提供される情報のことであり，ポジティブ・フィードバックとネガティブ・フィードバックに分けられる[20]。

　この2つのフィードバックの中で特に難しいのは，ネガティブ・フィードバックである。ネガティブ・フィードバックを行うことは，フィードバックを与える側と受ける側双方に抵抗を生じさせる。中原（2017）は，ネガティブ・フィードバックを行う際には，相手の成長を願い，相手の意思を尊重する姿勢が大事であり，マネジャーの主観や解釈，評価をフィードバック初期の段階では入れないことが重要であると指摘している[21]。また，フィードバックを行う際には，フィードバックを受ける側が，その内容を納得するために，評価の指標を明確にすることも必要になる。本書では，進歩感を高めるためのリーダーの行動内容をフィードバックと捉え，ポジティブ・フィードバックとネガティブ・フィードバックに関連した5つの質問項目から進歩感を高める行動を測定することにした。

表6-9　進歩感を高める行動の質問項目

質問番号	質問内容
3－10	上司は，あなたの心の支えになってくれる。
3－13	上司は，あなたの仕事について，まず良い点を伝えてから問題点を指摘する。
3－17	上司は，あなたの成長を素直に誉めてくれる。
3－18	上司は，あなたの仕事の成功，失敗に関わらず，まずは労をねぎらってくれる。
3－19	上司は，普段の仕事の中で，あなたが成長したと感じる部分を伝えてくれる。

6－2－3　創造性発揮の質問項目

　本書では，従業員の心理的エンパワーメントが高まった成果として，創造性発揮と能力発揮の2つを取り上げている。創造性発揮という用語に関しては，明確な定義があるわけではない。しかし，多くの研究で共通した見解は，既存のルールやプログラム，価値前提そのものを疑い，新しいルールやプログラム，価値前提を作り上げるということである[22]。本書でも，このような意味から創造性発揮を捉え，それに基づいた質問項目を作成することにした。

　具体的には，高石・古川（2008）の研究を参考にして[23]，①問題発見と解決，②重要情報行動，③顧客優先行動，④発案と提案といった4つの次元から，創造性発揮の質問項目を作成することにした。この中で，問題発見と解決，重要情報行動，顧客優先行動の3つは，個人が仕事や方策等に改善，改革をもたらす過程における行動を示しており，発案と提案は，個人レベルから組織レベルに革新的提案を推進する過程における行動を示している。なお，以下で示すすべての質問項目は，"まったくちがう（1）"，"かなりちがう（2）"，"ややちがう（3）"，"ややそのとおり（4）"，"かなりそのとおり（5）"，"まったくそのとおり（6）"までの6段階評定尺度である。

表6－10　問題発見と解決の質問項目

質問番号	質問内容
4－7	あなたは，仕事上の問題を効率的に解決している。
4－18	あなたは，仕事をより効率的に進めている。
4－22	あなたは，仕事の課題・問題点を明確にしている。
4－25	あなたは，日々改善しながら仕事を進めている。

表6-11　重要情報行動の質問項目

質問番号	質問内容
6-1	あなたは，業務遂行に必要な情報を収集している。
6-3	あなたは，会社や職場に関連した情報を集めている。
6-9	あなたは，会社や仕事に必要と考える分野を勉強している。
6-16	あなたは，業界や競合企業などに関する知識を深めている。

表6-12　顧客優先行動の質問項目

質問番号	質問内容
6-6	あなたは，お客様や関連部署の立場に立った意見を出している。
6-10	あなたは，お客様や関連部署を優先した考えをしている。
6-11	あなたは，お客様や関連部署の要求や興味を踏まえて対応している。
6-12	あなたは，お客様や関連部署からニーズや不満をよく聞いている。

表6-13　発案と提案の質問項目

質問番号	質問内容
4-29	あなたは，新規プロジェクトや仕事のやり方の改革へのアイディアをはっきりと提案している。
6-14	あなたは，より効果的なやり方を思いつく。
6-21	あなたは，より良い方法を考えつく。
6-22	あなたは，今までにないアイディアを出している。

118

6－2－4　能力発揮の質問項目

　もう1つの目的変数である能力発揮は，個人の内部面に焦点を当てている。従業員の心理的エンパワーメントを高めることは，創造性発揮を促すだけではない。これまでに蓄積された心理的エネルギーの活用機会を生み出し，人間が本来持っているスキルや能力を開花させることに貢献する。こうした潜在的に備わっているスキルや能力を開放することが能力発揮の意味であり，本書では，自らが成長しているという内面的実感に焦点を当て，能力発揮の質問項目を作成することにした[24]。

　なお，以下で示す質問項目は，"まったくちがう（1）"，"かなりちがう（2）"，"ややちがう（3）"，"ややそのとおり（4）"，"かなりそのとおり（5）"，"まったくそのとおり（6）"までの6段階評定尺度である。

表6－14　能力発揮の質問項目

質問番号	質問内容
4－3	あなたは，今の仕事で自分の能力を十分に発揮できている。

6－2－5　行動特性の質問項目

　本書では，従業員の行動特性を，①受動忠実型，②能動忠実型，③プロアクティブ型といった3つのタイプから捉えることにしている。これらは，いずれも松山（2016）の研究に依拠したものである[25]。松山（2016）の研究では，これら概念の操作化の作業が行われ，行動特性を測定するための具体的な質問項目が示されていた。

　そして，本書でも，松山（2016）の質問項目をそのまま引用し，行動特性を測定することにした。なお，松山（2016）の研究では，"非常にそう思う"から"全くそう思わない"までの5段階評定尺度で測定されていたが，本書では"まったくちがう（1）"，"かなりちがう（2）"，"ややちがう（3）"，"ややそのとおり（4）"，"かなりそのとおり（5）"，"まったくそのとおり（6）"までの6段階評定尺度で測定することにした。

表6－15　受動忠実型の質問項目

質問番号	質問内容
5－5	あなたは，上司の指示を待って行動している。
5－13	あなたは，上司に対しては謙虚である。
5－15	あなたは，上司あっての自分と心得ている。
5－16	あなたは，上司の意見に納得した上で行動している。
5－20	あなたは，上司の意見や考えを否定しない。
5－21	あなたは，上司に対して従順である。
5－22	あなたは，上司に対して献身的に考え行動している。
5－23	あなたは，上司に忠実である。
5－24	あなたは，上司を信頼している。

表6－16　能動忠実型の質問項目

質問番号	質問内容
5－2	あなたは，上司に対してきちんとした言葉遣いをしている。
5－3	あなたは，上司に対して虚偽の発言をしない。
5－4	あなたは，上司から受けた指示や注意は1回で理解する。
5－6	あなたは，上司に対する連絡・報告・相談を大切にしている。
5－7	あなたは，上司から与えられた役割を受け入れている。
5－9	あなたは，上司に対して知ったかぶりはしない。
5－10	あなたは，上司にわからないことはわからないと言うようにしている。
5－11	あなたは，上司に対する自分の立場をわきまえている。
5－18	あなたは，上司の質問に対して返事が早い。
5－19	あなたは，上司に対して，報告・連絡・相談を行いながら，臨機応変，柔軟な対応をしている。
5－27	あなたは，上司が一から十まで指示しなくても動くことができる。
5－29	あなたは，問題やミスをすぐに上司に報告している。

表6－17　プロアクティブ型の質問項目

質問番号	質問内容
5－1	あなたは，上司が考え付かない新しいことに常に前向きに行動している。
5－8	あなたは，上司の期待を超えた行動をしている。
5－12	あなたは，上司をフォローするために状況把握や準備を常にしている。
5－14	あなたは，上司に対して良い影響を及ぼしている。
5－17	あなたは，上司の右腕である。
5－25	あなたは，上司に対して，部下である自分に何ができるかを追求している。
5－26	あなたは，上司が示した枠を超えて果敢にチャレンジする。
5－28	あなたは，上司に対して影響力を発揮して成果を出そうとしている。

6－2－6　性格特性の質問項目

　本書では，性格特性を測定する5因子モデル（情緒不安定性，外向性，開放性，調和性，誠実性）の中でも開放性に焦点を当てている。日本において，5因子モデルを測定する尺度として，特に多く用いられているものは，和田（1996）のBig Five 尺度である[26]。この尺度は，各因子12項目計60の形容詞から構成されており，文章を用いた尺度よりも構造が比較的安定して抽出されやすいことに特徴がある[27]。

　一方で，和田が開発した尺度は項目数が多く，他の変数の質問項目と併用した場合に，回答者の負担が大きくなるという課題が存在していた。こうした課題に取り組み，新たに開発されたものが，並川・谷・脇田・熊谷・中根・野口（2012）の短縮版 Big Five 尺度である。

　彼らが開発した尺度は，情緒不安定性5項目，外向性5項目，開放性6項目，調和性6項目，誠実性7項目の計29項目であり，和田（1996）の尺度と比べて項目数が半分未満となっており，回答者の負担軽減に大きく寄与している。

　また，これら尺度については，因子構造，信頼性係数，外在基準との相関係

数などの結果によって，和田（1996）の尺度と遜色のない短縮版であることが確認されている。そのため，本書においても，回答者の負担を考慮に入れ，並川・谷・脇田・熊谷・中根・野口（2012）の短縮版 Big Five 尺度から性格特性（開放性）を測定することにした。なお，以下で示す質問項目は，"まったくちがう（1）"，"かなりちがう（2）"，"ややちがう（3）"，"ややそのとおり（4）"，"かなりそのとおり（5）"，"まったくそのとおり（6）"までの6段階評定尺度で測定している。

| 表6－18 | 開放性の質問項目 |

質問番号	質問内容
6－2	あなたは，好奇心が強い。
6－4	あなたは，頭の回転が早い。
6－7	あなたは，独創的である。
6－8	あなたは，進歩的である。
6－13	あなたは，多才である。
6－20	あなたは，興味が広い。

6－3　因子分析

　ここでは，日本企業の従業員を対象にしたアンケート調査によって収集されたデータに基づいて，因子分析を実施した結果について述べてみたい。

6－3－1　因子分析の方法

　本書では，質問項目の天井効果，フロア効果を確認した上で，①探索的因子分析，②確認的因子分析といった2つの因子分析を行うことにした。天井効果，フロア効果は，平均値（M）＋標準偏差（SD），平均値（M）－標準偏差（SD）で判断し，「天井効果あり」，「フロア効果あり」と確認された質問項目

を除外することにした。

　探索的因子分析は，アンケート調査によって収集したデータが，どのような因子構造であるかを探索するために行った（最尤法，プロマックス回転）。具体的な手法としては，固有値1以上を因子抽出基準として，因子負荷量が0.4未満もしくは複数因子に0.4以上の値を示す質問項目を削除し，単純構造になるまで探索的因子分析を実施することにした。また，各変数を構成する質問項目に対しては，α係数を算出し，その結果によって，質問項目を削除するか否かを判断することにした。なお，α係数は0.7以上を基準とした。

　そして，探索的因子分析の結果に基づいて確認的因子分析を行い，モデルとデータの適合度を確認した。なお，モデルの適合度指標は，GFI，AGFI，CFI，RMSEAを用いることにした[28]。また，モデルの適合度指標が十分な値を示さなかった場合には，各因子の潜在変数から観測変数への標準化係数で，相対的に低い値を示した項目を削除して，再度，確認的因子分析を実施することにした。

6－3－2　共通方法バイアス（common method bias）

　本書のデータは，すべての構成概念について，単一のサンプルから収集された。そのため，共通方法バイアス（common method bias）が生じているおそれがあった。そこで，本書では，Harmanの単一因子テストを行うことにした[29]。具体的には，全観測変数に対して探索的因子分析（最尤法，回転なし）を行った[30]。分析の結果，固有値が1以上の16の因子が抽出された。これら16の因子で説明される全観測変数の分散の割合は，71.61％であり，第1因子のみによって説明される全観測変数の割合は28.26％であった。第1因子によって説明される全観測変数の分散の割合が過半数を超えていなかったため，本書において共通方法バイアスの問題は深刻ではないことが明らかとなった。

　さらに，本書では，共通方法バイアスの問題を回避するための手段として，質問項目はランダムに並べることにした。こうした方法を採用した理由は，回答者が無意識のうちに一貫性を維持したいという思い，自分をよく見せたいというバイアスを回避するためである[31]。

6－3－3　質問項目の回答分布

　本書で作成した質問項目は計94項目であり，このすべての質問項目に対し
て，天井効果，フロア効果を確認した。その結果は以下の通りである（表6－
19から表6－24）。なお，表6－19から表6－24で示した質問番号は実際の
調査で行った質問番号である。

表6－19　質問項目の回答分布（エンパワリング・リーダーシップ）

	6（%）	5（%）	4（%）	3（%）	2（%）	1（%）	M	SD
Q3－1	35 (11.8)	69 (23.2)	119 (40.1)	34 (11.4)	29 (9.8)	11 (3.7)	4.05	1.24
Q3－2	48 (16.2)	74 (24.9)	106 (35.7)	31 (10.4)	22 (7.4)	16 (5.4)	4.16	1.32
Q3－3	63 (21.2)	84 (28.3)	96 (32.3)	33 (11.1)	12 (4.0)	9 (3.0)	4.42	1.22
Q3－4	36 (12.1)	68 (22.9)	100 (33.7)	52 (17.5)	22 (7.4)	19 (6.4)	3.96	1.32
Q3－5	30 (10.1)	69 (23.2)	107 (36.0)	49 (16.5)	31 (10.4)	11 (3.7)	3.95	1.24
Q3－6	43 (14.5)	74 (24.9)	99 (33.3)	48 (16.2)	20 (6.7)	13 (4.4)	4.11	1.28
Q3－7	26 (8.8)	81 (27.3)	112 (37.7)	56 (18.9)	14 (4.7)	8 (2.7)	4.08	1.11
Q3－8	17 (5.7)	52 (17.5)	99 (33.3)	78 (26.3)	32 (10.8)	19 (6.4)	3.62	1.23
Q3－9	19 (6.4)	58 (19.5)	104 (35.0)	64 (21.5)	32 (10.8)	20 (6.7)	3.69	1.27
Q3－10	30 (10.1)	44 (14.8)	89 (30.0)	74 (24.9)	30 (10.1)	30 (10.1)	3.60	1.39
Q3－11	44 (14.8)	73 (24.6)	110 (37.0)	33 (11.1)	21 (7.1)	16 (5.4)	4.13	1.30
Q3－12	71 (23.9)	114 (38.4)	86 (29.0)	19 (6.4)	6 (2.0)	1 (0.3)	4.75	0.98
Q3－13	24 (8.1)	52 (17.5)	114 (38.4)	68 (22.9)	25 (8.4)	14 (4.7)	3.80	1.20
Q3－14	31 (10.4)	66 (22.2)	110 (37.0)	54 (18.2)	21 (7.1)	15 (5.1)	3.96	1.25
Q3－15	39 (13.1)	85 (28.6)	111 (37.4)	38 (12.8)	15 (5.1)	9 (3.0)	4.23	1.16
Q3－16	31 (10.4)	79 (26.6)	117 (39.4)	49 (16.5)	10 (3.4)	11 (3.7)	4.13	1.14
Q3－17	32 (10.8)	64 (21.5)	113 (38.0)	57 (19.2)	17 (5.7)	14 (4.7)	3.98	1.22
Q3－18	35 (11.8)	72 (24.2)	107 (36.0)	50 (16.8)	17 (5.7)	16 (5.4)	4.03	1.26
Q3－19	19 (6.4)	50 (16.8)	93 (31.3)	86 (29.0)	32 (10.8)	17 (5.7)	3.62	1.23
Q3－20	21 (7.1)	53 (17.8)	108 (36.4)	80 (26.9)	20 (6.7)	15 (5.1)	3.76	1.18
Q3－21	37 (12.5)	76 (25.6)	107 (36.0)	41 (13.8)	23 (7.7)	13 (4.4)	4.08	1.26
Q3－22	23 (7.7)	76 (25.6)	104 (35.0)	62 (20.9)	16 (5.4)	16 (5.4)	3.93	1.21

124

表 6 - 20　質問項目の回答分布（心理的エンパワーメント）

	6 (%)	5 (%)	4 (%)	3 (%)	2 (%)	1 (%)	M	SD
Q4 - 1	21 (7.1)	71 (23.9)	113 (38.0)	50 (16.8)	33 (11.1)	9 (3.0)	3.90	1.18
Q4 - 2	30 (10.1)	96 (32.3)	119 (40.1)	40 (13.5)	9 (3.0)	3 (1.0)	4.30	0.99
Q4 - 4	8 (2.7)	37 (12.5)	119 (40.1)	96 (32.3)	25 (8.4)	12 (4.0)	3.57	1.03
Q4 - 5	16 (5.4)	70 (23.6)	124 (41.8)	64 (21.5)	14 (4.7)	9 (3.0)	3.94	1.06
Q4 - 6	16 (5.4)	65 (21.9)	111 (37.4)	67 (22.6)	25 (8.4)	13 (4.4)	3.80	1.16
Q4 - 9	10 (3.4)	46 (15.5)	116 (39.1)	75 (25.3)	27 (9.1)	23 (7.7)	3.56	1.18
Q4 - 10	42 (14.1)	82 (27.6)	124 (41.8)	33 (11.1)	14 (4.7)	2 (0.7)	4.33	1.04
Q4 - 11	27 (9.1)	38 (12.8)	92 (31.0)	83 (27.9)	33 (11.1)	24 (8.1)	3.56	1.32
Q4 - 12	17 (5.7)	38 (12.8)	178 (59.9)	45 (15.2)	16 (5.4)	3 (1.0)	3.95	0.91
Q4 - 13	13 (4.4)	69 (23.2)	131 (44.1)	55 (18.5)	26 (8.8)	3 (1.0)	3.93	1.01
Q4 - 14	11 (3.7)	52 (17.5)	109 (36.7)	85 (28.6)	30 (10.1)	10 (3.4)	3.66	1.09
Q4 - 15	18 (6.1)	53 (17.8)	120 (40.4)	69 (23.2)	24 (8.1)	13 (4.4)	3.77	1.15
Q4 - 16	8 (2.7)	54 (18.2)	136 (45.8)	64 (21.5)	29 (8.8)	6 (2.0)	3.76	1.01
Q4 - 17	19 (6.4)	68 (22.9)	132 (44.4)	51 (17.2)	15 (5.1)	12 (4.0)	3.96	1.10
Q4 - 19	21 (7.1)	65 (21.9)	143 (48.1)	46 (15.5)	10 (3.4)	12 (4.0)	4.02	1.07
Q4 - 21	14 (4.7)	62 (20.9)	121 (40.7)	66 (22.2)	23 (7.7)	11 (3.7)	3.81	1.11
Q4 - 23	15 (5.1)	57 (19.2)	150 (50.5)	56 (18.9)	13 (4.4)	6 (2.0)	3.96	0.97
Q4 - 27	19 (6.4)	77 (25.9)	133 (44.8)	47 (15.8)	16 (5.4)	5 (1.7)	4.07	1.01
Q4 - 28	34 (11.4)	85 (28.6)	139 (46.8)	31 (10.4)	6 (2.0)	2 (0.7)	4.35	0.93
Q6 - 5	6 (2.0)	38 (12.8)	104 (35.0)	94 (31.6)	34 (11.4)	21 (7.1)	3.40	1.13

表６−21　質問項目の回答分布（創造性発揮）

	6（％）	5（％）	4（％）	3（％）	2（％）	1（％）	M	SD
Q4−7	16（5.4）	60（20.2）	138（46.5）	59（19.9）	21（7.1）	3（1.0）	3.94	0.99
Q4−18	14（4.7）	72（24.2）	140（47.1）	56（18.9）	11（3.7）	4（1.3）	4.03	0.94
Q4−22	11（3.7）	72（24.2）	155（52.2）	53（17.8）	5（1.7）	1（0.3）	4.09	0.81
Q4−25	8（2.7）	58（19.5）	165（55.6）	57（19.2）	8（2.7）	1（0.3）	3.99	0.79
Q4−29	13（4.4）	41（13.8）	106（35.7）	97（32.7）	26（8.8）	14（4.7）	3.58	1.11
Q6−1	26（8.8）	108（36.4）	140（47.1）	22（7.4）	1（0.3	0（0.0）	4.46	0.77
Q6−3	19（6.4）	72（24.2）	137（46.1）	61（20.5）	8（2.7）	0（0.0）	4.11	0.89
Q6−6	22（7.4）	77（25.9）	146（49.2）	43（14.5）	9（3.0）	0（0.0）	4.20	0.88
Q6−9	16（5.4）	34（11.4）	144（48.5）	82（27.6）	11（3.7）	10（3.4）	3.77	1.11
Q6−10	20（6.7）	74（24.9）	170（57.2）	30（10.1）	2（0.7）	1（0.3）	4.26	0.78
Q6−11	20（6.7）	81（27.3）	168（56.6）	23（7.7）	4（1.3）	1（0.3）	4.29	0.78
Q6−12	17（5.7）	83（27.9）	146（49.2）	42（14.1）	8（2.7）	1（0.3）	4.19	0.86
Q6−14	11（3.7）	35（11.8）	122（41.1）	87（29.3）	36（12.1）	6（2.0）	3.60	1.03
Q6−16	9（3.0）	42（14.1）	124（41.8）	83（17.9）	29（9.8）	10（3.4）	3.63	1.04
Q6−21	10（3.4）	41（13.8）	120（40.4）	99（33.3）	22（7.4）	5（1.7）	3.67	0.97
Q6−22	6（2.0）	23（7.7）	92（31.0）	117（39.4）	46（15.5）	13（4.4）	3.28	1.02

表６−22　質問項目の回答分布（能力発揮）

	6（％）	5（％）	4（％）	3（％）	2（％）	1（％）	M	SD
Q4−3	11（3.7）	57（19.2）	141（47.5）	56（18.9）	19（6.4）	13（4.4）	3.82	1.07

| 表6－23 | 質問項目の回答分布（行動特性） |

	6（%）	5（%）	4（%）	3（%）	2（%）	1（%）	M	SD
Q5－1	11（3.7）	23（7.7）	122（41.1）	108（36.4）	24（8.1）	9（3.0）	3.54	0.98
Q5－2	41（13.8）	92（31.0）	125（42.1）	30（10.1）	6（2.0）	3（1.0）	4.41	0.98
Q5－3	95（32.0）	106（35.7）	80（26.9）	12（4.0）	3（1.0）	1（0.3）	4.93	0.94
Q5－4	33（11.1）	98（33.0）	109（36.7）	47（15.8）	10（3.4）	0（0.0）	4.33	0.98
Q5－5	10（3.4）	25（8.4）	64（21.5）	124（41.8）	50（16.8）	24（8.1）	3.15	1.11
Q5－6	60（20.2）	107（36.0）	111（37.4）	16（5.4）	3（1.0）	0（0.0）	4.69	0.88
Q5－7	46（15.5）	105（35.4）	123（41.4）	16（5.4）	4（1.3）	3（1.0）	4.55	0.93
Q5－8	7（2.4）	35（11.8）	105（35.4）	119（40.1）	21（7.1）	10（3.4）	3.52	0.98
Q5－9	72（24.2）	95（32.0）	109（36.7）	19（6.4）	2（0.7）	0（0.0）	4.73	0.92
Q5－10	84（28.3）	121（40.7）	81（27.3）	9（3.0）	2（0.7）	0（0.0）	4.93	0.85
Q5－11	59（19.9）	114（38.4）	109（36.7）	11（3.7）	3（1.0）	1（0.3）	4.71	0.88
Q5－12	18（6.1）	80（26.9）	128（43.1）	61（20.5）	8（2.7）	2（0.7）	4.11	0.93
Q5－13	40（13.5）	89（30.0）	125（42.1）	34（11.4）	7（2.4）	2（0.7）	4.39	0.98
Q5－14	10（3.4）	28（9.4）	159（53.5）	79（26.6）	19（6.4）	2（0.7）	3.75	0.86
Q5－15	25（8.4）	50（16.8）	106（35.7）	70（23.6）	29（9.8）	17（5.7）	3.73	1.25
Q5－16	22（7.4）	84（28.3）	118（39.7）	53（17.8）	15（5.1）	5（1.7）	4.10	1.05
Q5－17	9（3.0）	23（7.7）	82（27.6）	88（29.6）	54（18.2）	41（13.8）	3.06	1.26
Q5－18	17（5.7）	72（24.2）	146（49.2）	51（17.2）	10（3.4）	1（0.3）	4.11	0.89
Q5－19	28（9.4）	80（26.9）	156（52.5）	29（9.8）	4（1.3）	0（0.0）	4.33	0.83
Q5－20	22（7.4）	64（21.5）	112（37.7）	76（25.6）	18（6.1）	5（1.7）	3.94	1.07
Q5－21	16（5.4）	60（20.2）	137（46.1）	61（20.5）	17（5.7）	6（2.0）	3.93	1.01
Q5－22	13（4.4）	59（19.9）	156（52.5）	55（18.5）	10（3.4）	4（1.3）	3.99	0.91
Q5－23	15（5.1）	67（22.6）	147（49.5）	50（16.8）	13（4.4）	5（1.7）	4.02	0.96
Q5－24	55（18.5）	73（24.6）	106（35.7）	30（10.1）	17（5.7）	16（5.4）	4.24	1.32
Q5－25	12（4.0）	54（18.2）	137（46.1）	67（22.6）	20（6.7）	7（2.4）	3.83	1.01
Q5－26	12（4.0）	41（13.8）	129（43.4）	91（30.6）	17（5.7）	7（2.4）	3.73	0.98
Q5－27	39（13.1）	111（37.4）	119（40.1）	24（8.1）	2（0.7）	2（0.7）	4.52	0.89
Q5－28	17（5.7）	58（19.5）	141（47.5）	63（21.2）	14（4.7）	4（1.3）	3.96	0.97
Q5－29	62（20.9）	103（34.7）	112（37.7）	19（6.4）	1（0.3）	0（0.0）	4.69	0.88

| 表6－24 | 質問項目の回答分布（性格特性） |

	6 (%)	5 (%)	4 (%)	3 (%)	2 (%)	1 (%)	M	SD
Q6－2	32 (10.8)	76 (25.6)	122 (41.1)	53 (17.8)	12 (4.0)	2 (0.7)	4.19	1.02
Q6－4	8 (2.7)	40 (13.5)	91 (30.6)	101 (34.0)	44 (14.8)	13 (4.4)	3.42	1.11
Q6－7	10 (3.4)	26 (8.8)	73 (24.6)	129 (43.4)	50 (16.8)	9 (3.0)	3.29	1.05
Q6－8	8 (2.7)	30 (10.1)	115 (38.7)	109 (36.7)	30 (10.1)	5 (1.7)	3.54	0.95
Q6－13	7 (2.4)	17 (5.7)	59 (19.9)	114 (38.4)	68 (22.9)	32 (10.8)	2.94	1.14
Q6－20	28 (9.4)	56 (18.9)	100 (33.7)	85 (28.6)	22 (7.4)	6 (2.0)	3.88	1.14

　ここで用いた質問項目において，平均値＋標準偏差が6（最大値）を超える項目，あるいは，平均値－標準偏差が1（最低値）を下回る項目は存在しなかった。全質問項目において，天井効果，フロア効果が確認されなかったことから，質問項目を除外することなく以降の分析を実施することにした。

6－3－4　探索的因子分析の結果
　モデルの主要な変数である，①エンパワリング・リーダーシップ，②心理的エンパワーメント，③創造性発揮，④行動特性に関する探索的因子分析の結果は以下の通りである（表6－25から表6－28）。なお，能力発揮は質問項目が1つであり，性格特性（開放性）は，当初想定した通り1因子構造であったため，ここでは結果を記載していない。

表6－25　探索的因子分析の結果（エンパワリング・リーダーシップ）

	質問項目	第1因子	第2因子
Q3－1	上司は，あなたにない新たな視点を与えてくれる。	－.124	.979
Q3－2	上司は，あなたにはない専門的知識やスキル，ノウハウを提供してくれる。	－.179	.999
Q3－3	上司は，仕事の相談にのってくれる。	.273	.570
Q3－4	上司は，自分が模範を示し，部下たちをリードしてくれる。	.124	.760
Q3－5	上司は，部下たちに期待することを，しばしば語ってくれる。	.274	.564
Q3－6	上司は，部下たちに仕事を任せっぱなしにせず，仕事の相談にのってくれる。	.335	.524
Q3－7	上司は，あなたの能力より少し高い仕事を任せてくれる。	.165	.582
Q3－8	上司は，あなたの仕事が，あなたにとって，どれだけ意味があるかを説明してくれる。	.362	.518
Q3－9	上司は，あなたの仕事が，会社や職場にとって，どれだけ意味があるかを説明してくれる。	.259	.592
Q3－16	上司は，あなたの仕事について客観的な意見を言ってくれる。	.393	.492
Q3－21	上司は，必要な情報を提供してくれる。	.396	.447
Q3－11	上司は，部下たちが自分の意見をいえるチャンスをたびたび与えてくれる。	.555	.307
Q3－12	上司は，基本的にあなたの仕事を任せてくれる。	.595	-.055
Q3－13	上司は，あなたの仕事について，まず良い点を伝えてから問題点を指摘する。	.786	.053
Q3－15	上司は，部下たちから出されたアイディアや提案に耳を傾けてくれる。	.527	.291
Q3－17	上司は，あなたの成長を素直に誉めてくれる。	.838	.056
Q3－18	上司は，あなたの仕事の成功，失敗に関わらず，まずは労をねぎらってくれる。	.959	－.084
Q3－19	上司は，普段の仕事の中で，あなたが成長したと感じる部分を伝えてくれる。	.856	.045
Q3－20	上司は，あなた自身をふり返る機会を与えてくれる。	.691	.219

　エンパワリング・リーダーシップは，2因子構造（計19項目）であった。第1因子は，自己決定感を高める行動と進歩感を高める行動から構成されていた。そのため，従業員の自律性を促す行動と命名することにした。第2因子は，有意味感を高める行動とコンピタンスを高める行動から構成されており，マネジャーの支援的行動と命名することにした。

　また，信頼性分析の結果は，第1因子 = .941，第2因子 = .956 であり，十分な値を示していた。そのため，エンパワリング・リーダーシップは，上記の因子構造を採用することにした。なお，2つの因子間の相関係数は（r = .807）であった。

表6 - 26　探索的因子分析の結果（心理的エンパワーメント）

	質問項目	第1因子	第2因子	第3因子
Q4 - 5	あなたの仕事は，価値ある目的に貢献している。	.630	.065	.162
Q4 - 9	あなたの仕事は，あなたに喜びと満足を与えてくれる。	.808	.035	− .125
Q4 - 11	あなたは，あなたの仕事がつまらなく思えて仕方ないことがある。（逆転項目）	.583	.014	.010
Q4 - 17	あなたの仕事は，あなたにとって意味ある仕事である。	.996	-.078	− .067
Q4 - 19	あなたは，仕事で成長していると思う。	.763	-.070	.116
Q4 - 28	あなたは，今やっている自分の仕事を大切にしている。	.612	.118	.059
Q4 - 14	あなたは，今のあなたの仕事で必要なスキルをマスターしている。	− .010	.455	.158
Q4 - 16	あなたの仕事は，順調に進んでいる。	.185	.787	− .126
Q4 - 23	あなたは，今の仕事をうまくこなしている。	− .170	.904	.025
Q6 - 5	あなたは，現在，物事がうまくいっていると感じている。	.128	.652	.022
Q4 - 2	上司の指示がなくても，あなたの判断で仕事を進めることができる。	− .019	.088	.703
Q4 - 27	仕事の手順や方法は，あなたの判断で変えることができる。	.041	− .040	.642

130

表6-27　探索的因子分析の結果（創造性発揮）

	質問項目	第1因子	第2因子	第3因子	第4因子
Q6-6	あなたは，お客様や関連部署の立場に立った意見を出している。	.519	.139	.100	.017
Q6-10	あなたは，お客様や関連部署を優先した考えをしている。	.948	-.044	-.048	-.088
Q6-11	あなたは，お客様や関連部署の要求や興味を踏まえて対応している。	.835	-.029	-.004	.019
Q6-12	あなたは，お客様や関連部署からニーズや不満をよく聞いている。	.625	-.086	.033	.074
Q4-7	あなたは，仕事上の問題を効率的に解決している。	.008	.804	.098	-.123
Q4-18	あなたは，仕事をより効率的に進めている。	-.130	.894	.004	-.002
Q4-22	あなたは，仕事の課題・問題点を明確にしている。	.164	.442	.104	.095
Q6-14	あなたは，より効果的なやり方を思いつく。	-.018	.195	.725	-.038
Q6-21	あなたは，より良い方法を考えつく。	.086	.049	.808	.003
Q6-22	あなたは，今までにないアイディアを出している。	-.044	-.045	.728	.162
Q6-1	あなたは，業務遂行に必要な情報を収集している。	.080	.358	-.204	.557
Q6-3	あなたは，会社や職場に関連した情報を集めている。	.061	.004	-.010	.743
Q6-9	あなたは，会社や仕事に必要と考える分野を勉強している。	-.056	-.082	.113	.690
Q6-16	あなたは，業界や競合企業などに関する知識を深めている。	-.042	-.165	.286	.483

　心理的エンパワーメントは，3因子構造（計12項目）であった。第1因子と第2因子，第3因子は，それぞれ有意味感，コンピタンス，自己決定感に関する質問項目で構成されていた。なお，進歩感については抽出されない結果となった。進歩感は，自らの行動結果を受けての心理状態を表している。そのため，今現在行っている仕事に対して結果が出ていない場合，従業員が進歩感を感じることはない。本書の調査において進歩感が抽出されなかったのは，こうした理由からであろう。

　信頼性分析の結果は，第1因子 = .881，第2因子 = .809，第3因子 = .715であった。第3因子の α 係数は，相対的に低い結果となった。これは，質問項目が2項目と少ないことが理由であったと考えられる。しかし，基準値となる 0.7 を超えていたため，問題ないと判断し，心理的エンパワーメントは，上記の因子構造を採用することにした。また，各因子間の相関係数は，第1因子と第2因子（r=.592），第1因子と第3因子（r=.507），第2因子と第3因子（r=.512）であった。

　創造性発揮は，当初想定した通り4因子構造（計14項目）であった。第1因子から第4因子は，それぞれ顧客優先行動，問題発見と解決，発案と提案，重要情報行動に関する質問項目で構成されていた。

　信頼性分析の結果は，第1因子 = .825，第2因子 = .794，第3因子 = .858，第4因子 = .743であり，十分な値を示していた。そのため，創造性発揮は，上記の因子構造を採用することにした。なお，各因子間の相関係数は，第1因子と第2因子（r=.467），第1因子と第3因子（r=.457），第1因子と第4因子（r=.577），第2因子と第3因子（r=.577），第2因子と第4因子（r=.507），第3因子と第4因子（r=.538）であった。

表6−28 探索的因子分析の結果（行動特性）

	質問項目	第1因子	第2因子	第3因子
Q5−5	あなたは、上司の指示を待って行動している。	.468	−.120	−.141
Q5−13	あなたは、上司に対しては謙虚である。	.498	−.059	.273
Q5−15	あなたは、上司あっての自分と心得ている。	.716	.139	−.168
Q5−16	あなたは、上司の意見に納得した上で行動している。	.592	.152	.087
Q5−20	あなたは、上司の意見や考えを否定しない。	.710	−.155	.094
Q5−21	あなたは、上司に対して従順である。	.923	−.188	.007
Q5−22	あなたは、上司に対して献身的に考え行動している。	.768	.162	−.002
Q5−23	あなたは、上司に忠実である。	.877	.004	.015
Q5−24	あなたは、上司を信頼している。	.547	.166	.033
Q5−1	あなたは、上司が考え付かない新しいことに常に前向きに行動している。	−.154	.685	−.065
Q5−8	あなたは、上司の期待を超えた行動をしている。	.006	.742	−.054
Q5−12	あなたは、上司をフォローするために状況把握や準備を常にしている。	.088	.535	.206
Q5−14	あなたは、上司に対して良い影響を及ぼしている。	.127	.652	.027
Q5−17	あなたは、上司の右腕である。	.205	.685	−.216
Q5−18	あなたは、上司の質問に対して返事が早い。	−.086	.464	.337
Q5−26	あなたは、上司が示した枠を超えて果敢にチャレンジする。	−.008	.805	−.111
Q5−27	あなたは、上司から十まで指示しなくても動くことができる。	−.290	.622	.306

Q5－28	あなたは，上司に対して影響力を発揮して成果を出そうとしている。	.026	.746	-.066
Q5－2	あなたは，上司に対してきちんとした言葉遣いをしている。	.261	-.001	.421
Q5－3	あなたは，上司に対して虚偽の発言をしない。	.091	-.073	.722
Q5－4	あなたは，上司から受けた指示や注意は1回で理解する。	-.112	.276	.524
Q5－6	あなたは，上司に対する連絡・報告・相談を大切にしている。	.238	.050	.544
Q5－9	あなたは，上司に対して知ったかぶりはしない。	-.160	-.142	.901
Q5－10	あなたは，上司にわからないことはわからないと言うようにしている。	-.155	-.085	.819
Q5－11	あなたは，上司に対する自分の立場をわきまえている。	.262	-.081	.564
Q5－29	あなたは，問題やミスをすぐに上司に報告している。	.097	.118	.617

　行動特性は，当初想定した通り3因子構造（計26項目）であった。第1因子
から第3因子は，それぞれ受動忠実型，能動忠実型，プロアクティブ型に関す
る質問項目で構成されていた。

　信頼性分析の結果は，第1因子＝.885，第2因子＝.879，第3因子＝.864で
あり，十分な値を示していた。そのため，行動特性は，上記の因子構造を採用
することにした。また，各因子間の相関係数は，第1因子と第2因子（r＝.346），
第1因子と第3因子（r＝.307），第2因子と第3因子（r＝.342）であった。

6－3－5　確認的因子分析の結果

　次に，探索的因子分析の結果に基づいて確認的因子分析を実施した。確認的
因子分析の目的は，モデルとデータの適合度を確認することである。確認的因
子分析は，エンパワリング・リーダーシップ，心理的エンパワーメント，創造
性発揮といった本書のモデル内で示される3つの変数に対して行い[32]，表6
－29に示した通りの結果が得られた。

表6－29　確認的因子分析の結果

	GFI	AGFI	CFI	RMSEA
エンパワリング・リーダーシップ	.908	.864	.940	.088
心理的エンパワーメント	.919	.875	.938	.083
創造性発揮	.912	.870	.929	.079

　各変数いずれにおいても，GFI，CFIは基準となる0.9を超えていた。AGFI
は，基準となる0.9を超えていなかったものの，それに近い値を示していたた
め，問題ないと判断した。一方で，RMSEAの値は高く，基準となる0.05を
超える結果となった。しかしながら，各変数の90％信頼区間は，エンパワリ
ング・リーダーシップ（90％上限＝.097，90％下限＝.080），心理的エンパワーメ
ント（90％上限＝.098，90％下限＝.068），創造性発揮（90％上限＝.092，90％下限
＝.066）であった。上限はいずれも基準値となる0.1未満であったため問題な

いと判断した。以上の結果から，本書では，探索的因子分析によって得られた
各変数（エンパワリング・リーダーシップ，心理的エンパワーメント，創造性発揮）
の因子構造を採用し（表6－30），各変数から構成されるモデルを用いて，次
章以降の仮説検証を行うことにした[33]。

表6－30　各変数の因子構造

エンパワリング・ リーダーシップ	心理的 エンパワーメント	創造性発揮
従業員の自律性を 促す行動（8項目）	有意味感 （6項目）	問題発見と解決 （3項目）
マネジャーの支援的行動 （11項目）	自己決定感 （2項目）	重要情報行動 （4項目）
	コンピタンス （4項目）	顧客優先行動 （4項目）
		発案と提案 （3項目）

6－4　本章のまとめ

　本章では，仮説検証のための準備作業として，①本書で用いた質問項目を，
どのように作成したのか，②収集したデータの基本的分析として因子分析を実
施し，いかなる結果が得られたのかといった2点について述べてきた。
　質問項目は，①エンパワリング・リーダーシップ，②心理的エンパワーメン
ト，③創造性発揮，④能力発揮，⑤行動特性，⑥性格特性といった6つの変数
について作成した。これら6つの変数の質問項目は，これまでに行われてきた
エンパワーメント研究で開発された次元なり質問項目を参考にするものの，そ
れらを本書に適合する形で，独自に作成することにした。本書のデータは，こ
れら質問項目を用いたアンケート調査によって得られたものである。

　因子分析の目的は，アンケート調査によって収集したデータが，事前に想定した通りの因子構造であるかどうかを確かめることであった。そして，探索的因子分析と確認的因子分析といった2つの因子分析の結果からは，各変数の因子構造が明らかとなり，仮説検証のためのモデルを明確にすることができた。

【注】

1）調査対象となったA社には，以前にも調査を依頼したことがあった。すでに製造部門での調査を実施していたため，今回は営業部門で調査を実施することにした。
　　北野　康「エンパワリング・リーダーシップとその効果の検討―日本の製造企業を対象にした実証研究―」『日本経営学会第93回大会』2019年。

2）Spreitzer, G. M., "Individual Empowerment in the Workplace: Dimensions, Measurement, and Validation", *Academy of Management Journal*, Vol.38, 1995; pp.1442-1465.

3）Thomas, K. W., *Intrinsic Motivation at Work: What Really Drives Employee Engagement, Second Edition*, Barret-Koehler Publishers, 2009.

4）本研究では，中立的尺度を設けることによる回答結果の歪みを回避するため，6段階評定尺度を採用することにした。

5）Arnold, L. M., Arad, S., Rhoades, J. A. & F. Drasgow, "The Empowering Leadership Questionnaire: The Construction and Validation of a New Scale for Measuring Leader Behaviors", *Journal of Organizational Behavior*, Vol.21, 2000; pp.249-269.

6）Ahearne, M., Mathieu, J. & A. Rapp, "To Empower or Not to Empower Your Sales Force: An Empirical Examination of the Influence of Leadership Empowerment Behavior on Customer Satisfaction and Performance", *Journal of Applied Psychology*, Vol.90, 2005; pp.945-955.

7）Thomas, K. W., *Intrinsic Motivation at Work: Building Energy & Commitment*, Berret-Koehler Publishers, Inc, 2000.

8）中原　淳『職場学習論：仕事の学びを科学する』東京大学出版部，2010年。

9）松尾　睦「育て上手のマネジャーの指導方法：若手社員の問題行動とOJT」『日本労働研究雑誌』第639号，2013年；40-53頁。

10）青木幹喜『エンパワーメント経営』中央経済社，2006年，139頁。

11）神戸康弘『「意味マップ」のキャリア分析：「個人の意味」が「社会の意味」になるメカニズム』白桃書房，2016年。

12）Deci, E. L., *The Psychology of Self-Determination*, D. C. Heath & Company, 1975（石田

梅男訳『自己決定の心理学』誠信書房，1985 年）。

13) Deci, E. L.（1975）., op. cit.; pp.45-52. 前掲訳書；46-53 頁。

14) Deci（1975）は，報酬には情報的側面があるとしている。そして，報酬を与えることによって，報酬を与えられる当人の有能さの情報を伝達できるのであれば，内発的動機づけは高まると指摘している。

15) 金井壽宏『変革型ミドルの探求：戦略・革新志向の管理者行動』白桃書房，1991 年。

16) Bandura, A., *Self-efficacy in Changing Societies*, Cambridge University, 1995（本明　寛・野口京子監訳『激動社会の中の自己効力』金子書房，1997 年）。

17) 中原　淳『職場学習論：仕事の学びを科学する』東京大学出版部，2010 年。

18) なお，Bandura（1995）は，コンピタンスではなく，自己効力感（Self-efficacy）という言葉を用いている。しかし，その意味するところは同義であり，コンピタンスを高める要因を検討する上で，多くの示唆を与えてくれる。

19) Bandura（1995）は，残り 2 つの社会的説得や生理的・感情的状態によって得られるコンピタンスは，制御体験や代理体験によって得られたコンピタンスほどには長続きせず簡単に消失してしまうと指摘している。なお，社会的説得とは周囲の人々からの言語的説得のことであり，生理的・感情的状態とは，自分自身の身体的・生理的反応から得られる情報のことである。

20) ポジティブ・フィードバックとは，従業員に対して肯定的なメッセージを与えるものであり，ネガティブ・フィードバックは，従業員に改善を促すものである。
中原　淳『駆け出しマネジャーの成長論』中央公論新社，2014 年。

21) 中原　淳『フィードバック入門』PHP 研究所，2017 年。

22) 青木，前掲書，2006 年；15-16 頁。

23) 高石光一・古川久敬「企業の経営革新を促進する従業員の自発的行動について―組織市民行動を超えて―」『九州大学心理学研究』第 9 号，2008 年；83-92 頁。

24) 宮本　大「技術者の職務遂行能力に関する一考察―職種別にみた技術者に必要な能力とは―」『流通経済大学論集』第 45 巻，第 3 号，2010-12 年；127-137 頁。

25) 松山一紀「フォロワーシップ行動の 3 次元モデル」『商経学叢』第 63 巻，第 2 号，2016年；229-256 頁。

26) 和田さゆり「性格特性用語を用いた Big Five 尺度の作成」『心理学研究』第 67 巻，第 1号，1996 年；61-67 頁。

27) 並川　努・谷　伊織・脇田貴文・熊谷龍一・中根　愛・野口裕之「Big Five 尺度短縮版の開発と信頼性と妥当性の検討」『心理学研究』第 83 巻，第 2 号，2012 年，91 頁。

28) GFI，AGFI，CFI は，0.9 以上であれば，データと当てはまったモデルと判断される。GFI，AGFI は変数の数が多い場合，0.9 を超えない可能性があり，GFI，AGFI の低さが

理由だけでモデルを捨てる必要はないとされている。RMSEA は，0.05 以下で当てはまりが良いとされ，0.1 以上であれば当てはまりが悪く，モデルの再構築が必要となる。豊田秀樹編著『共分散構造分析』東京図書，2008 年。

29）Podsakoff, P. M. & D. W. Organ, "Self-Reports in Organizational Research: Problems and Prospects", *Journal of Management*, Vol.12（4）, 1986; pp.531-544.

30）固有値 1 以上の因子が 1 つしか抽出されない場合，および第 1 因子によって説明される全観測変数の分散の割合が過半数を超える場合，共通方法バイアスの影響が懸念されると判断される。

31）共通方法バイアスにはいくつかの種類があるが，本研究の調査では，そのすべてを回避したわけではない。例えば，共通評価者効果（説明変数と目的変数を同じ評価者が評価することに起因するバイアス）や測定文脈効果（同一時点で説明変数と目的変数を評価するなど，尺度を測定する文脈に起因するバイアス）をいかに回避するのかについては十分な検討がなされていない。この点は，本研究の課題である。
高橋正泰監修『組織のメソドロジー（経営組織シリーズ 3)』学文社，2020 年。

32）能力発揮は質問項目が 1 つであったため，確認的因子分析を行っていない。また，エンパワリング・リーダーシップ，心理的エンパワーメント，創造性発揮のいずれにおいても，各変数を構成する因子間の相関が高かったため，2 次因子モデルとして分析することにした。

33）既に述べた通り，心理的エンパワーメントについて進歩感は抽出されていない。しかしながら，進歩感は自らの行動結果を受けての心理状態を表すものであり，創造性発揮や能力発揮を促す前段階として必要となるのは，有意味感と自己決定感，コンピタンスを高めることである。そのため，本研究では，この 3 つの次元から心理的エンパワーメントを構成しても問題ないと判断した。

第 *7* 章

日本企業における仮説検証の結果

　本書では，仮説を検証するために，①媒介分析，②階層的重回帰分析，③二要因の分散分析といった3つの分析手法を採用することにした。本章では，日本企業を対象に，これら3つの分析手法によって，いかなる結果が得られたのかを述べてみたい。

7－1　分析方法

　ここでは，本書の仮説を再度提示し，本書で用いた3つの分析手法が，いずれの仮説に対応した手法であるのかを述べていくことにしよう。本書の仮説は，第4章で構築したエンパワーメントモデルに基づいて導き出されたものであり，以下で示す5つの基本仮説から構成されている。

　　基本仮説1：マネジャーによるエンパワリング・リーダーシップが発揮されるほど，従業員の心理的エンパワーメントは高まる。
　　基本仮説2：従業員の心理的エンパワーメントが高まるほど，従業員の成果は高まる。
　　基本仮説3：マネジャーによるエンパワリング・リーダーシップの発揮は，従業員の心理的エンパワーメントを通じて，従業員の成果を高める。
　　基本仮説4：マネジャーによるエンパワリング・リーダーシップの発揮によって，従業員の心理的エンパワーメントが高まるかどうか

は，従業員の行動特性や性格特性によって左右される。

基本仮説5：従業員の心理的エンパワーメントの高まりによって，従業員の
　　　　　　成果が高まるかどうかは，従業員の行動特性や性格特性によっ
　　　　　　て左右される。

　従来のエンパワーメント研究では，エンパワリング・リーダーシップの発揮
が，従業員の心理的エンパワーメントを高めることを通じて，創造性発揮や能
力発揮など何らかの成果に影響を与えることを明らかにしていた。上述の仮説
群の中で，基本仮説1から基本仮説3は，こうした従来のエンパワーメント研
究で明らかにされた結果が，本書で収集されたデータにおいても，同様の結果
であるのかどうかを確認することが目的である。そして，これら3つの仮説
は，媒介分析によって検証することにした。

　基本仮説4と基本仮説5は，エンパワリング・リーダーシップが心理的エン
パワーメントに影響を与える，心理的エンパワーメントが創造性発揮に影響を
与える，心理的エンパワーメントが能力発揮に影響を与えるという3つの変数
間の関係において，個人差（行動特性，性格特性）の影響を検証することが目的
である。本書では，この2つの仮説を階層的重回帰分析と二要因の分散分析で
検証することにした。

　階層的重回帰分析と二要因の分散分析を行うのは，エンパワリング・リー
ダーシップ，心理的エンパワーメントとモデレータ変数である個人差の交互作
用項が有意であるのかどうかを確認することが目的である。2つの分析結果か
ら交互作用項が有意であれば，エンパワリング・リーダーシップの発揮から創
造性発揮，能力発揮に至る一連のプロセスにおいて，個人差の影響が確認され
る。

　以上述べてきたように，本書では，基本仮説1から基本仮説3を媒介分析で
検証し，基本仮説4と基本仮説5を階層的重回帰分析と二要因の分散分析で検
証することにしている。以下では，これら3つの分析手法の概要を述べ，その
分析結果について述べていくことにする。

7-2　主要変数の平均値，標準偏差および相関係数

　ここで，分析に先立ち，主要変数（エンパワリング・リーダーシップ，心理的エンパワーメント，創造性発揮，能力発揮，受動忠実型，能動忠実型，プロアクティブ型，開放性）の記述統計量および変数間の相関関係を示すことにする。なお，これら各変数の平均値，標準偏差は，合成変数を作成し[1]，それぞれの質問項目数で除している[2]。

　表7-1の結果を見ると，目的変数である創造性発揮と能力発揮の平均値はいずれも3.5を超えていた。調査対象となった従業員が，比較的創造性や能力を発揮していることがわかる。また，エンパワリング・リーダーシップと心理的エンパワーメントも3.5を超えており，特にエンパワリング・リーダーシップの平均値は4.0を超えていた。調査対象である従業員のマネジャーは，エンパワリング・リーダーシップを発揮していることがわかる。

　そして，これら変数間の相関係数はいずれも有意であった。相関係数の値が

表7-1　主要変数の平均値，標準偏差および相関係数

	平均	標準偏差	1	2	3	4	5	6	7
1 EL	4.02	0.99							
2 PE	3.87	0.72	.460**						
3 創造性	3.96	0.58	.188**	.534**					
4 能力	3.82	1.07	.461**	.729**	.255**				
5 受動	3.94	0.78	.615**	.331**	.165**	.359**			
6 能動	4.67	0.65	.260**	.333**	.450**	.202**	.459**		
7 プロ	3.81	0.69	.349**	.670**	.744**	.460**	.331**	.435**	
8 開放	3.54	0.82	.159**	.411**	.731**	.164**	.209**	.256**	.639**

＊＝5%水準で有意，＊＊＝1%水準で有意
EL＝エンパワリング・リーダーシップ，PE＝心理的エンパワーメント

特に高かったのは，心理的エンパワーメントと創造性発揮との間，心理的エンパワーメントと能力発揮との間の２つであり，それぞれ，（r=.534），（r=.729）であった。従業員が創造性や能力を発揮する前提として，心理的エンパワーメントが高まる必要があると読み取れる。エンパワリング・リーダーシップと心理的エンパワーメントの間にも正の相関関係（r=.460）が認められた。エンパワリング・リーダーシップの発揮が，従業員の心理的エンパワーメントを高め，彼らの創造性発揮や能力発揮に影響を与えることを示唆している。ただし，エンパワリング・リーダーシップと創造性発揮の間の相関係数の値は，（r=.188）であり，エンパワリング・リーダーシップの発揮については，直接的に創造性発揮に影響を与えていない可能性があることを指摘しておくことにする。

　個人差の要因である行動特性と性格特性の結果からは，調査対象となった従業員の個人的傾向を知ることができる。平均値が最も高かったのは，能動忠実型であり，次いで，受動忠実型，プロアクティブ型の順であった。開放性の平均値は，3.5 をわずかながら超える結果であった。プロアクティブ型と開放性は，その意味から考えて親和性が高いことが予想されたが，相関係数の値も高く（r=.639）であった。受動忠実型と開放性，能動忠実型と開放性の相関係数が，それぞれ（r=.209），（r=.256）と低い値を示していたため，開放性が高い個人は，プロアクティブな行動傾向であることがわかる。

　個人差要因の中で，特に興味深い結果を示したのは，プロアクティブ型である。プロアクティブ型は，心理的エンパワーメントとの相関が個人差要因の中で最も高く（r=.670），創造性発揮との相関は（r=.744），能力発揮との相関は（r=.460）であり，他の個人差要因よりも高かった。

　一方で，エンパワリング・リーダーシップとの相関を見ると，最も高いのは受動忠実型であり（r=.615），プロアクティブ型とエンパワリング・リーダーシップとの相関は必ずしも高いわけではなかった（r=.349）。これらの結果は，マネジャーのエンパワリング・リーダーシップ発揮によって，従業員が心理的エンパワーメントの高まりを認知し，創造性発揮や能力発揮が促されるという本書で想定したモデルに，個人差の影響があることを示唆している。

7 − 3　媒介分析の結果

　基本仮説 1 から基本仮説 3 は，媒介分析によって検証している。ここでは，媒介分析から，いかなる検証結果が得られたのかを述べてみたい。

7 − 3 − 1　媒介分析の方法

　媒介分析とは，説明変数，媒介変数，目的変数の 3 つの変数から成るモデルの中で媒介変数の効果を検討するものであり，以下 6 つのステップで行われる[3]。

《媒介分析の手順》
　① 説明変数から媒介変数へのパスが有意であることを確かめる。
　② 媒介変数から目的変数へのパスが有意であることを確かめる。
　③ 説明変数から目的変数へのパスが有意であることを確かめる。
　④ 説明変数 → 媒介変数 → 目的変数かつ説明変数 → 目的変数のモデルを作り，それぞれのパス係数の値を推定する。
　⑤ 説明変数 → 媒介変数 → 目的変数のモデルにおける媒介変数の間接効果が有意であることを確かめる。
　⑥ 説明変数から目的変数へのパス係数の値がどの程度変化したかを確かめる。

　本書の場合，説明変数はエンパワリング・リーダーシップであり，媒介変数と目的変数は，それぞれ心理的エンパワーメントと創造性発揮，能力発揮である。上記のステップ①とステップ②は，基本仮説 1 と基本仮説 2 に対応するものであることから，これに加えて，ステップ③の検証を行うことで，基本仮説 3 の検証へと進むことができる[4]。
　そして，基本仮説 3 に対応するのが，ステップ④とステップ⑤であり，これによって，心理的エンパワーメントの媒介効果が検証される。心理的エンパ

ワーメントが，媒介変数としての機能を持っているかどうかは，その間接効果が有意であるかどうかで確認される[5]。間接効果が有意であれば，心理的エンパワーメントは媒介変数としての機能を持つことになり，間接効果が有意でない場合，心理的エンパワーメントは媒介変数としての機能を持たないことになる。

さらに，説明変数から目的変数へのパス係数の値がどの程度変化したかによって，媒介効果の度合いが確認される（ステップ⑥）。ステップ③で検討した説明変数から目的変数へのパス係数の値が有意でなくなった場合，心理的エンパワーメントの媒介効果は最大になる（完全媒介）と考えられ，パス係数の値が有意であった場合，心理的エンパワーメント以外の媒介変数の存在（部分媒介）が推測される。本書では，以上の手順で基本仮説1から基本仮説3を検証することにした。

7－3－2　基本仮説1と基本仮説2の検証

まず，基本仮説1と基本仮説2を検証した結果について述べていくことにする。この2つの仮説検証は，エンパワーメントモデルで示される4つの変数間の基本的関係（エンパワリング・リーダーシップ → 心理的エンパワーメント，心理的エンパワーメント → 創造性発揮，心理的エンパワーメント → 能力発揮）を明らかにするものであり，共分散構造分析によって検証することにした[6]。また，本書では，従業員の成果を創造性発揮と能力発揮の2つから捉えているため，基本仮説2については，以下の通り，2つの作業仮説に分けられる。

作業仮説2－1：従業員の心理的エンパワーメントが高まるほど，従業員の創造性発揮は高まる。
作業仮説2－2：従業員の心理的エンパワーメントが高まるほど，従業員の能力発揮は高まる。

そして，これら仮説の検証結果を示したのが図7－1である。この図7－1の中では，図解の煩雑さを避けるために潜在変数のみを示し，観測変数と誤差変数は示さなかった（これ以降のモデルも同様である）。なお，いずれのモデルに

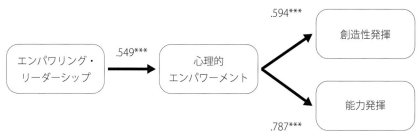

GFI＝.741，AGFI＝.712，CFI＝.867，RMSEA＝.068
＊＊＊＝0.1％水準で有意

図 7 － 1 　共分散構造分析の結果

　おいても，2 次因子から 1 次因子へのパス係数，1 次因子から観測変数へのパス係数の値は 0.1％水準で有意であった。
　モデルの適合度指標は，GFI＝.741，AGFI＝.712，CFI＝.867，RMSEA＝.068 であった。GFI と AGFI の値が低いものの，GFI と AGFI は，観測変数の数が多い場合に影響を受けやすい性質があり[7]，本書では，RMSEA の値が 0.1 を下回っている点を重視して，上記のモデルは受容可能であると判断した。
　分析結果からは，基本仮説 1 と基本仮説 2 の両方を支持する結果が得られた。マネジャーによるエンパワリング・リーダーシップの発揮は，従業員の心理的エンパワーメントを高めていた。さらに，従業員の心理的エンパワーメントが高まるほど，彼らの創造性や能力の発揮が促されていた。パス係数の値を見ると，エンパワリング・リーダーシップから心理的エンパワーメント（.549，$p<.001$），心理的エンパワーメントから創造性発揮（.594，$p<.001$），心理的エンパワーメントから能力発揮（.787，$p<.001$）となっており，いずれも統計的に有意であった。

7 － 3 － 3　基本仮説 3 の検証

　次に，基本仮説 3 を検証した結果について述べていくことにする。基本仮説 3 は，マネジャーによるエンパワリング・リーダーシップの発揮から，従業員の成果に至るまでのプロセスを問題にしている。具体的な検証目的は，これら

の関係が，心理的エンパワーメントを媒介にした間接的プロセスであるのかどうかを明らかにすることである。本書では，従業員の成果を創造性発揮と能力発揮の2つから捉えているため，基本仮説3は，以下の通り，2つの作業仮説に区分される。

作業仮説3－1：マネジャーによるエンパワリング・リーダーシップの発揮
　　　　　　　は，従業員の心理的エンパワーメントを通じて，従業員の
　　　　　　　創造性発揮を促す。
作業仮説3－2：マネジャーによるエンパワリング・リーダーシップの発揮
　　　　　　　は，従業員の心理的エンパワーメントを通じて，従業員の
　　　　　　　能力発揮を促す。

　上記の2つの作業仮説は，媒介分析によって検証される。先に述べた媒介分析の手順の中で，ステップ①とステップ②は，すでに検証されているので，以下では，ステップ③からステップ⑥を検証した結果について述べていくことにする。

7－3－3－1　目的変数が創造性発揮のモデル検証

　目的変数が創造性発揮である場合の検証結果は，以下の通りである。なお，図7－2は媒介分析のステップ③の検証結果を示しており，図7－3はステップ④からステップ⑥の検証結果を示している。

　各モデルの適合度指標は，図7－2（GFI=.810, AGFI=.779, CFI=.913, RMSEA=.067），図7－3（GFI=.749, AGFI=.720, CFI=.901, RMSEA=.068）であった。観

GFI=.810, AGFI=.779, CFI=.913, RMSEA=.067
＊＊＊= 0.1％水準で有意

図7－2　共分散構造分析の結果（EL → 創造性発揮）

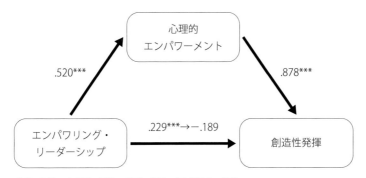

GFI=.749，AGFI=.720，CFI=.901，RMSEA=.068
95％ CI ［.267，.699］
＊＊ = 1％水準で有意，　＊＊＊ = 0.1％水準で有意

図 7 - 3　媒介分析の結果（目的変数 = 創造性発揮）

測変数の数が多かったため，GFI と AGFI は基準値を下回っていたが，RMSEA
は，いずれのモデルも 0.1 を下回っており，受容可能であると判断した。

　まず，図 7 - 2 で示したエンパワリング・リーダーシップ→創造性発揮のパ
スは（.229，p<.001）となっており，統計的に有意であった。そのため，媒介分
析のステップ③が検証されたことになり，ステップ④以降の検証に進むことが
できた。

　媒介分析の結果からは，エンパワリング・リーダーシップの発揮が，従業員
の心理的エンパワーメントを媒介にして，彼らの創造性発揮に影響を与えてい
ることが明らかとなった。ブートストラップ法（リサンプリング回数 1,000 回）
によって算出された 95％信頼区間には 0 が含まれておらず（上限 = .699，下限
= .267），間接効果は有意であった。さらに，エンパワリング・リーダーシッ
プから創造性発揮へのパス係数の値は，.229（p<.001）から - .189（非有意）へ
と変化したため，心理的エンパワーメントの媒介効果は完全媒介であった。し
たがって，作業仮説 3 は支持される結果となった。

148

7－3－3－2　目的変数が能力発揮のモデル検証

　目的変数が能力発揮である場合の検証結果は，以下の通りである。なお，図7－4は媒介分析のステップ③の検証結果を示しており，図7－5はステップ④からステップ⑥の検証結果を示している。

　各モデルの適合度指標は，図7－4（GFI=.831，AGFI=.781，CFI=.926，RMSEA=.094），図7－5（GFI=.795，AGFI=.761，CFI=.908，RMSEA=.073）であった。観測変数の数が多かったため，GFIとAGFIは基準値を下回っていたが，RMSEAは，いずれのモデルも0.1を下回っており，受容可能であると判断した。

　まず，図7－4で示したエンパワリング・リーダーシップ → 能力発揮のパスは（.467，p<.001）となっており，統計的に有意であった。そのため，媒介

GFI=.831，AGFI=.781，CFI=.926，RMSEA=.094
＊＊＊＝0.1％水準で有意

図7－4　共分散構造分析の結果（EL → 能力発揮）

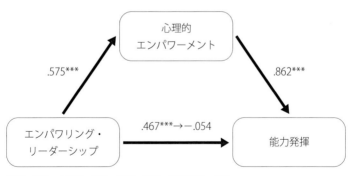

GFI=.795，AGFI=.761，CFI=.908，RMSEA=.073
95％ CI［.346，.661］
＊＊＊＝0.1％水準で有意

図7－5　媒介分析の結果（目的変数 ＝ 能力発揮）

分析のステップ③が検証されたことになり，ステップ④以降の検証に進むことができた。

　媒介分析の結果からは，エンパワリング・リーダーシップの発揮が，従業員の心理的エンパワーメントを媒介にして，彼らの能力発揮にも影響を与えていることが明らかとなった。ブートストラップ法（リサンプリング回数1,000回）によって算出された95％信頼区間には0が含まれておらず（上限 = .661，下限 = .346），間接効果は有意であった。さらに，エンパワリング・リーダーシップから能力発揮へのパス係数の値は，.467（p<.001）から－.054（非有意）へと変化したため，心理的エンパワーメントの媒介効果は完全媒介であった。したがって，作業仮説3－2も支持され，作業仮説3－1と併せて基本仮説3は支持された。

7－4　階層的重回帰分析の結果

　基本仮説4と基本仮説5は，階層的重回帰分析と二要因の分散分析によって検証している。ここでは，この2つの分析からいかなる検証結果が得られたのかを述べてみたい。

7－4－1　階層的重回帰分析の方法

　階層的重回帰分析は，心理的エンパワーメント，創造性発揮，能力発揮を目的変数として説明変数（エンパワリング・リーダーシップ，心理的エンパワーメント）とモデレータ変数（受動忠実型，能動忠実型，プロアクティブ型，開放性）との交互作用の効果を検討するために実施した。なお，変数投入法は強制投入法を採用している。

　具体的な手順としては，まず，ステップ1において，統制変数としての性別と年齢を投入し，ステップ2において，モデレータ変数を投入した。そして，ステップ3において，説明変数を投入し，ステップ4において，説明変数とモデレータ変数の交互作用項を投入した。さらに，階層的重回帰分析の結果，交互作用項が有意であれば，追加検証として二要因の分散分析を行った。

　目的変数が心理的エンパワーメントの場合，説明変数はエンパワリング・リーダーシップであり，モデレータ変数は受動忠実型，能動忠実型，プロアクティブ型，開放性の4つである。交互作用項は，エンパワリング・リーダーシップとこれら4つのモデレータ変数を掛け合わせている。

　目的変数が創造性発揮，能力発揮の場合，説明変数は心理的エンパワーメントであり，モデレータ変数は受動忠実型，能動忠実型，プロアクティブ型，開放性の4つである。交互作用項は，心理的エンパワーメントとこれら4つのモデレータ変数を掛け合わせている。

7－4－2　基本仮説4と基本仮説5の検証

　基本仮説4と基本仮説5を検証する目的は，エンパワリング・リーダーシップ → 心理的エンパワーメント，心理的エンパワーメント → 創造性発揮，心理的エンパワーメント → 能力発揮といった3つの変数間の関係に，個人差（行動特性，性格特性）の影響があるのかどうかを確認することである。なお，本書では，従業員の成果を創造性発揮と能力発揮の2つから捉えているため，心理的エンパワーメント→成果のプロセスにおける個人差の影響を検証する基本仮説5は，以下の通り，2つの作業仮説に区分される。

　　作業仮説5－1：従業員の心理的エンパワーメントの高まりによって，従業
　　　　　　　　　　員の創造性発揮が高まるかどうかは，従業員の個人差に
　　　　　　　　　　よって左右される。
　　作業仮説5－2：従業員の心理的エンパワーメントの高まりによって，従業
　　　　　　　　　　員の能力発揮が高まるかどうかは，従業員の個人差によっ
　　　　　　　　　　て左右される。

　以下では，目的変数＝心理的エンパワーメント，目的変数＝創造性発揮，目的変数＝能力発揮の順で階層的重回帰分析の結果を述べてみたい。

7－4－2－1　目的変数が心理的エンパワーメントのモデル検証

　目的変数＝心理的エンパワーメントの場合の階層的重回帰分析の結果を示し

たのが表 7 - 2 である。なお，偏回帰係数の解釈を容易にし，主効果項と交互
作用項の間に内在する多重共線性の問題に対応するため, Aiken & West（1991）
にしたがって，すべての連続変数量の変数に中心化の処理を施している[8]。ま
た，VIF（Variance inflation factor）を確認した結果，全変数の VIF は 1.09 から
2.19 の範囲の値となり，多重共線性の問題は生じていなかった[9]。

　目的変数＝心理的エンパワーメントの場合の階層的重回帰分析の結果，交互
作用項が有意であったのは，エンパワリング・リーダーシップとプロアクティ
ブ型（β = - .171, p<.01）であった。決定係数とその変化量も（R^2 = .530,
p<.001），（$\triangle R^2$ = .022, p<.05）であり，いずれも有意であった。一方で，エ
ンパワリング・リーダーシップと受動忠実型の交互作用項（β = .011, p =

表 7 - 2　階層的重回帰分析結果（目的変数＝ PE）

目的変数 = PE	モデル 1			モデル 2			モデル 3		
	β	SE	p	β	SE	p	β	SE	p
受動	.112	.045	*	-.041	.052		-.018	.053	
能動	.004	.056		.035	.054		.051	.054	
プロ	.667	.062	***	.590	.062	***	.540	.063	***
開放性	-.025	.049		.002	.047		.041	.048	
EL				.203	.039	***	.183	.042	***
EL* 受動							.011	.040	
EL* 能動							.053	.053	
EL* プロ							-.171	.050	**
EL* 開放							.038	.040	
$\triangle R^2$					.046***			.022*	
R^2		.462***			.508***			.530***	
F 値		62.890			60.091			35.899	

β ＝非標準化偏回帰係数，SE ＝標準誤差
＊ = 5％ 水準で有意，＊＊ = 1％水準で有意，＊＊＊ = 0.1％水準で有意
EL ＝エンパワリング・リーダーシップ，PE ＝心理的エンパワーメント

ns), 能動忠実型の交互作用項 (β = .053, p = ns), 開放性の交互作用項 (β = .038, p = ns) であり, いずれも統計的に有意ではなかった。

7−4−2−2　目的変数が創造性発揮, 能力発揮のモデル検証

　次に, 目的変数＝創造性発揮, 目的変数＝能力発揮の場合の階層的重回帰分析の結果を述べていく (表7−3と表7−4)。なお, いずれの分析においてもすべての連続変数量の変数に中心化の処理を施している。また, VIF (Variance inflation factor) を確認した結果, 全変数の VIF は 1.04 から 2.83 の範囲の値となり, 多重共線性の問題は生じていなかった。

表7−3　階層的重回帰分析結果 (目的変数＝創造性発揮)

目的変数 =創造性	モデル 1			モデル 2			モデル 3		
	β	SE	p	β	SE	p	β	SE	p
受動	−.130	.027	***	−.139	.027	***	−.136	.027	***
能動	.210	.034	***	.210	.033	***	.196	.035	***
プロ	.351	.037	***	.298	.044	***	.285	.045	***
開放性	.315	.029	***	.310	.029	***	.315	.031	***
PE				.080	.035	*	.107	.038	**
PE*受動							.049	.035	
PE*能動							-.103	.048	
PE*プロ							.006	.038	
PE*開放							.031	.033	
△R²					.005*			.006	
R²		.710***			.715***			.721***	
F 値		178.932			146.291			8.190	

β ＝非標準化偏回帰係数, SE ＝標準誤差
＊＝ 5% 水準で有意, ＊＊＝ 1% 水準で有意, ＊＊＊＝ 0.1% 水準で有意
PE ＝心理的エンパワーメント

　目的変数＝創造性発揮の場合の階層的重回帰分析の結果，統計的に有意となる交互作用項は存在しなかった。心理的エンパワーメントと受動忠実型の交互作用項（β = .049, p = ns），能動忠実型の交互作用項（β = - .103, p = ns），プロアクティブ型の交互作用項（β = .006, p = ns），開放性の交互作用項（β = .031, p = ns）であった。目的変数＝能力発揮の場合における階層的重回帰分析の結果も同様であり，統計的に有意となる交互作用項は存在しなかった。心理的エンパワーメントと受動忠実型の交互作用項（β = - .091, p = ns），能動忠実型の交互作用項（β = .066, p = ns），プロアクティブ型の交互作用項（β = .077, p = ns），開放性の交互作用項（β = - .046, p = ns）であった。

表7－4　階層的重回帰分析結果（目的変数＝能力発揮）

目的変数 ＝能力	モデル1			モデル2			モデル3		
	β	SE	p	β	SE	p	β	SE	p
受動	.368	.076	***	.247	.060	***	.246	.060	***
能動	- .176	.096		- .180	.074	*	- .176	.077	*
プロ	.858	.108	***	.136	.096		.170	.100	
開放性	- .291	.083	***	- .264	.064	***	- .280	.069	***
PE				1.082	.077	***	1.064	.085	***
PE* 受動							- .091	.077	
PE* 能動							.066	.107	
PE* プロ							.077	.085	
PE* 開放							- .046	.074	
△R^2					.286***			.004	
R^2		.296***			.582***			.585***	
F 値		30.676			80.989			45.023	

β ＝非標準化偏回帰係数，SE ＝標準誤差
＊ = 5% 水準で有意，＊＊ = 1%水準で有意，＊＊＊ = 0.1%水準で有意
PE ＝心理的エンパワーメント

　これら2つの分析結果は，心理的エンパワーメント → 創造性発揮，心理的エンパワーメント → 能力発揮といった2つの変数間の関係に，個人差の影響がないことを意味している。したがって，作業仮説5－1と作業仮説5－2は支持されず，基本仮説5も支持されない結果となった。

7－4－2－3　二要因の分散分析の結果

　目的変数が心理的エンパワーメントの場合において，エンパワリング・リーダーシップとプロアクティブ型の交互作用項が有意であったため，交互作用の効果をより詳細に把握することを目的として，エンパワリング・リーダーシップ（3群）とプロアクティブ型（2群）の二要因の分散分析を実施することにした（表7－5）。

　なお，エンパワリング・リーダーシップの群分けは，下位尺度得点を算出し，度数分布表を参考にサンプル数が均等になるように高群，中群，低群に分類した。一方で，プロアクティブ型の群分けは，下位尺度得点を算出し，平均値以上を高群，平均値未満を低群に分類することにした。最終的に用いたサンプルは，エンパワリング・リーダーシップ高群（90名，41.1%），エンパワリング・リーダーシップ中群（122名，30.3%），エンパワリング・リーダーシップ低群（85名，28.6%），プロアクティブ型高群（137名，46.1%），プロアクティブ型低群（160名，53.9%）であった。

表7－5　プロアクティブ型による各得点と分散分析結果

目的変数 = PE	EL 低群		EL 中群		EL 高群		主効果		交互作用
	プロ低	プロ高	プロ低	プロ高	プロ低	プロ高	EL (F値)	プロ (F値)	EL×プロ (F値)
	3.15	4.19	3.70	4.11	3.88	4.50	16.36***	98.38**	6.73**
	(0.69)	(0.61)	(0.54)	(0.58)	(0.45)	(0.54)			

上段：平均値，下段：標準偏差
＊＊＝1%水準で有意，＊＊＊＝0.1%水準で有意
EL＝エンパワリング・リーダーシップ，PE＝心理的エンパワーメント

　二要因の分散分析の結果，エンパワリング・リーダーシップとプロアクティブ型の交互作用は有意であった（F（2,291）＝ 6.73, p<.001）。交互作用が認められたため，次に単純主効果検定を実施することにした。

　目的変数＝心理的エンパワーメントの場合の階層的重回帰分析の結果，エンパワリング・リーダーシップとプロアクティブ型の交互作用項は，符号がマイナスであった。これは，以下 2 つの解釈の内どちらかが成り立つことになる。

① 　個人のプロアクティブ性が高まると，エンパワリング・リーダーシップが心理的エンパワーメントに与える効果が弱まる。

② 　エンパワリング・リーダーシップが発揮されると，個人のプロアクティブ性が心理的エンパワーメントに与える効果が弱まる。

　上記 2 つの内，いずれの状況が起こっているかは，単純主効果検定によって判断される。そして，その結果を示したのが図 7 － 6 と表 7 － 6 から表 7 － 8 である。

　階層的重回帰分析および単純主効果検定の結果を見ると，その分析結果の解釈は，「個人のプロアクティブ性が高まると，エンパワリング・リーダーシッ

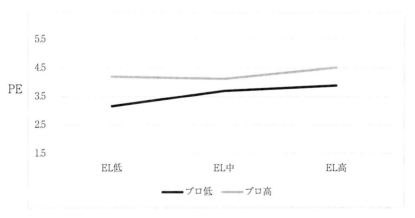

EL ＝エンパワリング・リーダーシップ，PE ＝心理的エンパワーメント

図 7 － 6 　 プロアクティブ型高低による EL と PE との関係

156

表7−6	各群における PE の平均値

目的変数＝ PE		プロアクティブ型	
		低	高
EL	低	PE = 3.15	PE = 4.19
	中	PE = 3.69	PE = 4.11
	高	PE = 3.88	PE = 4.50

EL ＝エンパワリング・リーダーシップ，PE ＝心理的エンパワーメント

表7−7	群間比較の結果

	プロ低	プロ高
EL 低と EL 中	有意	非有意
EL 低と EL 高	有意	非有意
EL 中と EL 高	非有意	有意

EL ＝エンパワリング・リーダーシップ

表7−8	群間比較の結果

	EL 低	EL 中	EL 高
プロ低とプロ高	有意	有意	有意

EL ＝エンパワリング・リーダーシップ

プが心理的エンパワーメントに与える効果が弱まる」ということになる。

　まず，エンパワリング・リーダーシップ各群におけるプロアクティブ低群とプロアクティブ高群の心理的エンパワーメントの平均値の差はいずれも統計的に有意であった。一方で，プロアクティブ低群とプロアクティブ高群におけるエンパワリング・リーダーシップ低群とエンパワリング・リーダーシップ高群の心理的エンパワーメントの平均値の差は異なる結果であった。

　プロアクティブ低群におけるエンパワリング・リーダーシップ低群の心理的エンパワーメントの平均値は 3.15，エンパワリング・リーダーシップ高群の心理的エンパワーメントの平均値は 3.88 であり，2 つの心理的エンパワーメントの平均値の差は統計的に有意であった。一方で，プロアクティブ高群におけるエンパワリング・リーダーシップ低群の心理的エンパワーメントの平均値は 4.19，エンパワリング・リーダーシップ高群の心理的エンパワーメントの平均値は 4.50 であり，2 つの平均値の差は統計的に有意ではなかった。

　これらの結果は，第 1 に，プロアクティブ性の違いによって，心理的エンパワーメントの認知に差が出ることを示している。エンパワリング・リーダーシップ各群におけるプロアクティブ低群とプロアクティブ高群の心理的エンパワーメントの平均値の差はいずれも統計的に有意であるという結果から，プロアクティブ性が低い個人よりもプロアクティブ性が高い個人の方が，心理的エンパワーメントに対する認知が高いことを示している。

　しかしながら，プロアクティブ高群におけるエンパワリング・リーダーシップ低群とエンパワリング・リーダーシップ高群の心理的エンパワーメントの平均値の差は統計的に有意ではなかったため，プロアクティブ性が高い個人に対しては，エンパワリング・リーダーシップの発揮が，それほど従業員の心理的エンパワーメントに影響を与えていなかったことがわかる。一方で，プロアクティブ低群におけるエンパワリング・リーダーシップ低群とエンパワリング・リーダーシップ高群の心理的エンパワーメントの平均値の差は有意であった。そのため，プロアクティブ性が低い個人に対しては，エンパワリング・リーダーシップを発揮することで，従業員の心理的エンパワーメントを高めていることがわかる。

　以上の結果から，従業員の心理的エンパワーメントに対するエンパワリング・リーダーシップ発揮の効果は，従業員がプロアクティブであるかどうかに左右されるということがわかる。具体的には，エンパワリング・リーダーシップ発揮の効果があるのは，プロアクティブ性が低い従業員に対してであり，プロアクティブ性が高い従業員に対しては，エンパワリング・リーダーシップの発揮が，それほど効果を持つわけではなかった。これらの結果は，エンパワリ

ング・リーダーシップの発揮が心理的エンパワーメントを高めるかどうかに関して，従業員の個人差（プロアクティブ性）の影響があることを示している。したがって，基本仮説4は支持される結果となった。

7－5　分析結果の要約

　本章では，5つの基本仮説を検証するために，日本の製造企業を対象にしたアンケート調査を実施し，そこで得られたデータを統計的手法によって分析することにした。その検証結果をまとめると，次のようになる（表7－9）。

　表7－9を見てもわかる通り，本書で提示した仮説はほぼ実証される結果となった。すべての仮説が検証されたわけではないが，仮説のほとんどは，得られたデータから十分に検証されている。

表7－9　仮説検証の結果

基本仮説1：マネジャーによるエンパワリング・リーダーシップが発揮されるほど，従業員の心理的エンパワーメントは高まる。	支持
基本仮説2：従業員の心理的エンパワーメントが高まるほど，従業員の成果は高まる。	支持
基本仮説3：マネジャーによるエンパワリング・リーダーシップの発揮は，従業員の心理的エンパワーメントを通じて，従業員の成果を高める。	支持
基本仮説4：マネジャーによるエンパワリング・リーダーシップの発揮によって，従業員の心理的エンパワーメントが高まるかどうかは，従業員の行動特性や性格特性によって左右される。	支持
基本仮説5：従業員の心理的エンパワーメントの高まりによって，従業員の成果が高まるかどうかは，従業員の行動特性や性格特性によって左右される。	不支持

7－6　本章のまとめ

　本章では，本書で構築したエンパワーメントモデルから導出された仮説を，
実際に検証した結果について述べてきた。本書の仮説は，5つの基本仮説とそ
れに基づき導出された6つの作業仮説から構成されている。

　基本仮説1から基本仮説3は，従業員の創造性発揮や能力発揮に対するエン
パワリング・リーダーシップの影響プロセスを解明することが目的であり，媒
介分析によって検証された。基本仮説4と基本仮説5は，従業員のタイプによ
るエンパワーメントの有効性を解明することが目的であり，階層的重回帰分析
と二要因の分散分析によって検証された。

　これらの分析結果は，基本仮説5を除いた基本仮説1から基本仮説4を支持
するものであり，本書で提示した仮説は，ほぼ実証される結果となった。次章
以降（第8章と第9章）では，台湾企業を対象にした場合の調査結果を述べて
みたい。

【注】

1）合成変数は，各因子得点を単純加算平均によって算出している。

2）性別（女性＝0，男性＝1），年齢（25歳以下＝1，26から35歳＝2，36から45歳＝3，
　46から55歳＝4，56歳以上＝5）で回答を求めている。

3）Baron, R. M. & D. A. Kenny, "The Moderator-Mediator Variable Distinction in Social
　Psychological Research: Conceptual, Strategic, and Statistical Considerations", *Journal of
　Personality and Social Psychology*, Vol.51, 1986; pp.1173-1182.

4）ステップ①からステップ③は，共分散構造分析によって検証している。

5）間接効果が有意であるかどうかは，ブートストラップ法によって95％信頼区間を算出す
　ることで検討される。ブートストラップ法によって算出された95％信頼区間に0が含まれ
　ていなければ，間接効果は5％水準で有意となり，95％信頼区間に0が含まれていれば，
　間接効果は5％水準で有意とならない。

6）エンパワリング・リーダーシップ，心理的エンパワーメント，創造性発揮については，
　各変数を構成する因子間の相関が高かったため，2次因子モデルとして分析することにし

た（第6章参照）。

7）豊田秀樹・真柳麻誉美「繰り返し測定を伴う実験のための因子分析モデル：アイスクリームに関する官能評価」『行動計量学』第28巻，第1号，2001年，5頁。

8）変数の中心化はセンタリングとも呼ばれており，各変数の平均値を各変数から引くという操作のことである。

Aiken, L. S. & S. G. West, *Multiple Regression: Testing and Interpreting Interactions*, Newbury Park: Sage, 1991.

9）一般的に，VIF < 10の場合，多重共線性の問題はないとされている。

第*8*章

台湾企業における仮説検証の方法

　本書では，第5章で導出した仮説を検証するために，台湾企業に勤務する従業員を対象にしたアンケート調査を実施し，収集したデータを，統計的手法で分析することにしている。本章でも，収集したデータの基本的分析（因子分析）から，いかなる結果が得られたのかについて述べてみたい。なお，質問項目については，日本企業に勤務する従業員を対象にした調査と同様の質問項目を用いている。そのため，質問項目の概要については，第6章の第2節を参考にしてほしい。

8－1　アンケート調査の概要

　ここでは，台湾企業の従業員を対象にしたアンケート調査の概要を述べていくことにしよう。台湾企業の従業員を対象にした調査も，従業員1人1人に調査票を配布し，そのデータを解析するといった手法を採用することとした。調査概要は，表8－1に示した通りである。

　なお，日本企業と台湾企業では，データ収集の方法が異なっている。第1に，台湾企業から収集されたデータが，単一の企業ではなく，組合に加盟する複数の企業から収集されていることである。そのため，日本企業で収集されたデータとは異なり，職能，部署人数に関するデータは収集されていない。しかしながら，職種，作業内容等は，小企業でありながらも直属の上司と部下と言う関係性は担保されているため，今回の台湾での調査内容を記すことにした。第2に，性別，年齢に関するデータが収集されていないことである。これら2

表8－1 調査概要

①	調査実施期間	2020年11月1日から2020年11月30日の期間
②	実施場所	台湾国内の企業28社
③	調査票の配布と回収方法	担当者を通じて配布
④	回収率	98％（225名の従業員の中で221名が回答し，この回答の中に欠損値はなかった。）
⑤	調査項目	エンパワリング・リーダーシップ，心理的エンパワーメント，創造性発揮，能力発揮，行動特性，性格特性
⑥	倫理的配慮	個人が特定されないことを念頭に質問項目を作成

つのデータは，匿名性保持の観点から収集することができなかった[1]。

8－2　因子分析

　ここでは，台湾企業の従業員を対象にしたアンケート調査によって収集されたデータに基づいて，因子分析を実施した結果について述べてみたい。

8－2－1　因子分析の方法

　台湾企業の従業員を対象にした調査においても，質問項目の天井効果，フロア効果を確認した上で，①探索的因子分析，②確認的因子分析といった2つの因子分析を行うことにした。そして，天井効果，フロア効果は，平均値（M）＋標準偏差（SD），平均値（M）－標準偏差（SD）で判断し，「天井効果あり」，「フロア効果あり」と確認された質問項目を除外することにした。

　探索的因子分析は，アンケート調査によって収集したデータが，どのような因子構造であるかを探索するために行った（最尤法，プロマックス回転）。具体的な手法としては，固有値1以上を因子抽出基準として，因子負荷量が0.4未満もしくは複数因子に0.4以上の値を示す質問項目を削除し，単純構造になる

まで探索的因子分析を実施することにした。また，各変数を構成する質問項目に対しては，a 係数を算出し，その結果によって，質問項目を削除するか否かを判断することにした。なお，a 係数は 0.7 以上を基準とした。

　そして，探索的因子分析の結果に基づいて確認的因子分析を行い，モデルとデータの適合度を確認した。なお，モデルの適合度指標は，GFI，AGFI，CFI，RMSEA を用いることにした。また，モデルの適合度指標が十分な値を示さなかった場合には，各因子の潜在変数から観測変数への標準化係数で，相対的に低い値を示した項目を削除して，再度，確認的因子分析を実施することにした。

8－2－2　共通方法バイアス（common method bias）

　台湾企業のデータにおいても，日本企業のデータと同様に，Harman の単一因子テストを行うことにした[2]。具体的には，全観測変数に対して探索的因子分析（最尤法，回転なし）を行った[3]。分析の結果，固有値が 1 以上の 20 の因子が抽出された。これら 20 の因子で説明される全観測変数の分散の割合は，73.87％であり，第 1 因子のみによって説明される全観測変数の割合は 32.72％であった。第 1 因子によって説明される全観測変数の分散の割合が過半数を超えていなかったため，本書において共通方法バイアスの問題は深刻ではないことが明らかとなった。

　さらに，本書では，共通方法バイアスの問題を回避するための手段として，質問項目はランダムに並べることにした。こうした方法を採用した理由は，回答者が無意識のうちに一貫性を維持したいという思い，あるいは，自分をよく見せたいというバイアスを回避するためである。

8－2－3　質問項目の回答分布

　本書で作成した質問項目は計 94 項目であり，このすべての質問項目に対して，天井効果，フロア効果を確認した。その結果は以下の通りである（表 8－2 から表 8－7）。なお，表 8－2 から表 8－7 で示した質問番号は実際の調査で行った質問番号である。

表8－2　質問項目の回答分布（エンパワリング・リーダーシップ）

	6 （%）	5 （%）	4 （%）	3 （%）	2 （%）	1 （%）	M	SD
Q1－1	17 （7.7）	87 （39.4）	70 （31.7）	26 （11.8）	19 （8.6）	2 （0.9）	4.23	1.11
Q1－2	19 （8.6）	81 （36.7）	71 （32.1）	27 （12.2）	23 （10.4）	0 （0.0）	4.21	1.11
Q1－3	28 （12.7）	126 （57.0）	46 （20.8）	16 （7.2）	4 （1.8）	1 （0.5）	4.70	0.88
Q1－4	30 （13.6）	92 （41.6）	46 （20.8）	29 （13.1）	18 （8.1）	6 （2.7）	4.31	1.25
Q1－5	13 （5.9）	88 （39.8）	77 （34.8）	28 （12.7）	13 （5.9）	2 （0.9）	4.24	1.01
Q1－6	17 （7.7）	95 （43.0）	53 （24.0）	37 （16.7）	16 （7.2）	3 （1.4）	4.23	1.25
Q1－7	18 （8.1）	69 （31.2）	96 （43.4）	33 （14.9）	4 （1.8）	1 （0.5）	4.28	0.91
Q1－8	12 （5.4）	62 （28.1）	67 （30.3）	44 （19.9）	27 （12.2）	9 （4.1）	3.82	1.24
Q1－9	9 （4.1）	61 （27.6）	68 （30.8）	44 （19.9）	31 （14.0）	8 （3.6）	3.77	1.22
Q1－10	27 （12.2）	76 （34.4）	55 （24.9）	42 （19.0）	13 （5.9）	8 （3.6）	4.17	1.25
Q1－11	23 （10.4）	94 （42.5）	61 （27.6）	22 （10.0）	14 （6.3）	7 （3.2）	4.31	1.18
Q1－12	30 （13.6）	129 （58.4）	54 （24.4）	6 （2.7）	1 （0.5）	1 （0.5）	4.81	0.75
Q1－13	9 （4.1）	56 （25.3）	69 （31.2）	58 （26.2）	23 （10.4）	6 （2.7）	3.78	1.14
Q1－14	15 （6.8）	89 （40.3）	70 （31.7）	29 （13.1）	13 （5.9）	5 （2.3）	4.22	1.10
Q1－15	23 （10.4）	80 （36.2）	61 （27.6）	32 （14.5）	14 （6.3）	11 （5.0）	4.22	1.10
Q1－16	16 （7.2）	85 （38.5）	73 （33.0）	26 （11.8）	16 （7.2）	5 （2.3）	4.20	1.12
Q1－17	9 （4.1）	57 （25.8）	81 （36.7）	38 （17.2）	23 （10.4）	13 （5.9）	3.78	1.22
Q1－18	12 （5.4）	40 （18.1）	56 （25.3）	58 （26.2）	37 （16.7）	18 （8.1）	3.45	1.33
Q1－19	10 （4.5）	38 （17.2）	76 （34.4）	51 （23.1）	35 （15.8）	11 （5.0）	3.57	1.22
Q1－20	10 （4.5）	32 （14.5）	65 （29.4）	63 （28.5）	39 （17.6）	12 （5.4）	3.43	1.22
Q1－21	16 （7.2）	68 （30.8）	64 （29.0）	42 （19.0）	22 （10.0）	9 （4.1）	3.94	1.25
Q1－22	11 （5.0）	50 （22.6）	72 （32.6）	46 （20.8）	36 （16.3）	6 （2.7）	3.71	1.21

表8-3 質問項目の回答分布（心理的エンパワーメント）

	6（%）	5（%）	4（%）	3（%）	2（%）	1（%）	M	SD
Q2-1	5（2.3）	32（14.5）	69（31.2）	53（24.0）	51（23.1）	11（5.0）	3.34	1.19
Q2-2	15（6.8）	64（29.0）	67（30.3）	29（13.1）	35（15.8）	11（5.0）	3.83	1.32
Q2-4	11（5.0）	74（33.5）	89（40.3）	28（12.7）	16（7.2）	3（1.4）	4.12	1.03
Q2-5	21（9.5）	95（43.0）	80（36.2）	19（8.6）	4（1.8）	2（0.9）	4.47	0.91
Q2-6	23（10.4）	91（41.2）	78（35.3）	20（9.0）	7（3.2）	2（0.9）	4.44	0.97
Q2-9	21（9.5）	72（32.6）	76（34.4）	36（16.3）	10（4.5）	6（2.7）	4.18	1.13
Q2-10	14（6.3）	51（23.1）	74（33.5）	52（23.5）	26（11.8）	4（1.8）	3.83	1.15
Q2-11	17（7.7）	65（29.4）	68（30.8）	49（22.2）	16（7.2）	6（2.7）	4.00	1.17
Q2-12	23（10.4）	107（48.4）	72（32.6）	15（6.8）	4（1.8）	0（0.0）	4.59	0.84
Q2-13	15（6.8）	101（45.7）	79（35.7）	16（7.2）	9（4.1）	1（0.5）	4.43	0.91
Q2-14	18（8.1）	104（47.1）	80（36.2）	12（5.4）	6（2.7）	1（0.5）	4.51	0.86
Q2-15	20（9.0）	103（46.6）	72（32.6）	19（8.6）	5（2.3）	2（0.9）	4.49	0.92
Q2-16	16（7.2）	86（38.9）	94（42.5）	22（10.0）	3（1.4）	0（0.0）	4.41	0.82
Q2-17	25（11.3）	107（48.4）	66（29.9）	16（7.2）	6（2.7）	1（0.5）	4.57	0.92
Q2-19	27（12.2）	93（42.1）	79（35.7）	17（7.7）	2（0.9）	3（1.4）	4.53	0.93
Q2-21	12（5.4）	78（35.3）	87（39.4）	33（14.9）	9（4.1）	2（0.9）	4.20	0.96
Q2-23	19（8.6）	96（43.4）	80（36.2）	21（9.5）	4（1.8）	1（0.5）	4.46	0.88
Q2-27	7（3.2）	60（27.1）	94（42.5）	41（18.6）	15（6.8）	4（1.8）	3.96	1.01
Q2-28	75（33.9）	113（51.1）	30（13.6）	3（1.4）	0（0.0）	0（0.0）	5.18	0.71
Q4-5	7（3.2）	77（34.8）	94（42.5）	35（15.8）	3（1.4）	5（2.3）	4.16	0.93

166

表8－4　質問項目の回答分布（創造性発揮）

	6（%）	5（%）	4（%）	3（%）	2（%）	1（%）	M	SD
Q2 － 7	25（11.3）	115（52.0）	67（30.3）	11（5.0）	2（0.9）	1（0.5）	4.67	0.81
Q2 － 18	19（8.6）	96（43.4）	83（37.6）	20（9.0）	2（0.9）	1（0.5）	4.48	0.85
Q2 － 22	16（7.2）	105（47.5）	86（38.9）	10（4.5）	4（1.8）	0（0.0）	4.54	0.77
Q2 － 25	24（10.9）	107（48.4）	78（35.3）	10（4.5）	1（0.5）	1（0.5）	4.63	0.79
Q2 － 29	13（5.9）	63（28.5）	88（39.8）	37（16.7）	17（7.7）	3（1.4）	4.04	1.06
Q4 － 1	31（14.0）	119（53.8）	64（29.0）	6（2.7）	1（0.5）	0（0.0）	4.78	0.73
Q4 － 3	11（5.0）	88（39.8）	84（38.0）	24（10.9）	11（5.0）	3（1.4）	4.25	0.99
Q4 － 6	11（5.0）	83（37.6）	98（44.3）	23（10.4）	4（1.8）	2（0.9）	4.31	0.86
Q4 － 9	12（5.4）	77（34.8）	83（37.6）	32（14.5）	13（5.9）	4（1.8）	4.14	1.05
Q4 － 10	11（5.0）	83（37.6）	102（46.2）	21（9.5）	3（1.4）	1（0.5）	4.34	0.81
Q4 － 11	10（4.5）	80（36.2）	106（48.0）	18（8.1）	6（2.7）	1（0.5）	4.30	0.83
Q4 － 12	8（3.6）	54（24.4）	78（35.3）	52（23.5）	24（10.9）	5（2.3）	3.80	1.11
Q4 － 14	16（7.2）	82（37.1）	102（46.2）	17（7.7）	3（1.4）	1（0.5）	4.40	0.82
Q4 － 16	7（3.2）	47（21.3）	81（36.7）	57（25.8）	23（10.4）	6（2.7）	3.73	1.09
Q4 － 21	14（6.3）	82（37.1）	96（43.4）	23（10.4）	4（1.8）	2（0.9）	4.33	0.88
Q4 － 22	11（5.0）	64（29.0）	108（48.9）	27（12.2）	9（4.1）	2（0.9）	4.16	0.91

表8－5　質問項目の回答分布（能力発揮）

	6（%）	5（%）	4（%）	3（%）	2（%）	1（%）	M	SD
Q2 － 3	15（6.8）	67（30.3）	80（36.2）	38（17.2）	18（8.1）	3（1.4）	4.06	1.09

表8-6　質問項目の回答分布（行動特性）

	6 （%）	5 （%）	4 （%）	3 （%）	2 （%）	1 （%）	M	SD
Q3－1	5 （2.3）	48 （21.7）	75 （33.9）	52 （23.5）	38 （17.2）	3 （1.4）	3.64	1.11
Q3－2	14 （6.3）	85 （38.5）	90 （40.7）	21 （9.5）	9 （4.1）	2 （0.9）	4.31	0.94
Q3－3	35 （15.8）	120 （54.3）	43 （19.5）	12 （5.4）	9 （4.1）	2 （0.9）	4.70	0.99
Q3－4	14 （6.3）	71 （32.1）	101 （45.7）	27 （12.2）	4 （1.8）	4 （1.8）	4.24	0.94
Q3－5	5 （2.3）	39 （17.6）	53 （24.0）	73 （33.0）	37 （16.7）	14 （6.3）	3.37	1.20
Q3－6	20 （9.0）	107 （48.4）	71 （32.1）	17 （7.7）	3 （1.4）	3 （1.4）	4.52	0.91
Q3－7	18 （8.1）	116 （52.5）	72 （32.6）	13 （5.9）	1 （0.5）	1 （0.5）	4.61	0.78
Q3－8	10 （4.5）	39 （17.6）	97 （43.9）	58 （26.2）	13 （5.9）	4 （1.8）	3.83	0.99
Q3－9	35 （15.8）	120 （54.3）	47 （21.3）	9 （4.1）	6 （2.7）	4 （1.8）	4.71	0.99
Q3－10	24 （10.9）	102 （46.2）	58 （26.2）	22 （10.0）	10 （4.5）	5 （2.3）	4.42	1.10
Q3－11	25 （11.3）	144 （65.2）	47 （21.3）	4 （1.8）	1 （0.5）	0 （0.0）	4.85	0.65
Q3－12	14 （6.3）	85 （38.5）	79 （35.7）	23 （10.4）	14 （6.3）	6 （2.7）	4.20	1.10
Q3－13	21 （9.5）	102 （46.2）	68 （30.8）	22 （10.0）	7 （3.2）	1 （0.5）	4.48	0.94
Q3－14	16 （7.2）	85 （38.5）	70 （31.7）	28 （12.7）	16 （7.2）	6 （2.7）	4.18	1.14
Q3－15	4 （1.8）	25 （11.3）	66 （29.9）	67 （30.3）	38 （17.2）	21 （9.5）	3.22	1.19
Q3－16	18 （8.1）	93 （42.1）	73 （33.0）	25 （11.3）	10 （4.5）	2 （0.9）	4.35	1.00
Q3－17	9 （4.1）	59 （26.7）	81 （36.7）	33 （14.9）	29 （13.1）	10 （4.5）	3.80	1.22
Q3－18	13 （5.9）	92 （41.6）	92 （41.6）	19 （8.6）	2 （0.9）	3 （1.4）	4.39	0.87
Q3－19	17 （7.7）	80 （36.2）	93 （42.1）	27 （12.2）	1 （0.5）	3 （1.4）	4.34	0.90
Q3－20	13 （5.9）	66 （29.9）	70 （31.7）	53 （24.0）	12 （5.4）	7 （3.2）	3.97	1.13
Q3－21	16 （7.2）	67 （30.3）	85 （38.5）	38 （17.2）	9 （4.1）	6 （2.7）	4.11	1.08
Q3－22	11 （5.0）	59 （26.7）	73 （33.0）	40 （18.1）	28 （12.7）	10 （4.5）	3.80	1.24
Q3－23	18 （8.1）	112 （50.7）	57 （25.8）	20 （9.0）	12 （5.4）	2 （0.9）	4.44	1.02
Q3－24	17 （7.7）	91 （41.2）	70 （31.7）	26 （11.8）	11 （5.0）	6 （2.7）	4.27	1.10
Q3－25	14 （6.3）	95 （43.0）	80 （36.2）	26 （11.8）	3 （1.4）	3 （1.4）	4.37	0.92
Q3－26	4 （1.8）	43 （19.5）	85 （35.8）	56 （25.3）	27 （12.2）	6 （2.7）	3.65	1.07
Q3－27	11 （5.0）	77 （34.8）	84 （38.0）	32 （14.5）	15 （6.8）	2 （0.9）	4.14	1.02
Q3－28	7 （3.2）	38 （17.2）	95 （43.0）	59 （26.7）	16 （7.2）	6 （2.7）	3.74	1.02
Q3－29	20 （9.0）	112 （50.7）	77 （34.8）	11 （5.0）	1 （0.5）	0 （0.0）	4.63	0.74

表8-7　質問項目の回答分布（性格特性）

	6（%）	5（%）	4（%）	3（%）	2（%）	1（%）	M	SD
Q4-2	20（9.0）	76（34.4）	98（44.3）	19（8.6）	7（3.2）	1（0.5）	4.36	0.91
Q4-4	12（5.4）	60（27.1）	105（47.5）	30（13.6）	12（5.4）	2（0.9）	4.11	0.96
Q4-7	11（5.0）	49（22.2）	107（48.4）	30（13.6）	21（9.5）	3（1.4）	3.95	1.03
Q4-8	15（6.8）	56（25.3）	90（40.7）	40（18.1）	13（5.9）	7（3.2）	4.00	1.11
Q4-13	7（3.2）	40（18.1）	85（38.5）	50（22.6）	33（14.9）	6（2.7）	3.64	1.12
Q4-20	20（9.0）	83（37.6）	68（30.8）	30（13.6）	16（7.2）	4（1.8）	4.22	1.13

　ここで用いた質問項目において，平均値＋標準偏差が6（最大値）を超える項目，あるいは，平均値－標準偏差が1（最低値）を下回る項目は存在しなかった。全質問項目において，天井効果，フロア効果が確認されなかったことから，質問項目を除外することなく以降の分析を実施することにした。

8-2-4　探索的因子分析の結果

　モデルの主要な変数である，①エンパワリング・リーダーシップ，②心理的エンパワーメント，③創造性発揮，④行動特性に関する探索的因子分析の結果は以下の通りである（表8-8から表8-11）。なお，能力発揮は質問項目が1つであり，性格特性（開放性）は，当初想定した通り1因子構造であったため，ここでは結果を記載していない。

表8-8　探索的因子分析の結果（エンパワリング・リーダーシップ）

質問項目		第1因子	第2因子
Q1-1	上司は，あなたにない新たな視点を与えてくれる。	.521	.170
Q1-2	上司は，あなたにはない専門的知識やスキル，ノウハウを提供してくれる。	.433	.282
Q1-3	上司は，仕事の相談にのってくれる。	.648	.028
Q1-4	上司は，自分が模範を示し，部下たちをリードしてくれる。	.670	.173
Q1-10	上司は，あなたの心の支えになってくれる。	.661	.217
Q1-11	上司は，あなたの心の支えになってくれる。	.857	-.034
Q1-13	上司は，部下たちが自分の意見をいえるチャンスをたびたび与えてくれる。	.476	.368
Q1-15	上司は，あなたの仕事について，まず良い点を伝えてから問題点を指摘する。	.912	-.004
Q1-16	上司は，部下たちから出されたアイディアや提案に耳を傾けてくれる。	.887	-.014
Q1-17	上司は，あなたの仕事について客観的な意見を言ってくれる。	.690	.205
Q1-18	上司は，あなたの成長を素直に誉めてくれる。	.732	.123
Q1-21	上司は，あなたの仕事の成功，失敗に関わらず，まずは労をねぎらってくれる。	.788	.059
Q1-5	上司は，必要な情報を提供してくれる。	.174	.523
Q1-8	上司は，部下たちに期待することを，しばしば語ってくれる。	-.085	1.020
Q1-9	上司は，あなたの仕事が，あなたにとって，どれだけ意味があるかを説明してくれる。	.030	.930
Q1-20	上司は，あなたの仕事が，会社や職場にとって，どれだけ意味があるかを説明してくれる。	.300	.523

表 8 − 9 探索的因子分析の結果（心理的エンパワーメント）

	質問項目	第1因子	第2因子	第3因子
Q2 − 6	あなたは，自分の能力に自信を持って，今の仕事を行っている。	.507	.350	.050
Q2 − 14	あなたは，今のあなたの仕事で必要なスキルをマスターしている。	.905	− .189	− .069
Q2 − 15	あなたにとって，今の仕事は得意な方である。	1.088	− .300	− .121
Q2 − 16	あなたの仕事は，順調に進んでいる。	.722	.126	− .025
Q2 − 23	あなたは，今の仕事をうまくこなしている。	.575	.189	.090
Q4 − 5	あなたは，現在，物事がうまくいっていると感じている。	.653	.118	.014
Q2 − 4	あなたは，あなたの掲げた仕事の目標を達成しつつある。	.199	.416	.186
Q2 − 5	あなたの仕事は，価値ある目的に貢献している。	.303	.424	.119
Q2 − 9	あなたの仕事は，あなたに喜びと満足を与えてくれる。	.134	.602	.128
Q2 − 11	あなたは，あなたの仕事がつまらなく思えて仕方ないことがある。（逆転項目）	− .264	.748	− .107
Q2 − 12	あなたの仕事は，なんとか前へ進んでいる。	.090	.487	− .034
Q2 − 17	あなたの仕事は，あなたにとって意味ある仕事である。	− .010	.812	− .087
Q2 − 19	あなたは，仕事で成長していると思う。	.032	.833	− .178
Q2 − 21	あなたは，仕事の中に思いつきを活かしたり，新鮮な試みをすることができる。	.068	.593	.192
Q2 − 28	あなたは，今やっている自分の仕事を大切にしている。	− .113	.580	− .105
Q2 − 1	あなたは，仕事のペースを自由に変えることができる。	− .085	− .168	.924
Q2 − 2	上司の指示がなくても，あなたの判断で仕事を進めることができる。	− .087	− .127	.801
Q2 − 27	仕事の手順や方法は，あなたの判断で変えることができる。	.065	.048	.552

表8-10　探索的因子分析の結果（創造性発揮）

	質問項目	第1因子	第2因子
Q2-29	あなたは，新規プロジェクトや仕事のやり方の改革へのアイディアをはっきりと提案している。	.713	-.007
Q4-3	あなたは，会社や職場に関連した情報を集めている。	.453	.195
Q4-6	あなたは，お客様や関連部署の立場に立った意見を出している。	.634	.178
Q4-9	あなたは，会社や仕事に必要と考える分野を勉強している。	.671	.057
Q4-10	あなたは，お客様や関連部署を優先した考えをしている。	.482	.246
Q4-11	あなたは，お客様や関連部署の要求や興味を踏まえて対応している。	.441	.359
Q4-12	あなたは，お客様や関連部署からニーズや不満をよく聞いている。	.450	.121
Q4-16	あなたは，業界や競合企業などに関する知識を深めている。	.830	-.170
Q4-21	あなたは，より良い方法を考えつく。	.628	.243
Q4-22	あなたは，今までにないアイディアを出している。	.922	-.146
Q2-7	あなたは，仕事上の問題を効率的に解決している。	.178	.520
Q2-18	あなたは，仕事をより効率的に進めている。	.178	.499
Q2-22	あなたは，仕事の課題・問題点を明確にしている。	-.073	.724
Q2-25	あなたは，日々改善しながら仕事を進めている。	.087	.554
Q4-1	あなたは，業務遂行に必要な情報を収集している。	-.182	.860
Q4-14	あなたは，より効果的なやり方を思いつく。	.368	.434

表 8 − 11　探索的因子分析の結果（行動特性）

	質問項目	第1因子	第2因子	第3因子	第4因子
Q3−2	あなたは、上司に対してきちんとした言葉遣いをしている。	.657	.119	−.070	.012
Q3−4	あなたは、上司から受けた指示や注意は1回で理解する。	.503	.126	.191	−.056
Q3−6	あなたは、上司に対する連絡・報告・相談を大切にしている。	.551	.047	.225	−.047
Q3−7	あなたは、上司から与えられた役割を受け入れている。	.691	−.221	.213	−.031
Q3−9	あなたは、上司に対して知ったかぶりはしない。	.563	.004	−.120	.005
Q3−11	あなたは、上司に対する自分の立場をわきまえている。	.853	−.242	−.259	.034
Q3−18	あなたは、上司の質問に対して返事が早い。	.444	.344	.042	−.010
Q3−19	あなたは、上司に対して、報告・連絡・相談を行いながら、臨機応変、柔軟な対応をしている。	.581	.393	−.178	.062
Q3−25	あなたは、上司に対して、部下である自分に何ができるかを追及している。	.487	.116	.104	−.100
Q3−29	あなたは、問題やミスをすぐに上司に報告している。	.554	.023	−.001	.107
Q3−1	あなたは、上司が考え付かない新しいことに常に前向きに行動している。	.058	.750	−.119	−.098
Q3−17	あなたは、上司の右腕である。	−.029	.451	.275	.217
Q3−26	あなたは、上司が示した枠を超えて果敢にチャレンジする。	−.122	.724	.065	−.116
Q3−27	あなたは、上司が一から十まで指示しなくても動くことができる。	−.048	.793	-.242	.067
Q3−28	あなたは、上司に対して影響力を発揮して成果を出そうとしている。	−.017	.608	.322	−.054

Q3-14	あなたは，上司に対して良い影響を及ぼしている。	.066	-.101	.931	.089
Q3-15	あなたは，上司あっての自分と心得ている。	-.214	-.063	.823	-.045
Q3-22	あなたは，上司に対して献身的に考え行動している。	-.105	.212	.529	.326
Q3-24	あなたは，上司を信頼している。	.250	-.185	.639	.141
Q3-20	あなたは，上司の意見や考えを否定しない。	.091	-.105	.154	.570
Q3-21	あなたは，上司に対して従順である。	-.029	-.056	-.085	1.066

　エンパワリング・リーダーシップは，日本企業の調査結果と同様に2因子構造（計16項目）であった。第1因子は，自己決定感を高める行動とコンピタンスを高める行動，進歩感を高める行動から構成されていた。そのため，従業員の自律性を促す行動と命名することにした。第2因子は，有意味感を高める行動に関する質問項目で構成されていた。しかしながら，これらの分析結果は，日本企業の分析結果と異なっており，日本企業では，第1因子は自己決定感を高める行動と進歩感を高める行動，第2因子は有意味感を高める行動とコンピタンスを高める行動で構成されていた。

　また，信頼性分析の結果は，第1因子 = .954，第2因子 = .894であり，十分な値を示していた。そのため，エンパワリング・リーダーシップは，上記の因子構造を採用することにした。なお，2つの因子間の相関係数は（r=.817）であった。

　心理的エンパワーメントは，日本企業の調査結果と同様に3因子構造（計18項目）であった。第1因子と第2因子，第3因子は，それぞれコンピタンス，有意味感，自己決定感に関する質問項目で構成されていた。なお，日本企業の調査結果と同様に，進歩感については抽出されない結果となった。

　信頼性分析の結果は，第1因子 = .896，第2因子 = .867，第3因子 = .752であった。第3因子のα係数は，相対的に低い結果となった。これは，質問項目が3項目と少ないことが理由であったと考えられる。しかし，基準値となる0.7を超えていたため，問題ないと判断し，心理的エンパワーメントは，上記の因子構造を採用することにした。また，各因子間の相関係数は，第1因子と第2因子（r=.572），第1因子と第3因子（r=.516），第2因子と第3因子（r=.521）であった。

　創造性発揮は，日本企業の調査結果と同様の当初4因子構造を想定していたが，結果は2因子構造（計16項目）であった。第1因子は，それぞれ顧客優先行動，発案と提案，重要情報行動に関する質問項目で構成されていた。そのため，対外的行動と命名することにした。第2因子は，問題発見と解決に関する質問項目で構成されていた。

　信頼性分析の結果は，第1因子 = .906，第2因子 = .831であり，十分な値

を示していた。そのため，創造性発揮は，上記の因子構造を採用することにした。なお，2つの因子間の相関係数は（r=.841）であった。

　行動特性についても，日本企業の調査結果と同様に，当初，3因子構造を想定していた。しかしながら，受動忠実型が2つの因子に分かれる結果となり4因子構造（21項目）であった。このうち第4因子は，「あなたは，上司の意見や考えを否定しない」，「あなたは，上司に対して従順である」といった上司に対する受け身の姿勢が顕著に表れた質問項目で構成されていた。そのため，第3因子を受動忠実型，第4因子を受け身の姿勢と命名することにした。なお，第1因子と第2因子は，それぞれ，能動忠実型，プロアクティブ型に関する質問項目で構成されていた。

　信頼性分析の結果は，第1因子 = .869，第2因子 = .832，第3因子 = .836，第4因子 = .796であり，十分な値を示していた。そのため，行動特性は，上記の因子構造を採用することにした。また，各因子間の相関係数は，第1因子と第2因子（r=.446），第1因子と第3因子（r=.327），第1因子と第4因子（r=.356），第2因子と第3因子（r=.342），第2因子と第4因子（r=.446），第3因子と第4因子（r=.516），であった。

8－2－5　確認的因子分析の結果

　次に，日本企業を対象にした調査と同様に，探索的因子分析の結果に基づいて確認的因子分析を実施した。確認的因子分析の目的は，モデルとデータの適合度を確認することである。確認的因子分析は，エンパワリング・リーダーシップ，心理的エンパワーメント，創造性発揮といった本書のモデル内で示される3つの変数に対して行い[4]，表8－12に示した通りの結果が得られた。

表8－12　確認的因子分析の結果

	GFI	AGFI	CFI	RMSEA
エンパワリング・リーダーシップ	.882	.823	.956	.085
心理的エンパワーメント	.872	.829	.930	.072
創造性発揮	.872	.831	.910	.084

　各変数いずれにおいても，CFI は基準となる 0.9 を超えていた。GFI，AGFI
は，基準となる 0.9 を超えていなかったものの，それに近い値を示していたた
め，問題ないと判断した。一方で，RMSEA の値は高く，基準となる 0.05 を
超える結果となった。しかしながら，各変数の 90％信頼区間は，エンパワリ
ング・リーダーシップ（90％上限 = .087，90％下限 = .059），心理的エンパワーメ
ント（90％上限 = .078，90％下限 = .049），創造性発揮（90％上限 = .085，90％下限
= .057）であった。上限はいずれも基準値となる 0.1 未満であったため問題な
いと判断した。以上の結果から，本書では，探索的因子分析によって得られた
各変数（エンパワリング・リーダーシップ，心理的エンパワーメント，創造性発揮）
の因子構造を採用し（表 8 - 13），各変数から構成されるモデルを用いて，次
章以降の仮説検証を行うことにした[5]。

表 8 - 13　各変数の因子構造

エンパワリング・リーダーシップ	心理的エンパワーメント	創造性発揮
従業員の自律性を促す行動（12 項目）	コンピタンス（6 項目）	対外的行動（10 項目）
有意味感を高める行動（4 項目）	有意味感（9 項目）	問題発見と解決（6 項目）
	自己決定感（3 項目）	

8 - 3　本章のまとめ

　本章では，仮説検証のための準備作業として，台湾企業に勤務する従業員か
ら収集したデータの基本的分析として因子分析を実施し，その結果を述べてき
た。質問項目は，①エンパワリング・リーダーシップ，②心理的エンパワーメ
ント，③創造性発揮，④能力発揮，⑤行動特性，⑥性格特性といった 6 つの変

数に関するものであり，日本企業を対象にした調査と同様の質問項目を用いて行った。

　因子分析の目的は，アンケート調査によって収集したデータが，どのような因子構造であるかを確かめることであった。そして，探索的因子分析と確認的因子分析といった2つの因子分析の結果からは，各変数の因子構造が明らかとなり，仮説検証のためのモデルを明確にすることができた点が本章の結論である。

【注】

1）複数の企業からデータを収集しているため，単一の企業から収集されたデータと異なり，さまざまなバイアスが入り込む可能性がある。この点は，今後の課題である。

2）Podsakoff, P. M. & D. W. Organ, "Self-Reports in Organizational Research: Problems and Prospects", *Journal of Management*, Vol.12（4），1986; pp.531-544.

3）固有値1以上の因子が1つしか抽出されない場合，および第1因子によって説明される全観測変数の分散の割合が過半数を超える場合，共通方法バイアスの影響が懸念されると判断される。

4）能力発揮は質問項目が1つであったため，確認的因子分析を行っていない。また，エンパワリング・リーダーシップ，心理的エンパワーメント，創造性発揮のいずれにおいても，各変数を構成する因子間の相関が高かったため，2次因子モデルとして分析することにした。

5）すでに述べた通り，心理的エンパワーメントについて進歩感は抽出されていない。しかしながら，進歩感は自らの行動結果を受けての心理状態を表すものである。創造性発揮や能力発揮を促す前段階として必要となるのは，有意味感と自己決定感，コンピタンスを高めることである。そのため，本研究では，この3つの次元から心理的エンパワーメントを構成しても問題ないと判断した。

第 *9* 章

台湾企業における仮説検証の結果

　第7章で述べてきたように，本書では，仮説を検証するために，①媒介分析，②階層的重回帰分析，③二要因の分散分析といった3つの分析手法を採用してきた。本章でも，台湾企業を対象に，これら3つの分析手法によって，いかなる結果が得られたのかを述べていくことにする[1]。

9－1　分析方法

　ここでは，本書の仮説を再度提示し，本書で用いた3つの分析手法が，いずれの仮説に対応した手法であるのかを述べていくことにしよう。本書の仮説は，第4章で構築したエンパワーメントモデルに基づいて導き出されたものであり，以下で示す5つの基本仮説から構成されている。

> 基本仮説1：マネジャーによるエンパワリング・リーダーシップが発揮されるほど，従業員の心理的エンパワーメントは高まる。
> 基本仮説2：従業員の心理的エンパワーメントが高まるほど，従業員の成果は高まる。
> 基本仮説3：マネジャーによるエンパワリング・リーダーシップの発揮は，従業員の心理的エンパワーメントを通じて，従業員の成果を高める。
> 基本仮説4：マネジャーによるエンパワリング・リーダーシップの発揮によって，従業員の心理的エンパワーメントが高まるかどうか

は，従業員の行動特性や性格特性によって左右される。

　基本仮説5：従業員の心理的エンパワーメントの高まりによって，従業員の
　　　　　　成果が高まるかどうかは，従業員の行動特性や性格特性によっ
　　　　　　て左右される。

　日本企業に勤務する従業員から収集されたデータは，媒介分析（基本仮説1
から基本仮説3）と階層的重回帰分析と二要因の分散分析（基本仮説4と基本仮説
5）によって検証された。台湾企業に勤務する従業員から収集されたデータも
同様であり，媒介分析，階層的重回帰分析，二要因の分散分析によって検証し
ている。以下では，これら3つの分析手法から，いかなる結果が得られたかに
ついて述べていくことにする。

9－2　主要変数の平均値，標準偏差および相関係数

　ここで，分析に先立ち，主要変数（エンパワリング・リーダーシップ，心理的エ
ンパワーメント，創造性発揮，能力発揮，受動忠実型，能動忠実型，プロアクティブ
型，開放性）の記述統計量および変数間の相関関係を示すことにする。なお，
これら各変数の平均値，標準偏差は，合成変数を作成し[2]，それぞれの質問項
目数で除している。

　表9－1の結果を見ると，目的変数である創造性発揮と能力発揮の平均値は
いずれも4.0を超えていた。調査対象となった従業員が，比較的創造性や能力
を発揮していることがわかる。また，エンパワリング・リーダーシップと心理
的エンパワーメントも4.0を超えており，調査対象である従業員のマネジャー
は，エンパワリング・リーダーシップを発揮していることがわかる。

　そして，これら変数間の相関係数はいずれも有意であった。日本企業と同様
に，心理的エンパワーメントと創造性発揮，心理的エンパワーメントと能力発
揮の相関係数の値は高く，それぞれ，（r=.764），（r=.734）であった。台湾企業
においても，従業員が創造性や能力を発揮する前提として，心理的エンパワー
メントが高まる必要があると読み取ることができる。

| 表9－1 | | | | | 主要変数の平均値，標準偏差および相関係数 | | | | | | |

	平均	標準偏差	1	2	3	4	5	6	7	8
1 EL	4.03	0.94								
2 PE	4.30	0.60	.615**							
3 創造性	4.31	0.62	.489**	.764**						
4 能力	4.06	1.10	.514**	.734**	.492**					
5 受①	3.87	0.96	.627**	.565**	.498**	.417**				
6 受②	4.04	1.01	.242**	.253**	.269**	.125*	.573**			
7 能動	4.50	0.59	.563**	.741**	.784**	.499**	.571**	.346**		
8 プロ	3.80	0.79	.413**	.659**	.705**	.522**	.499**	.168*	.598**	
9 開放性	4.05	0.80	.322**	.603**	.792**	.378**	.407**	.244**	.557**	.688**

＊＝5%水準で有意，＊＊＝1%水準で有意
EL＝エンパワリング・リーダーシップ，PE＝心理的エンパワーメント
受①＝受動忠実型，受②＝受け身の姿勢

　エンパワリング・リーダーシップと心理的エンパワーメントの間にも正の相関関係（r=.615）が認められた。このエンパワリング・リーダーシップの発揮が，従業員の心理的エンパワーメントを高め，彼らの創造性発揮や能力発揮に影響を与えることを示唆している。

　個人差の要因である行動特性と性格特性の結果からは，調査対象となった従業員の個人的傾向を知ることができる。平均値が最も高かったのは，能動忠実型であり，この結果は日本企業の従業員と同様であった。プロアクティブ型と開放性は，その意味から考えて親和性が高いことが予想されたが，相関係数の値（r=.688）も高かった。受動忠実型と開放性，受け身の姿勢と開放性，能動忠実型と開放性の相関係数が，それぞれ（r=.407），（r=.244），（r=.557）であったことを考えると，開放性が高い個人は，プロアクティブな行動傾向であることがわかる。

　個人差要因の中で，心理的エンパワーメント，創造性発揮，能力発揮との相関が高かったのはプロアクティブ型であった。相関係数は，それぞれ，

（r=.659），（r=.705），（r=.522）であり，他の個人差要因よりもやや高い値を示していた。

　一方で，エンパワリング・リーダーシップとの相関を見ると，最も高い値を示したのは受動忠実型であり（r=.627），プロアクティブ型とエンパワリング・リーダーシップとの相関は必ずしも高いわけではなかった（r=.413）。これらの結果も，日本企業の従業員と同様であり，台湾企業の従業員においても，マネジャーのエンパワリング・リーダーシップ発揮によって，従業員が心理的エンパワーメントの高まりを認知し，創造性発揮や能力発揮が促されるという本書で想定したモデルに，個人差の影響があることを示唆している。

9－3　媒介分析の結果

　基本仮説1から基本仮説3は，媒介分析によって検証している。この媒介分析の手法は，第7章（3－1）で述べた通りである。以下では，媒介分析から，いかなる検証結果が得られたのかを述べていくことにする。

9－3－1　基本仮説1と基本仮説2の検証
　まず，基本仮説1と基本仮説2を検証した結果について述べていくことにする。この2つの仮説検証は，エンパワーメントモデルで示される4つの変数間の基本的関係（エンパワリング・リーダーシップ → 心理的エンパワーメント，心理的エンパワーメント → 創造性発揮，心理的エンパワーメント → 能力発揮）を明らかにするものであり，共分散構造分析によって検証することにした[3]。また，本書では，従業員の成果を創造性発揮と能力発揮の2つから捉えているため，基本仮説2については，以下の通り，2つの作業仮説に分けられる。

　作業仮説2－1：従業員の心理的エンパワーメントが高まるほど，従業員の
　　　　　　　　　創造性発揮は高まる。
　作業仮説2－2：従業員の心理的エンパワーメントが高まるほど，従業員の
　　　　　　　　　能力発揮は高まる。

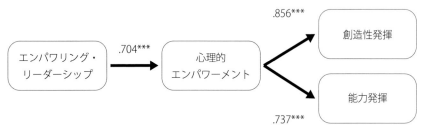

GFI=.654，AGFI=.623，CFI=.817，RMSEA=.076
＊＊＊= 0.1％水準で有意

図 9 － 1　共分散構造分析の結果

　そして，これら仮説の検証結果を示したのが図 9 － 1 である。図中には，図解の煩雑さを避けるために潜在変数のみを示し，観測変数と誤差変数は示さなかった（これ以降のモデルも同様である）。なお，いずれのモデルにおいても，2次因子から1次因子へのパス係数，1次因子から観測変数へのパス係数の値は0.1％水準で有意であった。

　モデルの適合度指標は，GFI=.654，AGFI=.623，CFI=.817，RMSEA=.076であった。GFI と AGFI の値が低いものの，GFI と AGFI は，観測変数の数が多い場合に影響を受けやすい性質があり，RMSEA の値が0.1を下回っている点を重視して，上記のモデルは受容可能であると判断した。

　分析結果からは，基本仮説1と基本仮説2の両方を支持する結果が得られた。マネジャーによるエンパワリング・リーダーシップの発揮は，従業員の心理的エンパワーメントを高めていた。さらに，従業員の心理的エンパワーメントが高まるほど，彼らの創造性や能力の発揮が促されていた。パス係数の値を見ると，エンパワリング・リーダーシップから心理的エンパワーメント（.704，p<.001），心理的エンパワーメントから創造性発揮（.856，p<.001），心理的エンパワーメントから能力発揮（.737，p<.001）となっており，いずれも統計的に有意であった。

9−3−2　基本仮説3の検証

　次に，基本仮説3を検証した結果について述べていくことにする。基本仮説3は，マネジャーによるエンパワリング・リーダーシップの発揮から，従業員の成果に至るまでのプロセスを問題にしている。具体的な検証目的は，これらの関係が，心理的エンパワーメントを媒介にした間接的プロセスであるのかどうかを明らかにすることである。本書では，従業員の成果を創造性発揮と能力発揮の2つから捉えているため，基本仮説3は，以下の通り，2つの作業仮説に区分される。

　　作業仮説3−1：マネジャーによるエンパワリング・リーダーシップの発揮
　　　　　　　　　　は，従業員の心理的エンパワーメントを通じて，従業員の
　　　　　　　　　　創造性発揮を促す。
　　作業仮説3−2：マネジャーによるエンパワリング・リーダーシップの発揮
　　　　　　　　　　は，従業員の心理的エンパワーメントを通じて，従業員の
　　　　　　　　　　能力発揮を促す。

　上記の2つの作業仮説は，媒介分析によって検証された。以下では，目的変数を創造性発揮と能力発揮に区分し，それぞれの分析結果について述べていくことにする。

9−3−2−1　目的変数が創造性発揮のモデル検証

　目的変数が創造性発揮である場合の検証結果は，図9−2，図9−3の通りである。なお，図9−2は共分散構造分析，図9−3は媒介分析の結果を示している。

GFI=.749，AGFI=.712，CFI=.873，RMSEA=.082
＊＊＊＝0.1％水準で有意

図9−2　共分散構造分析の結果（EL→創造性発揮）

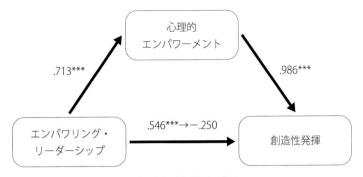

GFI=.663, AGFI=.631, CFI=.824, RMSEA=.075
95% CI ［.573, .975］
＊＊＝1％水準で有意, ＊＊＊＝0.1％水準で有意

| 図9－3 | 媒介分析の結果（目的変数＝創造性発揮） |

　各モデルの適合度指標は，図9－2（GFI=.749, AGFI=.712, CFI=.873, RMSEA
=.082），図9－3（GFI=.663, AGFI=.631, CFI=.824, RMSEA=.075）であった。観
測変数の数が多かったため，GFIとAGFIは基準値を下回っていたが，
RMSEAは，いずれのモデルも0.1を下回っており，受容可能であると判断し
た。

　そして，媒介分析の結果からは，エンパワリング・リーダーシップの発揮
が，従業員の心理的エンパワーメントを媒介にして，彼らの創造性発揮に影響
を与えていることが明らかとなった。ブートストラップ法（リサンプリング回数
1,000回）によって算出された95％信頼区間には0が含まれておらず（上限
＝.975，下限＝.573），間接効果は有意であった。さらに，エンパワリング・
リーダーシップから創造性発揮へのパス係数の値は，.546（p<.001）から－.250
（非有意）へと変化したため，心理的エンパワーメントの媒介効果は完全媒介
であった。したがって，台湾企業を対象にした場合においても，作業仮説3－
1は支持される結果となった。

9－3－2－2　目的変数が能力発揮のモデル検証
　目的変数が能力発揮である場合の検証結果は，図9－4と図9－5の通りで

GFI=.883，AGFI=.830，CFI=.958，RMSEA=.079
＊＊＊＝0.1％水準で有意

図9－4　共分散構造分析の結果（EL→能力発揮）

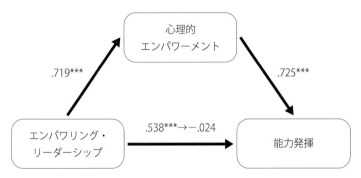

GFI=.727，AGFI=.688，CFI=.867，RMSEA=.079
95% CI ［.376，.726］
＊＊＊＝0.1％水準で有意

図9－5　媒介分析の結果（目的変数＝能力発揮）

ある。なお，図9－4は共分散構造分析，図9－5は媒介分析の結果を示している。

　各モデルの適合度指標は，図9－4（GFI=.883，AGFI=.830，CFI=.958，RMSEA=.079），図9－5（GFI=.727，AGFI=.688，CFI=.867，RMSEA=.079）であった。観測変数の数が多かったため，GFIとAGFIは基準値を下回っていたが，RMSEAは，いずれのモデルも0.1を下回っており，受容可能であると判断した。

　そして，媒介分析の結果からは，エンパワリング・リーダーシップの発揮が，従業員の心理的エンパワーメントを媒介にして，彼らの能力発揮に影響を与えていることが明らかとなった。ブートストラップ法（リサンプリング回数

1,000回）によって算出された95％信頼区間には0が含まれておらず（上限 = .726，下限 = .376），間接効果は有意であった。さらに，エンパワリング・リーダーシップから能力発揮へのパス係数の値は，.538（p<.001）から － .024（非有意）へと変化したため，心理的エンパワーメントの媒介効果は完全媒介であった。したがって，台湾企業を対象にした場合においても，作業仮説3 － 2は支持される結果となった。

9 － 4　階層的重回帰分析の結果

基本仮説4と基本仮説5は，階層的重回帰分析と二要因の分散分析によって検証している。ここでは，この2つの分析からいかなる結果が得られたのかを述べてみたい。

9 － 4 － 1　階層的重回帰分析の方法

階層的重回帰分析は，心理的エンパワーメント，創造性発揮，能力発揮を目的変数として説明変数（エンパワリング・リーダーシップ，心理的エンパワーメント）とモデレータ変数（受動忠実型，受け身の姿勢，能動忠実型，プロアクティブ型，開放性）との交互作用の効果を検討するために実施した[4]。なお，変数投入法は強制投入法を採用している。

具体的な手順としては，まず，ステップ1において，モデレータ変数を投入した。そして，ステップ2において，説明変数を投入し，ステップ3において，説明変数とモデレータ変数の交互作用項を投入した。さらに，階層的重回帰分析の結果，交互作用項が有意であれば，追加検証として二要因の分散分析を行った。

目的変数が心理的エンパワーメントの場合，説明変数はエンパワリング・リーダーシップであり，モデレータ変数は受動忠実型，受け身の姿勢，能動忠実型，プロアクティブ型，開放性の5つである。交互作用項は，エンパワリング・リーダーシップとこれら5つのモデレータ変数を掛け合わせている。

目的変数が創造性発揮，能力発揮の場合，説明変数は心理的エンパワーメン

トであり，モデレータ変数は受動忠実型，受け身の姿勢，能動忠実型，プロアクティブ型，開放性の5つである。交互作用項は，心理的エンパワーメントとこれら5つのモデレータ変数を掛け合わせている。

9－4－2　基本仮説4と基本仮説5の検証

　基本仮説4と基本仮説5を検証する目的は，エンパワリング・リーダーシップが心理的エンパワーメントに影響を与える，心理的エンパワーメントが創造性発揮に影響を与える，心理的エンパワーメントが能力発揮に影響を与えるといった3つの変数間の関係に，個人差（行動特性，性格特性）の影響があるのかどうかを確認することである。なお，本書では，従業員の成果を創造性発揮と能力発揮の2つから捉えているため，心理的エンパワーメントと成果との関係における個人差の影響を検証する基本仮説5は，以下の通り，2つの作業仮説に区分される。

　　作業仮説5－1：従業員の心理的エンパワーメントの高まりによって，従業員の創造性発揮が高まるかどうかは，従業員の個人差によって左右される。
　　作業仮説5－2：従業員の心理的エンパワーメントの高まりによって，従業員の能力発揮が高まるかどうかは，従業員の個人差によって左右される。

　以下では，目的変数＝心理的エンパワーメント，目的変数＝創造性発揮，目的変数＝能力発揮の順で階層的重回帰分析の結果を述べてみたい。

9－4－2－1　目的変数が心理的エンパワーメントのモデル検証

　目的変数＝心理的エンパワーメントの場合の階層的重回帰分析の結果を示したのが表9－2である。なお，偏回帰係数の解釈を容易にし，主効果項と交互作用項の間に内在する多重共線性の問題に対応するため，Aiken & West（1991）にしたがって，すべての連続変数量の変数に中心化の処理を施している。ま

表9－2　階層的重回帰分析結果（目的変数＝心理的エンパワーメント）

目的変数 = PE	モデル1			モデル2			モデル3		
	β	SE	p	β	SE	p	β	SE	p
受動①	.121	.037	**	.034	.040		-.024	.044	
受動②	-.052	.030		-.025	.030		.014	.030	
能動	.466	.058	***	.383	.058	***	.426	.057	***
プロ	.151	.048	**	.152	.046	**	.128	.045	**
開放性	.117	.043	**	.125	.042	**	.122	.042	**
EL				.156	.034	***	.148	.034	***
EL*受①							-.075	.034	*
EL*受②							-.003	.029	
EL*能動							.178	.052	**
EL*プロ							-.091	.042	*
EL*開放							-.033	.039	
△R²					.031***			.037***	
R²		.649***			.680***			.717***	
F 値		79.560			75.817			48.082	

β ＝非標準化偏回帰係数，SE ＝標準誤差
＊＝5％水準で有意，＊＊＝1％水準で有意，＊＊＊＝0.1％水準で有意
EL ＝エンパワリング・リーダーシップ，PE ＝心理的エンパワーメント
受①＝受動忠実型，受②＝受け身の姿勢

た，VIF（Variance inflation factor）を確認した結果，全変数の VIF は 1.12 から 2.36 の範囲の値となり，多重共線性の問題は生じていなかった。

　目的変数＝心理的エンパワーメントの場合の階層的重回帰分析の結果，交互作用項が有意であったのは，エンパワリング・リーダーシップと受動忠実型（β ＝ － .075, p<.05），エンパワリング・リーダーシップと能動忠実型（β ＝ .178, p<.01），エンパワリング・リーダーシップとプロアクティブ型（β ＝ － .091, p<.05）であった。一方で，エンパワリング・リーダーシップと受け身の姿勢

表9－3　階層的重回帰分析結果（目的変数＝創造性発揮）

目的変数 ＝創造性	モデル1			モデル2			モデル3		
	β	SE	p	β	SE	p	β	SE	p
受動①	.001	.029		-.025	.028		-.074	.029	
受動②	-.015	.023		-.004	.023		.013	.022	
能動	.496	.045	***	.398	.049	***	.392	.046	***
プロ	.088	.037	*	.057	.036		.120	.037	**
開放性	.356	.034	***	.331	.033	***	.339	.032	***
PE				.212	.051	***	.212	.048	***
PE*受①							.137	.045	
PE*受②							-.045	.036	
PE*能動							.078	.068	
PE*プロ							-.119	.050	
PE*開放							.062	.046	
△R²					.015***			.034	
R²		.804***			.818***			.853***	
F値		175.991			160.613			109.858	

β＝非標準化偏回帰係数，SE＝標準誤差
＊＝5％水準で有意，＊＊＝1％水準で有意，＊＊＊＝0.1％水準で有意
PE＝心理的エンパワーメント，受①＝受動忠実型，受②＝受け身の姿勢

の交互作用項（β＝－.003，p＝ns），開放性の交互作用項（β＝－.033，p＝ns）であり，いずれも統計的に有意ではなかった。

9－4－2－2　目的変数が創造性発揮，能力発揮のモデル検証

　次に，目的変数＝創造性発揮，目的変数＝能力発揮の場合の階層的重回帰分析の結果を述べていくことにする（表9－3と表9－4参照）。なお，いずれの分析においてもすべての連続変数量の変数に中心化の処理を施している。また，VIF（Variance inflation factor）を確認した結果，全変数のVIFは1.03から

表9－4　階層的重回帰分析結果（目的変数＝能力発揮）

目的変数 ＝能力	モデル1			モデル2			モデル3		
	β	SE	p	β	SE	p	β	SE	p
受動①	.223	.092	＊	.051	.078		.058	.086	
受動②	-.132	.075		-.059	.062		-.060	.065	
能動	.485	.143	＊＊	-.178	.134		-.188	.137	
プロ	.429	.118	＊＊＊	.214	.099	＊	266	.110	＊
開放性	-.042	.108		-.208	.090	＊	-.192	.094	＊
PE				1.423	.139	＊＊＊	1.396	.142	＊＊＊
PE＊受①							.117	.134	
PE＊受②							-.133	.106	
PE＊能動							.135	.202	
PE＊プロ							-.188	.148	
PE＊開放							.118	.136	
△R²					.215＊＊＊			.012	
R²		.347＊＊＊			.563＊＊＊			.574＊＊＊	
F値		22.874			45.864			25.643	

β ＝非標準化偏回帰係数，SE ＝標準誤差
＊＝ 5％水準で有意，＊＊＝ 1％水準で有意，＊＊＊＝ 0.1％水準で有意
PE ＝心理的エンパワーメント，受①＝受動忠実型，受②＝受け身の姿勢

2.63 の範囲の値となり，多重共線性の問題は生じていなかった。

　目的変数＝創造性発揮の場合の階層的重回帰分析の結果，統計的に有意となる交互作用項は存在しなかった。心理的エンパワーメントと受動忠実型の交互作用項（β ＝ .137，p ＝ ns），受け身の姿勢の交互作用項（β ＝ － .045，p ＝ ns），能動忠実型の交互作用項（β ＝ .078，p ＝ ns），プロアクティブ型の交互作用項（β ＝ － .119，p ＝ ns），開放性の交互作用項（β ＝ .062，p ＝ ns）であった。

　目的変数＝能力発揮の場合における階層的重回帰分析の結果も同様であり，統計的に有意となる交互作用項は存在しなかった。心理的エンパワーメントと

受動忠実型の交互作用項（β = .117, p = ns），受け身の姿勢の交互作用項（β = − .133, p = ns），能動忠実型の交互作用項（β = .135, p = ns），プロアクティブ型の交互作用項（β = − .188, p = ns），開放性の交互作用項（β = .118, p = ns）であった。

　これら2つの分析結果は，日本企業と同様であり，心理的エンパワーメント → 創造性発揮，心理的エンパワーメント → 能力発揮といった2つの変数間の関係に，個人差の影響がないことを意味している。したがって，作業仮説5と作業仮説6は支持されず，基本仮説5も支持されない結果となった。

9−4−2−3　二要因の分散分析の結果

　目的変数が心理的エンパワーメントの場合において，交互作用項が有意であったのは，エンパワリング・リーダーシップと受動忠実型，エンパワリング・リーダーシップと能動忠実型，エンパワリング・リーダーシップとプロアクティブ型の3つであった。そして，交互作用項が有意であったため，交互作用の効果をより詳細に把握することを目的として，エンパワリング・リーダーシップ（3群）と受動忠実型（2群），エンパワリング・リーダーシップ（3群）と能動忠実型（2群），エンパワリング・リーダーシップ（3群）とプロアクティブ型（2群）の二要因の分散分析を実施することにした（表9−5，表9−6，表9−7参照）。

　なお，エンパワリング・リーダーシップの群分けは，下位尺度得点を算出し，度数分布表を参考にサンプル数が均等になるように高群，中群，低群に分類した。一方で，受動忠実型，能動忠実型，プロアクティブ型の群分けは，下位尺度得点を算出し，平均値以上を高群，平均値未満を低群に分類することにした。最終的に用いたサンプルは，エンパワリング・リーダーシップ高群（69名，31.2%），エンパワリング・リーダーシップ中群（88名，39.8%），エンパワリング・リーダーシップ低群（64名，29.0%），受動忠実型高群（125名，56.6%），受動忠実型低群（96名，43.4%），能動忠実型高群（123名，55.7%），能動忠実型低群（98名，44.3%），プロアクティブ型高群（123名，55.7%），プロアクティブ型低群（98名，44.3%）であった。

　二要因の分散分析の結果，エンパワリング・リーダーシップとプロアクティ

表9－5　受動忠実型による各得点と分散分析結果

目的変数 = PE	EL 低群		EL 中群		EL 高群		主効果		交互作用
	受①低	受①高	受①低	受①高	受①低	受①高	EL (F 値)	受① (F 値)	EL ×受① (F 値)
	3.77	4.25	4.11	4.38	4.83	4.74	21.47***	6.27*	2.87
	(0.61)	(0.73)	(0.34)	(0.42)	(0.44)	(0.42)			

上段：平均値，下段：標準偏差
＊＝5％水準で有意，＊＊＊＝0.1％水準で有意
EL ＝エンパワリング・リーダーシップ，PE ＝心理的エンパワーメント
受①＝受動忠実型

表9－6　能動忠実型による各得点と分散分析結果

目的変数 = PE	EL 低群		EL 中群		EL 高群		主効果		交互作用
	能動低	能動高	能動低	能動高	能動低	能動高	EL (F 値)	能動 (F 値)	EL ×能動 (F 値)
	3.66	4.37	4.03	4.50	4.15	4.84	12.86***	76.22***	1.56
	(0.57)	(0.60)	(0.31)	(0.36)	(0.28)	(0.36)			

上段：平均値，下段：標準偏差
＊＊＊＝0.1％水準で有意
EL ＝エンパワリング・リーダーシップ，PE ＝心理的エンパワーメント

表9－7　プロアクティブ型による各得点と分散分析結果

目的変数 = PE	EL 低群		EL 中群		EL 高群		主効果		交互作用
	プロ低	プロ高	プロ低	プロ高	プロ低	プロ高	EL (F 値)	プロ (F 値)	EL ×プロ (F 値)
	3.58	4.27	4.09	4.45	4.51	4.82	37.73***	47.46***	3.25*
	(0.54)	(0.61)	(0.38)	(0.36)	(0.51)	(0.36)			

上段：平均値，下段：標準偏差
＊＝5％水準で有意，＊＊＊＝0.1％水準で有意
EL ＝エンパワリング・リーダーシップ，PE ＝心理的エンパワーメント

ブ型の交互作用のみ有意であった（F（2,215）＝3.25,p<.05）。交互作用が認められたため，次に単純主効果検定を実施することにした。

目的変数＝心理的エンパワーメントの場合の階層的重回帰分析の結果，エンパワリング・リーダーシップとプロアクティブ型の交互作用項は，符号がマイナスであった。これは，以下2つの解釈の内どちらかが成り立つことになる。

① 個人のプロアクティブ性が高まると，エンパワリング・リーダーシップが心理的エンパワーメントに与える効果が弱まる。
② エンパワリング・リーダーシップが発揮されると，個人のプロアクティブ性が心理的エンパワーメントに与える効果が弱まる。

上記2つの内，いずれの状況が起こっているかは，単純主効果検定によって判断される。そして，その結果を示したのが図9－6，表9－8から表9－10である。

階層的重回帰分析および単純主効果検定の結果を見ると，その分析結果の解

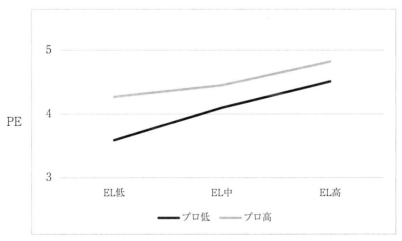

EL＝エンパワリング・リーダーシップ，PE＝心理的エンパワーメント

図9－6　プロアクティブ型高低によるELとPEとの関係

194

表9-8　各群における PE の平均値

目的変数＝ PE		プロアクティブ型	
		低	高
EL	低	PE = 3.59	PE = 4.27
	中	PE = 4.10	PE = 4.45
	高	PE = 4.51	PE = 4.82

EL ＝エンパワリング・リーダーシップ，PE ＝心理的エンパワーメント

表9-9　群間比較の結果

	低	高
EL 低と EL 中	有意	非有意
EL 低と EL 高	有意	有意
EL 中と EL 高	有意	有意

EL ＝エンパワリング・リーダーシップ

表9-10　群間比較の結果

	EL 低	EL 中	EL 高
プロ低とプロ高	有意	有意	有意

EL ＝エンパワリング・リーダーシップ

釈は，日本企業と同様に「個人のプロアクティブ性が高まると，エンパワリング・リーダーシップが心理的エンパワーメントに与える効果が弱まる」ということになる。

　まず，エンパワリング・リーダーシップ各群におけるプロアクティブ低群とプロアクティブ高群の心理的エンパワーメントの平均値の差はいずれも統計的に有意であった。一方で，プロアクティブ低群とプロアクティブ高群におけるエンパワリング・リーダーシップ低群とエンパワリング・リーダーシップ中群の心理的エンパワーメントの平均値の差は異なる結果であった。

　プロアクティブ低群におけるエンパワリング・リーダーシップ低群の心理的エンパワーメントの平均値は 3.59，エンパワリング・リーダーシップ中群の心理的エンパワーメントの平均値は 4.10 であり，2 つの心理的エンパワーメントの平均値の差は統計的に有意であった。一方で，プロアクティブ高群におけるエンパワリング・リーダーシップ低群の心理的エンパワーメントの平均値は 4.27，エンパワリング・リーダーシップ中群の心理的エンパワーメントの平均値は 4.45 であり，2 つの平均値の差は統計的に有意ではなかった。

　これらの結果は，第 1 に，プロアクティブ性の違いによって，心理的エンパワーメントの認知に差が出ることを示している。エンパワリング・リーダーシップ各群におけるプロアクティブ低群とプロアクティブ高群の心理的エンパワーメントの平均値の差はいずれも統計的に有意であるという結果から，プロアクティブ性が低い個人よりもプロアクティブ性が高い個人の方が，心理的エンパワーメントに対する認知が高いことを示している。

　しかしながら，プロアクティブ高群におけるエンパワリング・リーダーシップ低群とエンパワリング・リーダーシップ中群の心理的エンパワーメントの平均値の差は統計的に有意ではなかったため，プロアクティブ性が高い個人に対しては，エンパワリング・リーダーシップの発揮が，それほど従業員の心理的エンパワーメントに影響を与えていないことがわかる。一方で，プロアクティブ低群におけるエンパワリング・リーダーシップ低群とエンパワリング・リーダーシップ中群の心理的エンパワーメントの平均値の差は有意であった。そのため，プロアクティブ性が低い個人に対しては，エンパワリング・リーダーシップを発揮することで，従業員の心理的エンパワーメントを高めていることがわかる。

　以上の結果から，従業員の心理的エンパワーメントに対するエンパワリング・リーダーシップ発揮の効果は，従業員がプロアクティブであるかどうかに左右されるということがわかる。具体的には，エンパワリング・リーダーシップ発揮の効果があるのは，プロアクティブ性が低い従業員に対してであり，プロアクティブ性が高い従業員に対しては，エンパワリング・リーダーシップの発揮が，それほど効果を持つわけではなかった。

　以上の結果は，エンパワリング・リーダーシップの発揮が心理的エンパワーメントを高めるかどうかに関して，従業員の個人差（プロアクティブ性）の影響があることを示している。したがって，台湾企業においても基本仮説4は支持される結果となった。

9－5　分析結果の要約

　本章では，5つの基本仮説を検証するために，台湾企業に勤務する従業員を対象にしたアンケート調査を実施し，そこで得られたデータを統計的手法によって分析することにした。その検証結果をまとめると，次のようになる（表9－11）。

　表9－11を見てもわかる通り，本書で提示した仮説はほぼ実証される結果となった。すべての仮説が検証されたわけではないが，仮説のほとんどは，得られたデータから十分に検証されている。

表9－11　仮説検証の結果

基本仮説1：マネジャーによるエンパワリング・リーダーシップが発揮されるほど，従業員の心理的エンパワーメントは高まる。	支持
基本仮説2：従業員の心理的エンパワーメントが高まるほど，従業員の成果は高まる。	支持
基本仮説3：マネジャーによるエンパワリング・リーダーシップの発揮は，従業員の心理的エンパワーメントを通じて，従業員の成果を高める。	支持
基本仮説4：マネジャーによるエンパワリング・リーダーシップの発揮によって，従業員の心理的エンパワーメントが高まるかどうかは，従業員の行動特性や性格特性によって左右される。	支持
基本仮説5：従業員の心理的エンパワーメントの高まりによって，従業員の成果が高まるかどうかは，従業員の行動特性や性格特性によって左右される。	不支持

9－6　本章のまとめ

　本章では，本書で構築したエンパワーメントモデルから導出された仮説を，台湾企業を対象に検証した結果について述べてきた。本書の仮説は，5つの基本仮説とそれに基づき導出された6つの作業仮説から構成されている。

　基本仮説1から基本仮説3は，従業員の創造性発揮や能力発揮に対するエンパワリング・リーダーシップの影響プロセスを解明することが目的であり，媒介分析によって検証された。基本仮説4と基本仮説5は，従業員のタイプによるエンパワーメントの有効性を解明することが目的であり，階層的重回帰分析と二要因の分散分析によって検証された。

　これらの分析結果は，基本仮説5を除いた基本仮説1から基本仮説4を支持するものであり，本書で提示した仮説は，ほぼ実証される結果となった。また，台湾企業の従業員を対象にした分析結果と日本企業の従業員を対象にした分析結果には，類似した傾向がみられた。次章では，これまでに行ってきた分析結果を整理し，いかなる事実発見があったのかを述べてみたい。

【注】

1）本章の内容は，筆者らが行った以下の研究をまとめたものである。

KITANO, Kou, Chia-Hui Huang, Masayoshi Toma, "The Effect of Empowering Leadership on Psychological Empowerment in Taiwanese Companies: Focusing on the Moderating Effect of Employee Proactivity", *Journal of Tang Fang Design University*, Vol.43, 2022; pp.109-200.

Toma, Masayoshi, Chia-Hui Huang, Wu Wen-Liang, Kou Kitano, "Mediating Effects of Psychological Empowerment: An Empirical Study of Employees in Taiwanese Adversting Design Companies", *International Conference of Organizational Innovation*, Vol.14, 2023; pp.851-859.

2）合成変数は，各因子得点を単純加算平均によって算出している。

3）台湾企業のデータにおいても，エンパワリング・リーダーシップ，心理的エンパワーメント，創造性発揮については，各変数を構成する因子間の相関が高かったため，2次因子モデルとして分析することにした（第8章参照）。

4）日本企業と異なり，モデレータ変数として受け身の姿勢を加えている。

第 *10* 章

本書のまとめ

　本章では，本書がこれまで行ってきた内容について，各章の各々の結果から
そのまとめを述べていくことにする。はじめに，従来のエンパワーメント研究
と比べて，本書がいかなる研究成果を導き出すことができたのかを述べてい
く。次いで，これまでに行ってきた分析結果から，新たに発見された事実を述
べ，そこから現場に対して何が言えるのか，分析結果を考察してみたい。最後
に，本書の問題点とそこから導き出される今後の研究方向を述べ，本書の締め
括りとしたい。

10 − 1　本書の研究成果

　本書では，企業経営におけるエンパワーメントの有効性を明らかにするため
に，①エンパワーメント理論に関する先行研究のサーベイ，②先行研究サーベ
イの結果に基づいたエンパワーメントモデルの構築，③実証研究といった３つ
の課題に取り組んできた。ここでは，これら一連の研究成果について述べてみ
たい。

10 − 1 − 1　現代的エンパワーメント研究の整理
　本書で取り組んだ１つ目の課題は，現代的エンパワーメント研究を整理する
ということであった。エンパワーメントとは，個人が力を持った状態になるこ
とを意味する概念であり，①社会学的エンパワーメント，②心理学的エンパ
ワーメントといった２つの捉え方がある。前者の捉え方では，力は客観的に与

えるものと定義され，権限委譲や意思決定への参加がその内容となる。一方
で，後者の捉え方では，力は個人に内在するものであり，力は個人が主観的に
認知するものと定義されている[1]。

　現代的エンパワーメント研究の基盤となっているのは，こうした2つのエン
パワーメントの考え方を統合した理論（統合理論）であり，社会学的エンパ
ワーメント → 心理学的エンパワーメント → 従業員の成果といった一連のプ
ロセスでエンパワーメントを捉えている。従業員が成果を挙げるためには，彼
らを心理的にエンパワーする必要がある。しかし，権限を委譲する，あるい
は，意思決定に参加させるだけでは，従業員がエンパワーされるわけではな
い。従業員を心理的にエンパワーするためには，従業員に対して，自らが力を
持った存在であると主観的に認知させる必要がある。そして，そのためには，
権限委譲や意思決定への参加以外にも，リーダーシップや組織風土，組織内シ
ステムなど従業員を心理的にエンパワーするためのさまざまな要因が必要にな
る。統合理論は，こうした背景に基づいて構築されている[2]。

　統合理論が提唱され，一般的なコンセンサスが得られるようになったのは，
2000年代後半に入ってからであり，それ以降に行われたエンパワーメント研
究は，この統合理論を発展させることに焦点を当てていた。本書では，統合理
論を発展させたエンパワーメント研究を，現代的エンパワーメント研究と位置
づけることにした。本書では，特にSpreitzer (2008) の研究に依拠する形で[3]，
現代的エンパワーメント研究を体系的に整理することにした。

　その結果，現代的エンパワーメント研究を，個人を分析対象にしたエンパ
ワーメント研究とチームを分析対象にしたエンパワーメント研究に分類した。
個人を分析対象にしたエンパワーメント研究は，さらに，①統合理論を精緻化
する研究，②統合理論に時間軸を取り入れた研究といった2つの研究に分け，
前者の研究では，統合理論における一連のプロセスを精緻化してみた。一方
で，後者の研究では，統合理論に時間軸という概念を取り入れ，その中で示さ
れる変数間の関係を再度検証してみた。さらに，チームを分析対象にしたエン
パワーメント研究は，個人を対象にしたエンパワーメント研究と同様に，チー
ムのエンパワーメントがどのような内容であるのかを検討し，統合理論におけ

る変数間の関係を検証してみた。

10－1－2 現代的エンパワーメントモデルの構築

　本書で取り組んだ2つ目の課題は，本書独自のエンパワーメントモデルを構築することであった。現代的エンパワーメント研究は，上記のように①統合理論を精緻化する研究，②統合理論に時間軸を取り入れた研究，③チームを対象にした統合理論の研究といった3つに分類される。このうち，本書で焦点を当てたのは，統合理論を精緻化する研究であった。

　統合理論を精緻化する研究は，統合理論で示される一連のプロセスにおいて，新たな媒介変数やモデレータ変数を導入することで，その内容をより充実させるものである。本書では，従業員の行動特性と性格特性から規定される個人差というモデレータ変数を導入することで，統合理論の内容を精緻化することにした。具体的には，エンパワリング・リーダーシップを説明変数，心理的エンパワーメントを媒介変数，従業員の創造性発揮，能力発揮を目的変数とした統合理論のモデルを構築し，①エンパワリング・リーダーシップ → 心理的エンパワーメント，②心理的エンパワーメント → 創造性発揮，③心理的エンパワーメント → 能力発揮といった3つの変数間の関係に，個人差（行動特性と性格特性）というモデレータ変数を導入してみた。

　本書では，この基本モデルをベースに，さらにその精緻化作業を行い，本書独自のエンパワーメントモデルを提示し，いくつかの仮説を導出してみた。媒介変数である心理的エンパワーメントについては，①有意味感，②自己決定感，③コンピタンス，④進歩感といった4つの次元から捉えることにした。説明変数であるエンパワリング・リーダーシップは，個人の心理的エンパワーメントを高めるリーダーシップと定義されることから，心理的エンパワーメントの各次元に対応する形で，①有意味感を高める行動，②自己決定感を高める行動，③コンピタンスを高める行動，④進歩感を高める行動といった4つの行動次元から構成した。モデレータ変数である個人差については，行動特性と性格特性の内容を検討し，①受動忠実型，②能動忠実型，③プロアクティブ型，④開放性といった4つの次元から個人差を捉えることにした。

10－1－3　仮説の検証

　そして，本書で取り組んだ3つ目の課題は，本書独自のエンパワーメントモデルから導出された仮説を検証するということであった。精緻化されたエンパワーメントモデルからは，最終的に5つの基本仮説と6つの作業仮説を導出することができた。これらの仮説は，媒介分析，階層的重回帰分析，二要因の分散分析といった統計的手法によって検証され，いくつかの新たな事実が発見された。

　第1に，従業員の創造性発揮や能力発揮を促す上での心理的エンパワーメントの重要性である。エンパワリング・リーダーシップの発揮は，直接的に従業員の創造性発揮や能力発揮を促しているわけではなかった。エンパワリング・リーダーシップの発揮は，従業員の心理的エンパワーメントを高めることを通じて，間接的に創造性発揮と能力発揮に影響を与えていた。さらに，どのようなタイプの従業員であっても，心理的エンパワーメントが高まることで，創造性発揮や能力発揮が促されていた。

　第2に，エンパワリング・リーダーシップ発揮の効果に対するプロアクティブ性の特殊性である。エンパワリング・リーダーシップは，従業員の心理的エンパワーメントを高めるリーダーシップスタイルであるが，それを発揮することで，一律に従業員の心理的エンパワーメントを高めるわけではなかった。個人差要因の中でも，プロアクティブ性については，その程度によってエンパワリング・リーダーシップ発揮の効果に差が出る結果となった。エンパワリング・リーダーシップの発揮がより効果的であるのは，従業員のプロアクティブ性が低い場合であった。プロアクティブ性が高い従業員よりもプロアクティブ性が低い従業員の方が，エンパワリング・リーダーシップの発揮によって，心理的エンパワーメントは高められていた。

10－2　事実発見と現場への示唆

　以下では，本書で実施した仮説検証の作業結果からいかなる事実発見があったのかを述べ，事実発見の考察および企業の現場に対して，いかなる示唆が得

202

らられたのかを述べてみたい。

10－2－1　事実発見

本書で実施した仮説検証の作業結果からは，以下6つの事実発見が確認された。

事実発見①：マネジャーによるエンパワリング・リーダーシップの発揮は，
　　　　　　従業員の心理的エンパワーメントを高めることを通じて，彼ら
　　　　　　の創造性発揮を促す。
事実発見②：マネジャーによるエンパワリング・リーダーシップの発揮は，
　　　　　　従業員の心理的エンパワーメントを高めることを通じて，彼ら
　　　　　　の能力発揮を促す。
事実発見③：マネジャーによるエンパワリング・リーダーシップの発揮が，
　　　　　　従業員の心理的エンパワーメントを高めるかどうかは，彼らが
　　　　　　プロアクティブであるかどうかに左右される。
事実発見④：従業員の行動特性や性格特性に関係なく，心理的エンパワーメ
　　　　　　ントが高まることは，彼らの創造性発揮を促す。
事実発見⑤：従業員の行動特性や性格特性に関係なく，心理的エンパワーメ
　　　　　　ントが高まることは，彼らの能力発揮を促す。
事実発見⑥：日本企業と台湾企業の分析結果には類似した傾向が見られる。

事実発見①と事実発見②は，基本仮説1から基本仮説3を検証したことで確認された。これまでに行われたエンパワーメント研究では，マネジャーによるエンパワリング・リーダーシップの発揮は，従業員の心理的エンパワーメントを通じて，彼らの創造性発揮や能力発揮に影響を与えることが示唆されていた。

しかしながら，エンパワリング・リーダーシップの影響プロセスについては，十分な検討が行われたわけではなかった。本書の分析結果からは，エンパワリング・リーダーシップの発揮が，従業員の創造性発揮や能力発揮を促すた

めの条件が明らかとなり，彼らの心理的エンパワーメントを高めることが，その条件であることが明らかとなった。

　事実発見③は，基本仮説 4 を検証したことで確認された。マネジャーによるエンパワリング・リーダーシップの発揮が，従業員の心理的エンパワーメントを高めるかどうかに関して，個人差の影響は存在していた。エンパワリング・リーダーシップの発揮が従業員の心理的エンパワーメントを高めるのは，彼らのプロアクティブ性が低い場合であった。逆に，従業員のプロアクティブ性が高い場合，エンパワリング・リーダーシップの発揮は，それほど効果があるわけではなかった。

　事実発見④と事実発見⑤は，基本仮説 5 を検証したことで確認された。本書では，従業員の心理的エンパワーメントが高まることで，創造性発揮や能力発揮が促されるかどうかに個人差の影響があると予想していた。しかし，その結果は当初の予想とは異なるものであった。どのような従業員であっても，心理的エンパワーメントが高まることで，創造性発揮や能力発揮が促されていた。

　そして，本書では，これら 5 つの基本仮説の検証を日本企業と台湾企業に勤務する従業員に分けて行ってきたが，そこで得られた結果は，類似するものであった。これが事実発見⑥である。日本企業と台湾企業を対象にしたいずれの場合においても，心理的エンパワーメントは媒介要因として機能しており，また，エンパワリング・リーダーシップの発揮が，プロアクティブ性の低い従業員に対して有効であるという点も同様であった。

10－2－2　事実発見の考察

　このような新たに発見された事実から，いかなることが言えるのか，①エンパワリング・リーダーシップの影響プロセス，②エンパワーメントの有効性に対する個人差の影響といった 2 点に焦点を当て，分析結果を考察してみたい。

10－2－2－1　エンパワリング・リーダーシップの影響プロセス

　エンパワリング・リーダーシップの影響プロセスについて，本書の調査結果から明らかになった重要な事実は，エンパワリング・リーダーシップの発揮か

ら従業員の創造性発揮，能力発揮に至る一連のプロセスの中で，心理的エンパワーメントが媒介要因として機能したということである。

　さらに，心理的エンパワーメントの媒介効果は完全媒介であった。これは，従業員の創造性発揮や能力発揮を促す上で，エンパワリング・リーダーシップの発揮が有効に機能するかどうかは，それが，従業員の心理的エンパワーメントを高めるか否かに左右されるということである。

　もし，マネジャーによるエンパワリング・リーダーシップの発揮によって，従業員の心理的エンパワーメントが高まるのであれば，彼らの創造性発揮や能力発揮は促されていくことになる。しかし，エンパワリング・リーダーシップを発揮したとしても，それが，従業員の心理的エンパワーメントを高めないのであれば，エンパワリング・リーダーシップの発揮によって，彼らの創造性発揮や能力発揮が促されることはない。

　従業員の創造性発揮や能力発揮を促すために，彼らの心理的エンパワーメントを高める必要があることは，従来のエンパワーメント研究でもすでに指摘されていた[4]。さらに，エンパワリング・リーダーシップは，従業員の心理的エンパワーメントを高めるリーダーシップとして定義されていた[5]。本書の調査結果は，これら一連の研究成果を統合して実証したものであり，企業経営においてエンパワーメントを活用するためには，エンパワリング・リーダーシップの発揮と心理的エンパワーメントの認知を，それぞれ独立した要因として捉えるのではなく，統合したプロセスとして捉える必要があることを示している。

10−2−2−2　エンパワーメントの有効性に対する個人差の影響

　心理的エンパワーメントが高まった状態とは，従業員が主観的に特定の状態を認知することであり，エンパワリング・リーダーシップの発揮から創造性発揮，能力発揮に至る一連のプロセスにおいて，個人差の影響があることは十分に予想された。そして，本書では，①エンパワリング・リーダーシップ → 心理的エンパワーメント，②心理的エンパワーメント → 創造性発揮，③心理的エンパワーメント → 能力発揮といった3つの過程において，個人差の影響を検証した。

　検証結果から明らかになった主要な事実は，第1に心理的エンパワーメント
を高めることの重要性である。本書の調査結果からは，心理的エンパワーメン
ト → 創造性発揮，心理的エンパワーメント → 能力発揮というプロセスにお
いて，個人差の影響は確認されなかった。つまり，従業員の受動忠実性，能動
忠実性，プロアクティブ性，開放性の度合いに関係なく，心理的エンパワーメ
ントを高めることで，創造性発揮や能力発揮が促されるということである。こ
の結果は，心理的エンパワーメントの普遍性を意味するものであり，従業員に
創造性発揮や能力発揮を求める場合，心理的エンパワーメントを高めることの
重要性を示唆している。

　このように考えると，従業員の心理的エンパワーメントをいかに高めるかが
次の問題となる。従来のエンパワーメント研究において，その要因として盛ん
に取り上げられていたのはエンパワリング・リーダーシップであった。本書で
も，エンパワリング・リーダーシップを先行要因と捉え，エンパワリング・
リーダーシップの発揮が，どのような従業員に対して有効であるのかを検証し
た。そして，検証結果から明らかになったことは，従業員のプロアクティブ性
の度合いが低い場合に，エンパワリング・リーダーシップの発揮は効果があ
り，プロアクティブ性の度合いが高い場合は，それほど効果がないということ
であった。

　プロアクティブ性は，組織に対する貢献を念頭に置いた行動を取るという特
徴を有しており，時としてマネジャーが設けた枠組みを超えた行動を取る従業
員の行動特性を表している。そのため，プロアクティブ性が高い従業員は，当
初から自らのやるべき仕事を明確に認識しており，権限委譲や意思決定への参
加など従業員に仕事を任せるスタイルであるエンパワリング・リーダーシップ
の発揮は，逆に従業員に対して負担となる可能性がある。一方で，プロアク
ティブ性が低い従業員は，自らのやるべき仕事を明確に認識しておらず，仕事
に対する意味や意義を持っていない可能性がある。そのため，仕事の意味や意
義を与えるエンパワリング・リーダーシップの発揮は，プロアクティブ性の低
い従業員に対して効果的に機能し，結果として彼らの心理的エンパワーメント
を高めたと考えられる。

　受動忠実性や能動忠実性，開放性については，その度合いによって，心理的エンパワーメントの程度が変化することはなかった。したがって，エンパワリング・リーダーシップを発揮する際には，対象となる従業員がプロアクティブであるかどうかが１つのポイントとなるであろう。従業員のプロアクティブ性が低い場合に，エンパワリング・リーダーシップを発揮すると，そのような従業員が，自らの仕事の意義や意味を見出せるようになる。そして，彼らが設定した目標を遂行するための行動を支援することで，彼らの心理的エンパワーメントも高まり，結果として創造性発揮や能力発揮も促されていくこととなる。

10－2－3　企業の現場に対する示唆

　こうした一連の調査結果から，企業の現場に対していかなる示唆が与えられるのであろうか。第１章では，近年の企業経営の課題が，①企業の持続的競争優位獲得，②従業員の主体性不足，③マネジャーの役割変化の３つであることを指摘した。企業が，持続的競争優位を獲得，維持するためには，企業のマネジャーだけでなく，一般的な従業員も自律的に行動し，創造性や能力を発揮することが必要になる。そして，本書では，その推進力としてエンパワーメントを位置づけることにした。

　エンパワーメントが，従業員の自律的行動や創造性発揮，能力発揮の推進力として機能するという考え方は，エンパワーメントを心理的概念として捉えることで可能になる。本書の調査結果は，いずれも心理的エンパワーメントの重要性を示すものであり，従業員の心理的エンパワーメントを高めることで，自律的行動や創造性発揮，能力発揮は促されていた。したがって，企業の現場に対しては，従業員の心理的エンパワーメントを高めることの重要性を指摘することができる。

　このように考えると，マネジャーの役割も明確になり，従業員の心理的エンパワーメントを高めるリーダーシップが必要であるとわかる。本書では，こうしたリーダーシップを，エンパワリング・リーダーシップと捉え，その効果を実証的に検証した。その結果，エンパワリング・リーダーシップの発揮は従業員の心理的エンパワーメントを高めることが明らかとなった。

　エンパワリング・リーダーシップは，①有意味感を高める行動，②自己決定感を高める行動，③コンピタンスを高める行動，④進歩感を高める行動から構成される。有意味感を高める行動とは，企業の理念やビジョンを浸透させると共に，従業員自身が企業の一員であると感じさせることであり，自己決定感を高める行動とは，従業員に対して自ら目標設定する機会を与えると共に，従業員が設定した目標が企業の掲げる理念やビジョンといかに結びついているのかを理解させることである。また，コンピタンスを高める行動とは，従業員に成功体験を積ませる，あるいは，マネジャー自身が仕事の模範を示す行動を取ることであり，進歩感を高める行動とは，従業員の一連の行動結果に対してポジティブ・フィードバックを行い，振り返りの機会を与えることである。従業員の心理的エンパワーメントを高めるためには，こうしたマネジャーの行動が必要であると指摘することができる。

　しかし，エンパワリング・リーダーシップの発揮は，従業員のプロアクティブ性の度合いによって，その効果が異なるという性質を有している。エンパワリング・リーダーシップの発揮は，プロアクティブ性が高い従業員よりは，プロアクティブ性が低い従業員に対して，より効果的に機能する。したがって，マネジャーがエンパワリング・リーダーシップを発揮する際には，プロアクティブ性が低い従業員に対して，その影響力を行使する必要がある。以上の内容をまとめると，本書の調査結果が企業の現場に与える示唆は，以下の3つに要約される[6]。

① 　従業員の自律的行動や創造性発揮，能力発揮を促すためには，彼らの心理的エンパワーメントを高める必要がある。

② 　エンパワリング・リーダーシップの発揮は，従業員の心理的エンパワーメントを高めるが，その行動内容は，心理的エンパワーメントの各次元（有意味感，自己決定感，コンピタンス，進歩感）に基づいて決定する必要がある。

③ 　エンパワリング・リーダーシップの発揮は，従業員のプロアクティブ性が高い場合よりも低い場合に，彼らの心理的エンパワーメントを高める

ため，エンパワリング・リーダーシップを発揮する際には，対象となる従業員が，プロアクティブであるかどうかを見極めることが必要になる。

10 － 3　今後の研究課題

本章の最後に，本書の問題点や限界を述べ，今後の研究方向を示してみたい。

10 － 3 － 1　社会構造エンパワーメントの再検討

本書では，従業員の心理的エンパワーメントを高める要因（社会構造エンパワーメント）として，エンパワリング・リーダーシップに焦点を当てていた。本書でエンパワリング・リーダーシップを取り上げたのは，それが，心理的エンパワーメントを高めるリーダーシップであると明確に定義されていたからであった。

しかし，社会構造エンパワーメントは，定まった操作的定義が開発されているわけではない。エンパワリング・リーダーシップ以外にも，組織風土や組織内システムなどさまざまな要因が社会構造エンパワーメントの内容として考えられている。本書の問題点，限界の1つ目は，こうしたエンパワリング・リーダーシップ以外の要因について，その有効性を十分に検証できなかったことである。

10 － 3 － 2　時間軸を取り入れたエンパワーメントモデルの検討

本書の第2の問題点，限界は，一方向での変数間の関係しか検証できなかったことである。Van-Dierendonck & Dijkstra（2012）[7] や Boudrias, Morin & Lajoie（2014）[8] が指摘するように，統合理論で示される変数間の関係は一方向的なものだけではない。本書で提示したモデルは，エンパワリング・リーダーシップ → 心理的エンパワーメント → 創造性発揮，能力発揮といった一方向的なものであり，時間軸を取り入れた変数間の関係を考慮に入れていなかっ

た。従業員が創造性や能力を発揮することで，彼らの心理的エンパワーメントが高まることは十分に考えられる。また，従業員の創造性発揮，能力発揮の結果を受けて，マネジャーの行動が変化する可能性もある。こうした時間経過に伴う変数間の関係を検証できなかったことが，本書における2つ目の問題点，限界である。

10−3−3　チームを対象にしたエンパワーメントモデルの検討

　本書の第3の問題点，限界は，分析対象に関するものである。本書では，これまで個人を分析対象にして，エンパワーメントの有効性を検討してきた。しかし，エンパワーメント研究が分析対象にしているのは個人だけではない。数は少ないながらも，チームを分析対象にしたエンパワーメント研究も行われている。企業の活動はチームレベルで行うことが多く，企業の現場に対して実践的な示唆を与えるためには，チームを対象にしたエンパワーメント理論を構築することが必要になる。チームを対象にしたエンパワーメント理論を構築できなかったことが，本書における3つ目の問題点，限界である。

10−3−4　日本企業と台湾企業の比較

　本書の第4の問題点，限界は，日本企業の従業員を対象にした分析結果と台湾企業の従業員を対象にした分析結果を，厳密に比較検証できなかったことである。日本企業と台湾企業のいずれにおいても，その分析結果は類似した傾向が見られ，エンパワリング・リーダーシップの発揮が従業員の心理的エンパワーメントを高めるのは，彼らのプロアクティブ性が低い場合であった。

　しかし，本書では，日本企業から収集したデータと台湾企業から収集したデータを個別に分析しており，プロアクティブ性のモデレート効果が，日本企業の従業員と台湾企業の従業員で，どの程度異なるのかまでは言及することができなかった。こうした異なる母集団でプロアクティブ性のモデレート効果を比較分析するためには，多母集団同時分析といった異なる母集団を比較するための分析手法を採用することが必要である。多母集団同時分析を採用し，日本企業と台湾企業における母集団間の差異を検討することは今後の

研究課題になる。

10－3－5　エンゲイジメントとスライヴィングの検討

　本書の第5の問題点，限界は，最近注目されているエンゲイジメント（Engagement）やスライヴィング（Thriving）といった概念や理論にまで，研究対象を広げることができなかったことである。エンパワーメント，特に権限委譲に代表される社会学的なエンパワーメントは，どうしてもパワーのある人がそうでない人にパワーを与えることが強調され，従業員の自律性や自発性といった意味合いが薄れてしまう。

　最近の状況を考えれば，パワーを持つマネジャーといえども，すべてを把握できるわけではない。パワーを持つマネジャーから指示を待っていては，状況に素早く対応できず，より従業員の自律的，自発的行動が求められるようになっている。そこで，最近では，エンパワーメントからエンゲイジメント，さらにはスライヴィングといった概念や理論が注目されるようになってきた。エンゲイジメントにもさまざまなタイプがあるが，例えば，「組織に貢献しようとする従業員の自発的な姿勢や行動」とする従業員エンゲイジメントの捉え方[9]を見ても，エンパワーメント以上に，従業員の自律性や自発性が強調されていることがわかる。

　このように，今後のエンパワーメント研究は，より従業員の自律性，自発性を強調するエンゲイジメント研究やスライヴィング研究へと射程を広げていくことになるだろう。

【注】

1）具体的には，有意味感や自己決定感，コンピタンス，進歩感といった心理的エンパワーメントの各次元が高まっていると，主観的に認知することである。

2）従業員を心理的にエンパワーする要因は多岐に渡るため，社会学的エンパワーメントはその意味を拡張し，社会構造エンパワーメントとも呼ばれている。

3）Spreitzer, G. M., "Taking Stock: A Review of More Than Twenty Years of Research on Empowerment at Work", In Barling, J. & C. L. Cooper (Eds.), *Handbook of*

Organizational Behavior（pp.54-72), Thousand Oaks, CA: Sage, 2008; pp.54-72.

4) Zhang, X. & K. M. Bartol, "Linking Empowering Leadership and Employee Creativity: The Influence of Psychological Empowerment, Intrinsic Motivation, and Creative Process Engagement", *Academy of Management Journal*, Vol.53, 2010; pp.107-128.

5) Sharma, P. N. & B. L. Kirkman, "Leveraging Leaders: A Literature Review and Future Lines of Inquiry for Empowering Leadership Research", *Group & Organization Management*, Vol.40, 2015; pp.196-199.

6) ただし，本研究で収集したデータは，製造企業 1 社単独のものであり，対象となる部門も限定されていた。そのため，分析結果やインプリケーションが，一般化されているわけではない。この点は，今後の研究課題である。

7) Van-Dierendonck, D. & M. Dijkstra, "The Role of Follower in the Relationship between Empowering Leadership and Empowerment: A Longitudinal Investigation." *Journal of Applied Social Psychology*, Vol.42, 2012; pp.1-20.

8) Boudrias, J. S., Morin, A. J. S. & D. Lajoie, "Directionality of the Associations between Psychological Empowerment and Behavioral Involvement: A Longitudinal Autoregressive Cross Lagged Analysis." *Journal of Occupational & Organizational Psychology*, Vol.87 (3), 2014; pp.437-463.

9) 橋場俊展「高業績を志向する管理の新潮流—従業員エンゲイジメント論の考察—」『名城論叢』第 13 巻，第 4 号，2013 年，255 頁。

資料　質問項目一覧

１．心理的エンパワーメントの質問項目　20項目

《有意味感》

①あなたの仕事は，価値ある目的に貢献している。

②あなたの仕事は，あなたに喜びと満足を与えてくれる。

③あなたは，あなたの仕事がつまらなく思えて仕方ないことがある。（逆転項目）

④あなたの仕事は，あなたにとって意味ある仕事である。

⑤あなたは，今やっている自分の仕事を大切にしている。

《自己決定感》

⑥あなたは，仕事のペースを自由に変えることができる。

⑦上司の指示がなくても，あなたの判断で仕事を進めることができる。

⑧あなたの仕事のやり方は，上司から一方的に決められている。（逆転項目）

⑨あなたは，あなたの立てたプランやスケジュール通りに，仕事が進められる。

⑩あなたは，仕事中に思いつきを活かし，新鮮な試みをすることができる。

⑪仕事の手順や方法は，あなたの判断で変えることができる。

《コンピタンス》

⑫あなたは，自分の能力に自信を持って，今の仕事を行っている。

⑬あなたは，今のあなたの仕事で必要なスキルをマスターしている。

⑭あなたにとって，今の仕事は得意な方である。

⑮あなたは，今の仕事をうまくこなしている。

《進歩感》

⑯あなたは，あなたの掲げた仕事の目標を達成しつつある。

⑰あなたの仕事は，なんとか前へ進んでいる。

⑱あなたの仕事は，順調に進んでいる。

⑲あなたは，仕事で成長していると思う。

⑳あなたは，現在，物事がうまくいっていると感じている。

2. エンパワリング・リーダーシップの質問項目　22項目

《有意味感を高める行動》

①上司は，部下たちに期待することを，しばしば語ってくれる。

②上司は，あなたの仕事が，あなたにとって，どれだけ意味があるかを説明
してくれる。

③上司は，あなたの仕事が，会社や職場にとって，どれだけ意味があるかを
説明してくれる。

④上司は，あなたの職場の役割や課題を，しばしば説明してくれる。

《自己決定感を高める行動》

⑤上司は，部下たちに仕事を任せっぱなしにせず，仕事の相談にのってくれ
る。

⑥上司は，あなたの能力より少し高い仕事を任せてくれる。

⑦上司は，部下たちが自分の意見をいえるチャンスをたびたび与えてくれ
る。

⑧上司は，基本的にあなたの仕事を任せてくれる。

⑨上司は，部下たちに仕事を任せっぱなしにせず，「してはいけないこと」
「守るべきこと」を伝えてくれる。

⑩上司は，部下たちから出されたアイディアや提案に耳を傾けてくれる。

《コンピタンスを高める行動》

⑪上司は，あなたにない新たな視点を与えてくれる。

⑫上司は，あなたにはない専門的知識やスキル，ノウハウを提供してくれ
る。

⑬上司は，仕事の相談にのってくれる。

⑭上司は，自分が模範を示し，部下たちをリードしてくれる。

⑮上司は，あなたの仕事について客観的な意見を言ってくれる。

⑯上司は，あなた自身をふり返る機会を与えてくれる。

⑰上司は，必要な情報を提供してくれる。

《進歩感を高める行動》

⑱上司は，あなたの心の支えになってくれる。

⑲上司は，あなたの仕事について，まず良い点を伝えてから問題点を指摘する。

⑳上司は，あなたの成長を素直に誉めてくれる。

㉑上司は，あなたの仕事の成功，失敗に関わらず，まずは労をねぎらってくれる。

㉒上司は，普段の仕事の中で，あなたが成長したと感じる部分を伝えてくれる。

3.　創造性発揮の質問項目　16項目

《問題発見と解決》

①あなたは，仕事上の問題を効率的に解決している。

②あなたは，仕事をより効率的に進めている。

③あなたは，仕事の課題・問題点を明確にしている。

④あなたは，日々改善しながら仕事を進めている。

《重要情報行動》

⑤あなたは，業務遂行に必要な情報を収集している。

⑥あなたは，会社や職場に関連した情報を集めている。

⑦あなたは，会社や仕事に必要と考える分野を勉強している。

⑧あなたは，業界や競合企業などに関する知識を深めている。

《顧客優先行動》

⑨あなたは，お客様や関連部署の立場に立った意見を出している。

⑩あなたは，お客様や関連部署を優先した考えをしている。

⑪あなたは，お客様や関連部署の要求や興味を踏まえて対応している。

⑫あなたは，お客様や関連部署からニーズや不満をよく聞いている。

《発案と提案》

⑬あなたは，新規プロジェクトや仕事のやり方の改革へのアイディアをはっきりと提案している。

⑭あなたは，より効果的なやり方を思いつく。

⑮あなたは，より良い方法を考えつく。

⑯あなたは，今までにないアイディアを出している。

4. 能力発揮の質問項目　1項目

①あなたは，今の仕事で自分の能力を十分に発揮できている。

5. 行動特性の質問項目　29項目

《受動忠実型》

①あなたは，上司の指示を待って行動している。

②あなたは，上司に対しては謙虚である。

③あなたは，上司あっての自分と心得ている。

④あなたは，上司の意見に納得した上で行動している。

⑤あなたは，上司の意見や考えを否定しない。

⑥あなたは，上司に対して従順である。

⑦あなたは，上司に対して献身的に考え行動している。

⑧あなたは，上司に忠実である。

⑨あなたは，上司を信頼している。

《能動忠実型》

⑩あなたは，上司に対してきちんとした言葉遣いをしている。

⑪あなたは，上司に対して虚偽の発言をしない。

⑫あなたは，上司から受けた指示や注意は1回で理解する。

⑬あなたは，上司に対する連絡・報告・相談を大切にしている。

⑭あなたは，上司から与えられた役割を受け入れている。

⑮あなたは，上司に対して知ったかぶりはしない。

⑯あなたは，上司にわからないことはわからないと言うようにしている。

⑰あなたは，上司に対する自分の立場をわきまえている。

⑱あなたは，上司の質問に対して返事が早い。

⑲あなたは，上司に対して，報告・連絡・相談を行いながら，臨機応変，柔軟な対応をしている。

⑳あなたは，上司が一から十まで指示しなくても動くことができる。

㉑あなたは，問題やミスをすぐに上司に報告している。

《プロアクティブ型》

㉒あなたは，上司が考え付かない新しいことに常に前向きに行動している。

㉓あなたは，上司の期待を超えた行動をしている。

㉔あなたは，上司をフォローするために状況把握や準備を常にしている。

㉕あなたは，上司に対して良い影響を及ぼしている。

㉖あなたは，上司の右腕である。

㉗あなたは，上司に対して，部下である自分に何ができるかを追求している。

㉘あなたは，上司が示した枠を超えて果敢にチャレンジする。

㉙あなたは，上司に対して影響力を発揮して成果を出そうとしている。

6. 性格特性の質問項目 6 項目

《開放性》

①あなたは，好奇心が強い。

②あなたは，頭の回転が早い。

③あなたは，独創的である。

④あなたは，進歩的である。

⑤あなたは，多才である。

⑥あなたは，興味が広い。

参考文献

Adams, R., *Empowerment, Participation and Social Work*, Palgrave Macmillan, 1996（杉本敏夫他訳『ソーシャルワークとエンパワーメント―社会福祉実践の新しい方向―』ふくろう出版，2007 年）。

Ahearne, M., Mathieu, J. & A. Rapp, "To Empower or Not to Empower Your Sales Force: An Empirical Examination of the Influence of Leadership Empowerment Behavior on Customer Satisfaction and Performance", *Journal of Applied Psychology*, Vol.90, 2005; pp.945-955.

Aiken, L. S. & S. G. West, *Multiple Regression: Testing and Interpreting Interactions*, Newbury Park: Sage, 1991.

Amabile, T. M., "Motivating Creativity in Organizations: On Doing What You Love and Loving What You Do", *California Management Review*, Vol.40, 1997; pp.39-58.

青木幹喜「経営におけるエンパワーメント―そのコンセプトの変遷―」『経営情報科学』，第 12 号，2000 年；1-20 頁。

青木幹喜「経営におけるエンパワーメント理論の新動向」『大東文化大学経営論集』，第 10 号，2005 年；1-17 頁。

青木幹喜『エンパワーメント経営』中央経済社，2006 年。

青木幹喜「エンパワーメントの失敗と活性化」『大東文化大学経営論集』，第 12 号，2006 年；1-19 頁。

青木幹喜「エンパワリング・リーダーシップの研究展望」『大東文化大学経営論集』，第 26 号，2013 年；1-20 頁。

青木幹喜「エンパワリング・リーダーシップ―そのコンセプトの検討―」『大東文化大学経営論集』，第 25 号，2013 年；1-16 頁。

青木幹喜「エンパワリング・リーダーシップ研究の発展と現状」『大東文化大学経営論集』，第 32 号，2016 年；1-16 頁。

青木幹喜「日本企業のエンパワリング・リーダーシップ―その先行要因の検討―」『経営学論集』，2018 年；1-9 頁。

青木幹喜・北野 康「非正規雇用従業員のサイコロジカル・エンパワーメントと創造性発揮・能力発揮―小売業を対象にした実証研究―」『大東文化大学経営論集』，第 37 号，

2019 年；9-27 頁。

青木幹喜『エンパワリング・リーダーシップ』中央経済社，2021 年。

Arnold, L. M., Arad, S., Rhoades, J. A. & F. Drasgow, "The Empowering Leadership Questionnaire: The Construction and Validation of a New Scale for Measuring Leader Behaviors", *Journal of Organizational Behavior*, Vol.21, 2000; pp.249-269.

浅野壮志・小田島裕美・宮　聡美・阿久津洋巳「性格 5 因子とポジティブ・ネガティブ感情，ストレス反応，対人不安の関連」『岩手大学教育学部附属教育実践総合センター研究紀要』，第 7 号，2008 年；113-133 頁。

Auh, S., Menguc, B. & Y. Jung, "Unpacking the Relationship between Empowering Leadership and Service-oriented Citizenship Behaviors: A Multilevel Approach", *Journal of the Academy of Marketing Science*, Vol.42, 2014; pp.558-579.

東　正訓「パーソナリティ心理学と社会心理学における個人差変数の理論的構図（1）— McCrae と Costa による Five Factor Theory について—」『追手門学院大学人間学部紀要』，第 14 号，2002 年；57-85 頁。

Bakker, A. B., & M. P. Leiter, eds, *Work Engagement; A Handbook of Essential Theory and Research*, Psychology Press, 2010（島津明人総監訳『ワーク・エンゲイジメント基本理論と研究のためのハンドブック』星和書店，2014 年）。

Bandura, A., "Self-efficacy: Toward a Unifying Theory of Behavioral Change", *Psychological Review*, Vol.84, 1977; pp.191-215.

Bandura, A., *Self-efficacy in Changing Societies*, Cambridge University, 1995（本明　寛・野口京子監訳『激動社会の中の自己効力』金子書房，1997 年）。

Baron, R. M. & D. A. Kenny, "The Moderator-Mediator Variable Distinction in Social Psychological Research: Conceptual, Strategic, and Statistical Considerations", *Journal of Personality and Social Psychology*, Vol.51, 1986; pp.1173-1182.

Bass, B. M., Waldman, D. A., Avolio, B. J. & M. Bebb, "Transformational Leadership and the Falling Domino Effect", *Group & Organization Studies*, Vol.12, 1987; pp.73-87.

Bass, B. M., "Does the Transactional-transformational Leadership Paradigm Transcend Organizational and National Boundaries?", *American Psychologist*, Vol.52, 1997; pp.130-139.

Bateman, T. S. & J. M. Crant, "The Proactive Component of Organizational Behavior: A Measure and Correlates", *Journal of Organizational Behavior*, Vol.14 (2), 1993; pp.103-118.

Boudrias, J. S., Morin, A. J. S. & D. Lajoie, "Directionality of the Associations between Psychological Empowerment and Behavioral Involvement: A Longitudinal Autoregressive Cross Lagged Analysis." *Journal of Occupational & Organizational Psychology*, Vol.87 (3),

2014; pp.437-463.

Carsten, K. M., Uhl-Bien, M., West, B. J., Petra, J. L. & R. McGregor, "Exploring Social Constructions of Followership: A Qualitative Study", *The Leadership Quarterly*, Vol.21, 2010; pp.543-562.

Chen, G., Kirkman, B. L., Kanfer, R., Allen, D. & B. Rosen, "A Multilevel Study of Leadership, Empowerment, and Performance in Teams." *Journal of Applied Psychology*, Vol.92, 2007; pp.331-346.

Chen, G., Sharma, P. N., Edinger, S. K., Shapiro, D. L. & J. Farh, "Motivating and Demotivating Forces in Teams: Cross-level Influences of Empowering Leadership and Relationship Conflict", *Journal of Applied Psychology*, Vol.96, 2011; pp.541-557.

周　炫宗「企業の戦略形成におけるミドルの新たな役割―チャンピオニングとしての役割を中心に―」『千葉経済論叢』，第 50 号，2014 年；49-66 頁。

Coch, L. & J. R. P. French, "Overcoming Resistance to Change", *Human Relations*, Vol.1, 1948; pp.512-532.

Collins, J. C. & J. I. Porras, *Built to Last: Successful Habits of Visionary Companies*, Curtis Brown Ltd, 1994（山岡洋一訳『ビジョナリーカンパニー：時代を超える生存の法則』日経 BP 社，1995 年）。

Collins, J. C., *Good to Great*, Curtis Brown Ltd, 2001（山岡洋一訳『ビジョナリーカンパニー②：飛躍の法則』日経 BP 社，2001 年）。

Conger, J. A. & R. N. Kanungo, "The Empowerment Process: Integrating Theory and Practice", *Academy of Management Review*, Vol.13, 1988; pp.471-482.

Deci, E. L., *Intrinsic motivation*, Plenum Press, 1975（安藤延男・石田梅男訳『内発的動機づけ：実験社会心理学的アプローチ』誠信書房，1980 年）。

Deci, E. L., *The Psychology of self-Determination*, D. C. Heath & Company, 1975（石田梅男訳『自己決定の心理学』誠信書房，1985 年）。

Erkutlu, H. & J. Chafra, "The Impact of Team Empowerment on Proactivity: The Moderating Roles of Leader's Emotional Intelligence and Proactive Personality", *Journal of Health Organization and Management*, Vol. 26 (5), 2012; pp.560-579.

Faraj, S. & V. Sambamurthy, "Leadership of Information Systems Development Projects", *IEEE Transactions on Engineering Management*, Vol.53, 2006; pp.238-249.

Forrester, R., "Empowerment: Rejuvenating a Potent Idea", *Academy of Management Executive*, Vol.14, 2000; pp.67-80.

古川久敬『コンピテンシーラーニング：業績向上につながる能力開発』日本能率協会マネジメントセンター，2002 年。

Hackman, J. R. & G. R. Oldham, *Work Redesign, Reading*, MA, Addison-Wesley, 1980.

浜田陽子・庄司正実「リーダーシップ・プロセスにおけるフォロワーシップの研究動向」『目白大学心理学研究』，第 11 号，2015 年；83-98 頁。

原田　実「参加的管理について」『組織科学』，第 11 巻，第 2 号，1977 年；2-10 頁。

Harris, T. B., Li, N., Boswell, W. R., Zhang, X. & X. Xie, "Getting What's New from Newcomers: Empowering Leadership, Creativity, and Adjustment in the Socialization Context, *Personal Psychology*, Vol.10, 2013; pp.1-38.

橋場俊展「高業績を志向する管理の新潮流―従業員エンゲイジメント論の考察―」『名城論叢』，第 13 巻，第 4 号，2013 年；255-279 頁。

Hassan, S., Mahsud, R., Yukl, G. & G. E. Prussia, "Ethical and Empowering Leadership and Leader Effectiveness", *Journal Managerial Psychology*, Vol.28 (2), 2013; pp.133-146.

Hassan, H., "Determinants of Leadership Style in Big Five Personality Dimensions", *Universal Journal of Management*, Vol.4 (4), 2016; pp.161-179.

Heller, F. A., "Leadership Decision Making and Contingency Theory", *Industrial Relations*, Vol.12, 1973; pp.183-199.

Heller, F. A., "Decision-Making and the Utilization of Competence" in F. A. Heller ed., *Decision-Making and Leadership*, Cambridge University Press, 1992; pp.71-89.

開本浩矢「研究開発におけるミドルの心的活力（Psychological Empowerment）」『商大論集』，第 51 巻，第 5 号，2000 年；463-484 頁。

Hollander, E. P., "Conformity, Status, and Idiosyncrasy Credit", Psychological Review, Vol.65 (2), 1958; pp.117-127.

Hon, A. H. & W. W. Chan, "Team Creative Performance: The Roles of Empowering Leadership, Creative-Related Motivation, and Task Interdependence", *Cornell Hospitality Quarterly*, Vol.54, 2013; pp.199-210.

Humborstad, S. I. W., Nerstad, C. G. & A. Dysvik, "Empowering leadership, Employee Goal Orientations and Work Performance A Competing Hypothesis Approach", *Personnel Review*, Vol.43, 2014; pp.246-271.

岩脇千裕「日本企業の大学新卒採用におけるコンピテンシー概念の文脈：自己理解支援ツール開発にむけての探索的アプローチ」，JILPT Discussion Paper Series，07-04 号，2007 年。

Jiang, X., Flores, H. R., Leelawong, R. & C. C. Manz, "The Effect of Team Empowerment on Team Performance: A Cross-cultural Perspective on the Mediating Roles of Knowledge Sharing and Intra-group Conflict", *International Journal of Conflict Management*, Vol.27 (1), 2016; pp.62-87.

金井壽宏『変革型ミドルの探求：戦略・革新志向の管理者行動』白桃書房，1991 年。

金井壽宏「「任せる」ことの機微—自律的状況における新人の情報アプローチ」『組織科学』，第 28 巻，第 3 号，1995 年；69-84 頁。

金井壽宏・高橋　潔『組織行動の考え方』東洋経済，2004 年。

神戸康弘『「意味マップ」のキャリア分析：「個人の意味」が「社会の意味」になるメカニズム』白桃書房，2016 年。

Kanter, R. M., "The Middle Management as Innovator", *Harvard Business Review*, July-August, 1982; pp.95-105.

Kanter, R. M., *The Change Masters*, New York: Simon and Schuster, 1983（長谷川慶太郎監訳『ザ・チェンジ・マスターズ』二見書房，1984 年）。

Katz, D. & L. Kahn, *The Social Psychology of Organizations*, New York; Wiley, 1978.

Kelley, R. E., *The Power of Followership*, Doubleday, 1992（牧野　昇監訳『指導力革命：リーダーシップからフォロワーシップへ』プレジデント社，1993 年）。

Kirkman, B. L. & B. Rosen, "A Model of Work Team Empowerment", in Woodman, R. W. & W. A. Pasmore Eds., *Research in Organizational Change and Development*, Vol.10, Greenwich, CT: JAI Press, 1997; pp.131-167.

Kirkman, B. L. & B. Rosen, "Beyond Self-Management: Antecedents and Consequences of Team Empowerment", *Academy of Management Journal*, Vol.42, 1999; pp.58-74.

Kirkman, B. L., Rosen, B., Tesluk, P. E. & C. B. Gibson, "The Impact of Team Empowerment on Virtual Team Performance: The Moderating Role of Face-to-Face Interaction", *Academy of Management Journal*, Vol.47, 2004; pp.175-192.

北野　康「エンパワリング・リーダーシップの効果—卸・小売企業を対象にした実証研究—」『2019 年経営行動研究年報』，第 29 号，2020 年；54-59 頁。

Kitano, Kou, Mikiyoshi Aoki and Masayoshi Toma, "Effect of Empowering Leadership on Creativity and Ability of Employees: Comparison of Regular and Non-Regular Employees", *Journal of Japanese Management*, Vol.5（1），2020; pp.18-34.

KITANO, Kou, Chia-Hui Huang, Masayoshi TOMA, "The Effect of Empowering Leadership on Psychological Empowerment in Taiwanese Companies: Focusing on the Moderating Effect of Employee Proactivity", *Journal of Tung Fang Design University*, Vol.43, 2022; pp.109-120.

小林　裕「参加型 HRM システムが企業業績に及ぼす影響」『東北学院大学教養学部論集』，第 172 号，2015 年；1-24 頁。

国府俊一郎「二つの「OJT」認識」—アメリカにおける用語としての「OJT」研究—『大東文化大学経営論集』，第 32 号，2016 年；17-28 頁。

国府俊一郎「限定正社員をどうモチベートするか」『大東文化大学経営論集』，第 35 号，

224

2018 年；1-14 頁。

Kotter, J. P., *Power in Management: How to Understand Acquire, and Use it*, New York AMACOM, 1979（谷三太郎・加護野忠男訳『パワー・イン・マネジメント』白桃書房, 1981 年）。

桑田耕太郎・田尾雅夫『組織論 補訂版』有斐閣アルマ, 2015 年。

Lawler, E. E., *High-Involvement Management*, Jossey-Bass Inc., Publishers, 1986.

Lawler, E. E., *The Ultimate Advance; Creating the High-Involvement Organization*, Jossey-Bass Inc., Publishers, 1992.

Lawler, E. E., *From the Ground up: six Principles for Building the New Logic Corporation*, Jossey-Bass Inc., Publishers, 1996.

Leana, C. R., "Power Relinquishment versus Power Sharing: Theoretical Clarification and Empirical Comparison of Delegation and Participation", *Journal of Applied Psychology*, Vol.27, 1987; pp.228-233.

Le-Bon, G., *Psychologie des Foules*, FelixAlcan, 1895（桜井成夫訳『群衆心理』講談社学術文庫, 1993 年）。

Lee, J. & F. Wei., "The Mediating Effect of Psychological Empowerment on the Relationship between Participative Goal Setting and Team Outcomes: A Study in China", *International Journal of Human Resource Management*, Vol.22 (2), 2011; pp.279-295.

Lips-Wiersma, M. S. & L. Morris, "Discriminating between 'Meaningful Work' and the 'Management of Meaning'", *Journal of Business Ethics*, Vol.88, 2009; pp.491-511.

Locke, E. A. & D. M. Schweiger, "Participation in Decision-Making: One More Look", *Research in Organizational Behavior*, Vol.1, 1979; pp.265-339.

Macey, W. H., & B. Schneider, "The Meaning of Employee Engagement", *Industrial and Organizational Psychology*, 1, 2010; pp.3-30.

Martin, S. L., Liao, H. & E. M. Campbell, "Directive Versus Empowering Leadership: A Field Experiment Comparing Impacts on Task Proficiency and Proactivity", *Academy of Management Journal*, Vol.56, 2013; pp.1372-1395.

Mathieu, J. E., Gilson, L. L. & T. M. Ruddy, "Empowerment and Team Effectiveness: An Empirical Test of an Integrated Model", *Journal of Applied Psychology*, Vol.91, 2006; pp.97-108.

松尾　睦「育て上手のマネジャーの指導方法：若手社員の問題行動と OJT」『日本労働研究雑誌』, 第 639 号, 2013 年；40-53 頁。

松山一紀『日本人労働者の帰属意識』ミネルヴァ書房, 2014 年。

松山一紀「フォロワーとフォロワーシップ」『商経学叢』, 第 62 巻, 第 2 号, 2015 年；47-74 頁。

松山一紀「フォロワーシップ行動の3次元モデル」『商経学叢』，第63巻，第2号，2016年；229-256頁。

McCrae, R. R., "Social consequences of Experiential Openness", *Psychological Bulletin*, Vol.20, 1996; pp.323-337.

Menguc, B., Auh, S. & A. Uslu, "Customer Knowledge Creation Capability and Performance in Sales Teams", *Journal of the Academy of Marketing Science*, Vol.41, 2013; pp.19-39.

Miles, R. E., "Hunan Relations or Human Resources?", *Harvard Business Review*, July-August, 1965; pp.148-163.

宮本　大「技術者の職務遂行能力に関する一考察―職種別にみた技術者に必要な能力とは―」『流通経済大学論集』，第45巻，第3号，2010-12年；127-137頁。

宮本美沙子・奈須正裕編『達成動機の理論と展開―続・達成動機の心理学―』金子書房，1995年。

宮脇秀貴「内発的動機づけとエンパワーメント～自律性の支援の連鎖が生み出す組織の活性化～」『香川大学経済論叢』，第80巻，第4号，2008年；617-670頁。

Nadler, D. A., Shaw, R. B. & A. E. Walton, *Discontinuous Change: Leading Organizational Transformation*, Jossey-Bass, 1995（斎藤彰吾監訳『不連続の組織変革―ゼロベースからの競争優位を創造するノウハウ―』ダイヤモンド社，1997年）。

中原　淳『職場学習論：仕事の学びを科学する』東京大学出版部，2010年。

中原　淳『駆け出しマネジャーの成長論』中央公論新社，2014年。

中原　淳『フィードバック入門』PHP研究所，2017年。

並川　努・谷　伊織・脇田貴文・熊谷龍一・中根　愛・野口裕之「Big Five尺度短縮版の開発と信頼性と妥当性の検討」『心理学研究』，第83巻，第2号，2012年；91-99頁。

西村　毅「エンパワーメント経営はどの道を歩むべきか―「エンパワーメント経営論」―序説」『立命館大学人文科学研究所紀要』，第101号，2013年；65-90頁。

小野善生「リーダーシップ論における相互作用アプローチの展開」『関西大学商学論集』，第56巻，第3号，2011年；41-53頁。

小野善生「リーダーシップの幻想に関する研究の発展と展望」『関西大学商学論集』，第57巻，第3号，2012年；49-66頁。

小野善生『フォロワーが語るリーダーシップ―認められるリーダーの研究―』有斐閣，2016年。

大石展緒・都竹浩生『Amosで学ぶ調査系データ解析共分散構造分析を優しく使いこなす』東京図書，2009年。

大久保幸夫『日本型キャリアデザインの方法―「筏下り」を経て「山登り」に至る14章―』経団連出版，2010年。

大久保幸夫「社会的思考力の可能性―リーダー人材を見極める新たな概念―」『リクルートワークス研究所社会的思考力研究プロジェクト』, 2011 年。

Pervin, L., *The Science of Personality*, John Wiley & Sons, Inc, 1996.

Podsakoff, P. M. & D. W. Organ, "Self-Reports in Organizational Research: Problems and Prospects", *Journal of Management*, Vol.12 (4), 1986; pp.531-544.

Raub, S. & C. Robert, "Differential Effects of Empowering Leadership on In-role and Extra-role Employee Behaviors: Exploring the Role of Psychological Empowerment and Power Values", *Human Relations*, Vol.63, 2010; pp.1743-1770.

Raub, S. & C. Robert, "Empowerment, Organizational Commitment, and Voice Behavior in the Hospitality Industry: Evidence from a Multinational Sample", *Cornell Hospitality Quarterly*, Vol.54 (2), 2013; pp.136-148.

Sagie, A. & M. Koslowsky, *Participation and Empowerment in Organizations: Modeling, Effectiveness, and Applications*, Sage Publications, Inc., 2000.

齋藤堯幸・宿久　洋『関連性データの解析法：多次元尺度構成法とクラスター分析法』共立出版, 2006 年。

Scott, S. G. & R. A. Bruce, "Determinants of Innovative Behavior: A Path Model of Individual Innovation in the Workplace", *Academy of Management Journal*, Vol.38, 1994; pp.1442-1465.

Seibert, S. E., Silver, S. R. & W. A. Randolph, "Taking Empowerment to the Next Level: A Multiple-level Model of Empowerment, Performance, and Satisfaction", *Academy of Management Journal*, Vol.47, 2004; pp.332-349.

Sharma, P. N. & B. L. Kirkman, "Leveraging Leaders: A Literature Review and Future Lines of Inquiry for Empowering Leadership Research", *Group & Organization Management*, Vol.40, 2015; pp.193-237.

Shaw, R. B., *Trust in the Balance*, Jossey-Bass, 1997 (上田惇生訳『信頼の経営』ダイヤモンド社, 1998 年)。

清水　馨「中堅企業の縄張り行動」『社会イノベーション研究』, 第 9 巻, 第 2 号, 2014 年；51-70 頁。

十川廣國「ミドル・マネジメントと組織活性化」『三田商学研究』, 第 43 巻, 2000 年；15-22 頁。

十川廣國『企業の再活性化とイノベーション』中央経済社, 1997 年。

十川廣國『マネジメント・イノベーション』中央経済社, 2009 年。

Spreitzer, G. M., "Individual Empowerment in the Workplace: Dimensions, Measurement, and Validation", *Academy of Management Journal*, Vol.38, 1995; pp.1442-1465.

Spreitzer, G. M., "Social Structural Characteristics of Psychological Empowerment", *Academy of Management Journal*, Vol.39, 1996; pp.483-504.

Spreitzer, G. M. & R. E. Quinn, "Empowering Middle Managers to Be Transformational Leaders", *Journal of Applied Behavioral Science*, Vol.32 (3), 1996; pp.237-261.

Spreitzer, G. M., Sutcliffe, K., Dutton, J., Sonenshein., & A. M. Grant, "A Socially Embedded Model of Thriving at Work", *Organization Science*, Vol.16, No.5, 2005; pp.537-549.

Spreitzer, G. M., "Taking Stock: A Review of More Than Twenty Years of Research on Empowerment at Work", In Barling, J. & C. L. Cooper (Eds.), *Handbook of Organizational Behavior* (pp.54-72), Thousand Oaks, CA: Sage, 2008; pp.54-72.

Srivastava, A., Bartol, K. M. & E. A. Locke, "Empowering Leadership in Management Teams: Effects on Knowledge Sharing, Efficacy and Performance", *Academy of Management Journal*, Vol.49, 2006; pp.1239-1251.

鈴木勘一郎「権限委譲の神話と現実―中堅中小企業のエンパワーメント研究―」『日本ベンチャー学会誌』，第17号，2011年；13-21頁。

Sy, T., "What Do You Think of Followers? Examining the Content, Structure, and Consequences of Implicit Followership Theories", *Organizational Behavior and Human Decision Processes*, Vol.113, 2010; pp.73-84.

高橋正泰監修『組織のメソドロジー（経営組織シリーズ3）』学文社，2020年。

高比良美詠子・安藤玲子・坂元　章「縦断調査による因果関係の推定―インターネット使用と攻撃性の関係」『パーソナリティ研究』，第15巻，第1号，2006年；87-102頁。

高石光一・古川久敬「企業の経営革新を促進する従業員の自発的行動について―組織市民行動を超えて―」『九州大学心理学研究』，第9号，2008年；83-92頁。

高石光一「経営革新促進行動に対する経営革新支援，変革型リーダーシップ，プロアクティブ・パーソナリティの影響過程に関する実証研究」『赤門マネジメント・レビュー』，第12巻，第3号，2013年；197-218頁。

高石光一「従業員の学習目標志向性が革新的行動に及ぼす影響過程：調整変数としての心理的安全性及び媒介変数としての受益者接触との関連メカニズムについて」『商学集志』，第90巻，第1号，2020年；333-352頁。

高宮　晋『経営組織論』ダイヤモンド社，1961年。

田尾雅夫『仕事の革新』白桃書房，1992年。

Tett, R. P. & D. D. Burnett, "A Personality Trait-based Interactionist Model of Job Performance", *Journal of Applied Psychology*, Vol.88, 2003; pp.500-517.

Thomas, K. W. & B. A. Velthouse, "Cognitive Elements of Empowerment: An Interpretive Model of Intrinsic Task Motivation", *Academy of Management Review*, Vol.15, 1990;

pp.666-681.

Thomas, K. W., *Intrinsic Motivation at Work: Building Energy & Commitment*, Berrett-Koehler Publishers, Inc, 2000.

Thomas, K. W., *Intrinsic Motivation at Work: What Really Drives Employee Engagement, Second Edition*, Barret-Koehler Publishers, 2009.

Toma, Masayoshi, Chia-Hui Huang, Wu Wen-Liang, Kou Kitano, "Mediating Effects of Psychological Empowerment: An Empirical Study of Employees in Taiwanese Adversting Design Companies", *International Conference of Organizational Innovation*, Vol.14, 2023; pp.851-859.

當間政義・岡本眞一「組織の活性化のモデル―マネジャーのリーダーシップと人材のエンパワーメント―」『東京情報大学研究論集』，第 9 巻，第 1 号，2005 年；35-59 頁。

當間政義・岡本眞一「組織の活性化におけるマネジャーのリーダーシップ行動と組織メンバーのエンパワーメント」『東京農業大学農学集報』，第 9 巻，第 2 号，2006 年；71-82 頁。

當間政義「組織の活性化モデルの試論―網走の中小企業を中心として―」『東京農業大学農学集報』，第 51 巻，第 2 号，2006 年；80-91 頁。

當間政義「組織の活性化モデルの検証」『経営教育研究』，第 9 号，2006 年；174-190 頁。

當間政義「組織風土変革のプロセスモデルに関する一考察：リーダーとフォロワーの相互作用関係を中心に」『和光経済』，第 45 巻，第 3 号，2013 年；33-40 頁。

當間政義・黄　佳慧・馮　吉成・北野　康・青木幹喜「台湾企業の従業員を対象にした心理的エンパワーメントの実態調査」『和光経済』，第 53 巻，第 3 号，2021 年；43-47 頁。

當間政義・黄　佳慧・呉　文良・北野　康「台湾企業における組織の活性化に関する調査―リーダーシップ行動と心理的エンパワーメントに注目して―」『和光経済』，第 54 巻，第 1 号，2021 年；73-77 頁。

當間政義『心理的エンパワーメントと組織の活性化』学文社，2023 年。

豊田秀樹・真柳麻誉美「繰り返し測定を伴う実験のための因子分析モデル：アイスクリームに関する官能評価」『行動計量学』，第 28 巻，第 1 号，2001 年；1-7 頁。

豊田秀樹編著『共分散構造分析』東京図書，2008 年。

Tuckey, M. R., Bakker, A. B. & M. F. Dollard, "Empowering Leaders Optimize Working Conditions for Engagement: A Multilevel Study", *Journal of Occupational Health Psychology*, Vol.17, 2012; pp.15-27.

Uhl-Bien, M., "Followership Theory: A Review and Research Agenda", *The Leadership Quarterly*, Vol.25, 2014; pp.83-104.

占部都美「経営参加の意義と諸形態」『国民経済雑誌』，第 135 巻，第 4 号，1977 年；1-21 頁。

Van-Dierendonck, D. & M. Dijkstra, "The Role of Follower in the Relationship between

Empowering Leadership and Empowerment: A Longitudinal Investigation." *Journal of Applied Social Psychology*, Vol.42, 2012; pp.1-20.

Vecchio, R. P., Justin, J. E. & C. L. Pearce, "Empowering Leadership: An Examination of Mediating Mechanisms within a Hierarchical Structure", *The Leadership Quarterly*, Vol.21, 2010; pp.530-542.

和田さゆり「性格特性用語を用いた Big Five 尺度の作成」『心理学研究』，第 67 巻，第 1 号，1996 年；61-67 頁。

White, R. W., "Motivation Reconsidered: The Concept of Competence.", *Psychological Review*, Vol.66, 1959（佐柳信男訳『モチベーション再考：コンピテンス概念の提唱』新曜社，2015 年）。

山田敏之「組織能力の本質とダイナミック・ケイパビリティ」『大東文化大学経営論集』，第 20 号，2010 年；55-72 頁。

山田敏之「組織の双面性構築と行動環境，リーダーの役割：日本企業を対象とする実証研究」『実践経営』，第 55 号，2018 年；17-29 頁。

山田敏之「イノベーションの創造と信頼：信頼の先行要因の推移」『大東文化大学経営論集』，第 37 号，2019 年；233-250 頁。

横尾陽道「組織変革プロセスと企業文化」『北星学園大学経済学部北星論集』，第 49 巻，第 2 号，2010 年；29-39 頁。

横尾陽道「企業文化の構造と組織の革新プロセス：全社文化と部門文化の動態的プロセスに着目して」『社会イノベーション研究』，第 9 巻，第 2 号，2014 年；181-196 頁。

吉野有助・松尾　睦「心理エンパワーメント研究の現状と課題」『商學討究』，第 70 巻，第 1 号，2019 年；125-142 頁。

Yukl, G., *Leadership in Organizations: Third Edition*, Prentice Hall, 1994.

Zhang, X. & K. M. Bartol, "Linking Empowering Leadership and Employee Creativity: The Influence of Psychological Empowerment, Intrinsic Motivation, and Creative Process Engagement", *Academy of Management Journal*, Vol.53, 2010; pp.107-128.

Zhang, X. & J. Zhou, "Empowering Leadership, Uncertainty Avoidance, Trust, and Employee Creativity: Interaction Effects and a Mediating Mechanism", *Organizational Behavior and Human Decision Processes*, Vol.120, 2014; pp.150-164.

Zhu, W., Avolio, B. J. & F. O. Walumbwa, "Moderating Role of Follower Characteristics with Transformational Leadership and Follower Work Engagement", *Group & Organization Management*, Vol.34, 2009; pp.590-619.

あとがき

　本書は，執筆者の１人である北野が 2021 年度に提出した博士論文をベースにして完成させた書籍である。コロナ禍の 2021 年度に，本書のベースとなった博士論文「現代的エンパワーメント研究―エンパワーリング・リーダーシップが従業員の創造性発揮・能力発揮に与える影響過程の分析」は提出され，さまざまな審査プロセスを経て，学位が授与された。

　その後，この博士論文の内容をより拡張し，今日のエンパワーメント経営研究全体が見渡せるようにして，さらに日本だけでなく，海外（台湾）のデータも収集分析して，加筆修正作業を行い，完成させたのが本書である。例えば，出発点となった北野の博士論文では，個人のエンパワーメントの理論展望はあるものの，チームのエンパワーメントの理論展望までは行われていなかった。そこで，青木が新たな章を設け，加筆した。また，コロナ禍で海外研究ができるかどうか不透明な状況の中で，なんとか台湾での海外研究が可能となった當間は，北野の博士論文で提示された研究モデルや仮説が，台湾でも検証可能になるのかどうかを実証的に検討した。このように本書は，北野が執筆した博士論文を，青木と當間が新たにデータ収集し，加筆修正し完成させた書籍である。

　最近では，経営分野において，エンパワーメントというコンセプトが用いられることは，かつてほど多くなくなり，エンゲージメントといったコンセプトが用いられるようになってきた。エンパワーメントとエンゲージメントのコンセプト比較を精密に議論するのはかなり苦労を要するが，エンゲージメントが用いられるのは，エンパワーメントよりもエンゲージメントの方が，今日重視されている従業員の自律性や自走性のニュアンスを的確に表現できるからだと考えられる。とは言え，エンパワーメントというコンセプトや発想が古くなったわけではなく，特に心理的エンパワーメントのコンセプトの有用性は今日で

も高い。そこで，あらためて経営におけるエンパワーメントに関わる理論の発展を再認識し，まだ十分に解明されていないエンパワーメント経営に関わる理論的問題を明らかにしようとしたのが本書である。

最後に，私たち執筆者3人を支えて下さった方々への謝辞を述べ，本書の締めくくりとしたい。まずは，慶応大学名誉教授の故十川廣國先生に感謝を述べたい。先生には，エンパワーメントを戦略という広い文脈で捉える必要性，また，しっかりとした分析枠組みを作り，それを検証するといった研究姿勢を教えていただいた。残念ながら，先生は2023年9月に他界されてしまったが，先生に本書を読んでいただけなかったのが心残りである。

十川廣國先生の下で学び，研究者として巣立った先生方は数多い。我々執筆者3人は，こうした十川門下生からも，多くのことを教えていただいた。先生方には深く感謝を述べたい。著書の一人である北野は，十川門下生の横尾陽道先生（千葉大学）から直接に研究指導を受け，清水馨先生（千葉大学），周炫宗先生（日本大学）からも，講義等で直接指導を受けた。また，研究会等では馬場杉夫先生（専修大学）からや遠藤健哉先生（成城大学）から，研究へ向かう姿勢を教えていただき，進路の相談にものっていただいた。著書の一人である青木も同様に，これら十川門下生から，数多くのアドバイスをいただいたし，當間も多くの十川門下生から，アドバイスをいただいた。

執筆者3人は，その他，数多くの先生方に支えられ，これまで研究をすすめることができた。北野の博士論文の執筆，審査にあたっては，実に懇切丁寧に指導をして下さった高石光一先生（亜細亜大学），山田敏之先生（大東文化大学），國府俊一郎先生（大東文化大学）には，あらためて感謝を述べたい。各先生からの貴重なサジェスチョンにより，飛躍的に論文の質を向上させることができた。

中原秀登先生（千葉大学名誉教授）からは，北野は講義で直接指導を受け，青木はさまざまな局面でアドバイスを受けてきた。中原先生にも感謝を述べたい。また，学会やインターゼミでは，青木，北野は，木村有里先生（中央大学）から貴重なアドバイスやサポートを受けた。木村先生にも感謝を述べたい。そして，上野哲郎先生（和光大学名誉教授）にも感謝を述べたい。青木は，大学院

時代からの長いおつきあいをさせていただき，研究だけでなく，私的な面でも
サポートをいただいた。また，當間は，同じ職場で貴重なサジェスチョンを受
けてきた。

　こうした自由な研究をさせてもらい，本の出版までこぎつけることができた
のは，著者3人が所属する各職場の先生方，職員の方の支えがあったからであ
る。大東文化大学経営学部，和光大学経済経営学部，福井県立大学経済学部の
先生方，職員の方にも，深く感謝を述べたい。そして，本研究のデータ収集に
協力していただいた日本企業の方々や台湾企業の方々に，あらためて感謝を述
べたい。

　創成社の塚田尚寛社長と知り合ってから数十年がたつ。この間，出版の依頼
を受けてきたが，今回，この約束をようやくはたせることができた。塚田社長
には，このような書籍を出版させていただき，深く感謝を申し上げたい。ま
た，実質的な担当者であった西田徹さんには，数多くのアドバイスをいただい
た。西田徹さんにも，深く感謝を述べたい。

　2024 年 1 月

著者一同

索　引

《著者紹介》

青木幹喜（あおき・みきよし）
1956 年生まれ
大東文化大学副学長，経営学部教授
金沢星稜大学（講師），東京情報大学（講師，助教授，教授）を経て，
2002 年より現職（大東文化大学経営学部教授），博士（商学，慶応義
塾大学）。主著に『エンパワーメント経営』（中央経済社，2006 年），
『エンパワリング・リーダーシップ』（中央経済社，2021 年）など。

當間政義（とうま・まさよし）
1969 年生まれ
和光大学経済経営学部教授
東京農業大学（講師），和光大学（講師，助教授）を経て，2018 年より
現職。博士（経営学，東京農業大学），博士（経営管理学，立教大学）。
主著に『食料生産に学ぶ新たなビジネス・デザイン』（文眞堂，2021
年），『心理的エンパワーメントと組織の再活性化』（学文社，2023 年）
など。

北野　康（きたの・こう）
1986 年生まれ
福井県立大学助教
ファミリーマート（株），大学院（千葉大学，大東文化大学），和光大
学（非常勤講師）を経て，2023 年より現職。博士（経営学，大東文化
大学）。主著に『現代の経営組織論』（共著，創成社，2023 年）など。

（検印省略）

2024 年 1 月 25 日　初版発行　　　　略称─エンパワーメント

現代エンパワーメント経営研究
─日本企業と台湾企業を対象にした実証分析─

著　者	青　木　幹　喜
	當　間　政　義
	北　野　　康
発行者	塚　田　尚　寛

発行所　東京都文京区　　**株式会社　創成社**
　　　　春日 2 - 13 - 1
　　　　電　話 03（3868）3867　　ＦＡＸ 03（5802）6802
　　　　出版部 03（3868）3857　　ＦＡＸ 03（5802）6801
　　　　http://www.books-sosei.com　　振　替 00150-9-191261

定価はカバーに表示してあります。

組版：スリーエス　印刷・製本：
落丁・乱丁本はお取り替えいたします。

---- 経営・マーケティング ----

現代エンパワーメント経営研究 —日本企業と台湾企業を対象にした実証分析—	青木幹喜 當間政義 北野 康	著	2,600 円
現代の経営組織論	文 載晧	編著	2,800 円
働く人の専門性と専門性意識 —組織の専門性マネジメントの観点から—	山本 寛	著	3,500 円
地域を支え，地域を守る責任経営 —CSR・SDGs 時代の中小企業経営と事業承継—	矢口義教	編著	3,300 円
供給の科学 —サプライチェーンの持続的成長を目指して—	北村義夫	著	3,500 円
コスト激増時代必須のマネジメント手法 「物流コストの算定・管理」のすべて	久保田精一 浜崎章洋 上村 聖	著	2,500 円
部品共通化の新展開 —構造と推移の自動車企業間比較分析—	宇山 通	著	3,800 円
ビジネスヒストリーと市場戦略	澤田貴之	著	2,600 円
イチから学ぶ企業研究 —大学生の企業分析入門—	小野正人	著	2,300 円
イチから学ぶビジネス —高校生・大学生の経営学入門—	小野正人	著	1,700 円
ゼロからスタート　ファイナンス入門	西垣鳴人	著	2,700 円
すらすら読めて奥までわかる コーポレート・ファイナンス	内田交謹	著	2,600 円
図解コーポレート・ファイナンス	森 直哉	著	2,400 円
流通と小売経営	坪井晋也 河田賢一	編著	2,600 円
ビジネス入門 —新社会人のための経営学—	那須一貴	著	2,200 円
e ビジネス・DX の教科書 —デジタル経営の今を学ぶ—	幡鎌 博	著	2,400 円
日本の消費者政策 —公正で健全な市場をめざして—	樋口一清 井内正敏	編著	2,500 円
観光による地域活性化 —サスティナブルの観点から—	才原清一郎	著	2,300 円

(本体価格)

---- 創成社 ----